主编 李 勇

 YuanYuZhou

Wenlü Shuzihua Fazhan Xinjiyu

# 文旅数字化发展新机遇

河北科学技术出版社

**图书在版编目（CIP）数据**

元宇宙文旅数字化发展新机遇 / 李勇主编. -- 石家
庄：河北科学技术出版社，2022.11（2023.3重印）
ISBN 978-7-5717-1277-8

Ⅰ．①元… Ⅱ．①李… Ⅲ．①信息经济－应用－文化
产业－产业发展－研究－中国②信息经济－应用－旅游业
发展－研究－中国 Ⅳ．①G124②F592.3

中国版本图书馆CIP数据核字(2022)第188010号

# 元宇宙文旅数字化发展新机遇

李勇　主编

| | |
|---|---|
| **出版** | 河北科学技术出版社 |
| **地址** | 石家庄市友谊北大街330号（邮编：050061） |
| **印刷** | 河北万卷印刷有限公司 |
| **开本** | 710毫米×1000毫米　1/16 |
| **印张** | 14.5 |
| **字数** | 310千字 |
| **版次** | 2022年11月第1版 |
| **印次** | 2023年3月第2次印刷 |
| **定价** | 86.00元 |

# 元宇宙文旅数字化发展新机遇

# 编 委 会

主　　编：李　勇

副 主 编：田　涛　米　哲　于晓剑

执行主编：崔路巍　刘　特　李　玲

　　　　　师　鸣　王　智　刘嘉莉

编　　者：吕泽雄　支尚华　魏　翮

　　　　　陈志远　马　晋　黄亦川

　　　　　彭湘波　孙　健　刘伟斌

　　　　　高辉清　王茂成　黄小利

　　　　　王　娜　吴　楠　赵晗翕

联合出品单位：河北省文化和旅游创新发展中心

　　　　　　　中国联合网络通信有限公司河北省分公司

　　　　　　　北京佳木青和旅游规划设计院

# 序

　　数字变革是近50年来经济和社会中发生的根本性变化。随着移动通信5G技术的广泛应用，在推动经济社会数字化、网络化、智能化转型的同时，也为人们提供了增强现实、虚拟现实、超高清视频等更加身临其境的体验。在近年数字变革高速发展的历史背景下，元宇宙应运而生。

　　元宇宙概念从出现到现在，一直存在争议，主要集中在元宇宙到底能不能做起来，元宇宙到底对我们的生活是好是坏，甚至还有人认为可能会出现元宇宙泡沫。但不可否认的是，元宇宙是人类数字化、智能化高度发展下虚实融合的一种新形态、新业态、新平台。从产业发展的角度看，元宇宙的应用场景很广泛：从农业到工业，从工业到服务业，在农业、制造业、文体娱乐、电影艺术、地产建筑业、旅游业、科技教育、医疗卫生等领域广泛应用。其基本特征是改变人们的生产方式、生活方式和工作方式，可以说，元宇宙与数字经济已成为世界经济复苏的新动能。面对元宇宙带来的科技革命和产业革命，目前全国已有7省17市地方政府相继发布元宇宙建设规划，开展元宇宙产业的布局。

　　作为最具创新活力的文化娱乐和旅游产业，要在这场科技革命和产业革命中，始终保持强劲的发展态势，更好地适应消费者消费模式和需求的变化，提供更多沉浸式消费体验，发展文旅元宇宙项目是必然的选择。特别是在新冠肺炎疫情防控常态化的当下，文旅元宇宙项目以一种新的方式虚拟、感知、体验现实世界，推动文旅行业加快数字化转型，进而实现产业模式和形态颠覆性的变革。

　　人们都说2022年是元宇宙元年。不少文旅企业也开始进行元宇宙的探索，这主要集中在沉浸式景区、大型演艺秀、艺术展览、数字藏品、AR/VR实景探索游戏、虚拟人等方面。诸如湖南张家界武陵源景区设立元宇宙研究中心，利用黄龙洞、百龙天梯、十里画廊等奇丽壮观的景点，为游客提供更精彩的旅游体验、更丰富的旅游产品、更舒适的旅游环境。深圳光明小镇的冒险小王子元宇宙主题乐园以《冒险小王子》原创主题形象和故事为核心，园区内各游乐设备结合AR/VR和全息投影技术，增强互动性和体验感。西安大唐不夜城的《大唐·开元》，通过数字化技术让中国传统建筑在数字空间生动地复原和呈现，游客可以游览、购物，享受和现实世界一样的商家折扣，让虚拟与现实世界产生互动。还有河南龙门石窟景区《无上龙门》

的演出、北京冬奥会文化节开幕式上虚拟偶像"洛天依"、天津的海昌海洋元宇宙主题公园、深圳大梅沙愿望塔元宇宙主题公园等。这些项目所创造的身临其境的互动体验是非常具有吸引力的，可以说元宇宙与文旅产业相融合将激发出巨大的发展潜力。

　　但是我们也必须看到，文旅元宇宙项目发展还处在探索阶段，而且从整个文化和旅游行业来看这一探索只局限在某些领域还未全面铺开，整个行业的不同领域到底如何与元宇宙结合，还缺乏可循的经验指导。特别是后发展地区如何迎头赶上，更需要深入研究和摸索。正是基于上述考虑，河北省文化和旅游创新发展中心组织人员开展了文旅元宇宙的研究，分析元宇宙为文旅行业带来的机遇，尝试寻找文旅行业不同领域与元宇宙的结合点，并以此为切入点进一步探索实践操作的可能，在此基础上形成了《元宇宙文旅数字化发展新机遇》一书。

　　当然，我们的这一研究和探索如元宇宙在文旅行业发展一样也是初步的。同时，由于我们认识的局限，其中的一些观点可能还不成熟，在此，我们也恳请广大读者和文旅工作者对本书的不足之处给予批评指正。

李　勇

2022 年 10 月

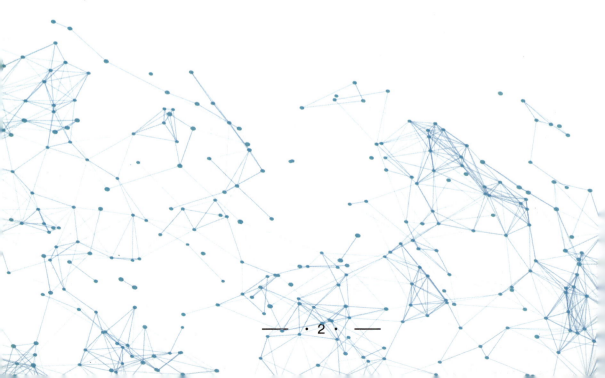

# 前　言

当前，世界经济受新冠疫情、俄乌冲突、美国加息等事件的影响，处在低迷阶段。回顾历史，每次世界经济应对冲击走出低谷都是靠供给，靠科技革命和产业革命。可以说元宇宙和数字经济成为世界经济复苏的新动能。

习近平总书记多次强调要加快数字经济发展，推进数字产业化、产业数字化，推动互联网、大数据、人工智能和实体经济深度融合。十九届五中全会通过的《中共中央关于制定国民经济和社会发展第十四个五年规划和二〇三五年远景目标的建议》明确提出的"实施文化产业数字化战略"，文化和旅游部发布的关于推动数字文化产业高质量发展的意见，明确推动数字文化产业高质量发展的方向、思路和路径。作为一个崭新的技术组合概念，元宇宙与人工智能、区块链等都被国家部委列为推进发展的范畴，这对全国各地布局元宇宙提供了重要指引。国内多地政府纷纷提出建设元宇宙产业基地或产业园，多地出台的电子信息产业发展十四五规划中均提到"元宇宙"。基于元宇宙的拓展现实、虚实交互、数字孪生等特性，且其与 XR、大数据、人工智能等前沿技术和数字经济息息相关，元宇宙技术和理念被各地政府看作发展数字经济的切入点，被写入到多地政府工作报告中，元宇宙成为重要的产业发展方向。

元宇宙已经临近，它正在革新着人类社会的方方面面。它将是世界上有史以来对我们生活方式的最大颠覆，同时也是一个巨大的潜在机会。

元宇宙时代，新兴数字技术丰富了融合文旅的边界和外延。随着科技的迅猛发展，沉浸式验体元宇宙、数字藏品等新生态的出现，探索新技术在文旅中的应用成为行业热点，数字文旅潜在的机遇及其可能带来的变革也令人期待。当下的文旅活动早已不是为了"达人所之未达，探人所之未知"的边界突破，文旅活动更多的是为了满足当下人对于感官体验的享受和超越。文旅作为元宇宙在具体领域的应用入口，除了了解元宇宙背后的底层技术代码以及交互接口将带来的颠覆性变革，还要让设计者打开"脑洞"。同样，元宇宙的到来，其时空整合、目的地扩展和创作平权及其带来的新社交集合会重塑文旅产业，创造更多可能性。

文化旅游产业与元宇宙的联系甚是紧密，元宇宙未来将影响到旅游活动的吃、住、行、游、购、娱几大要素，元宇宙拥有庞大的数据体系，通过智慧文旅可实现"一屏观文旅、一网为全城"。元宇宙中的重要消费方式也必将体现在场景消费和体验消费。具体来说，文旅元宇宙是重构文化旅游的"人、物、场"、革新文旅的"吃、住、行、游、购、娱"。理性地看，文旅元宇宙虽然可以解决流量通道问题，可以解决产品创新问题，可以解决资产变现问题，把IP活化，摆脱门票经济。但实现层面又存在诸多技术难题、社会风险与挑战需要攻破，依然还有很长的路要走。说到底，元宇宙是一种技术，技术决定下限，内容决定上限。产业元宇宙正在路上，文旅人要大胆拥抱元宇宙，抓住机遇，大胆创新，把元宇宙与文化旅游融合起来，用科技演绎文化内涵，用文化创造美好生活。

本书分成探索篇、应用篇、展望篇三大篇章，其中探索篇从元宇宙的起源及概念入手，深入浅出地阐述元宇宙核心价值及技术支撑，并剖析元宇宙在各国发展的进程及特点；应用篇重点针对元宇宙对文旅行业的契合以及元宇宙为文旅行业发展带来的改变；展望篇聚焦未来，对未来元宇宙及文旅元宇宙的发展提出相应的对策及建议。本书创新性提出为推进文旅元宇宙快速发展，文旅元宇宙建设的顶层架构，即以满足人民多元体验的追求为核心，以"科技、内容、场景"三元动力结构为支撑，将物联网、区块链、交互技术、人工智能等新一代信息技术嵌入行业发展之中，构建未来文旅的展览、服务、主题公园、景区、小镇、综合体六大场景创新，打造多个新兴的文旅功能单元，用科技手段进一步创造多元化的旅游体验。

本书从元宇宙与文旅的契合角度切入，在未来生活场景以及元宇宙的未来发展机遇，特别是元宇宙在文旅数字化发展前景中的应用。充分认识元宇宙在文旅数字化发展中的重要作用，按照新发展理念和高质量发展要求，创新驱动，科技赋能，力求推动文化和旅游创新、高质量发展。

编　者

2022 年 10 月

# 目 录 Contents

## 探索篇

**第一章 元宇宙初探：什么是元宇宙** ……………………………………… 002
  **第一节 发展基础：时代机遇与政策导向** ……………………………… 003
    一、国家战略转型催生元宇宙时代的到来 …………………………… 004
    二、新时代格局变化推动元宇宙快速发展 …………………………… 005
  **第二节 定义探讨：基于数字孪生的虚拟世界** ……………………… 009
    一、元宇宙，多种科技技术集成者 …………………………………… 010
    二、元宇宙，一个基于数字孪生技术下的虚拟世界 ……………… 010
    三、元宇宙，互联网 3.0 时代 ………………………………………… 013
  **第三节 核心价值：元宇宙提供多元化体验** ……………………… 014
    一、极致的沉浸式体验性 ……………………………………………… 015
    二、超时空的社交体系 ………………………………………………… 016
    三、虚实交互的经济体系统 …………………………………………… 016
    四、高效的现实世界 …………………………………………………… 017
  **第四节 技术支撑：通信基础 +XR 展示 + 区块链技术** ……… 017
    一、5G 技术：元宇宙之"基石" …………………………………… 018
    二、区块链技术：元宇宙之"补天石" …………………………… 019
    三、XR 交互技术：元宇宙之"眼" ……………………………… 019
    四、物联网技术：元宇宙之"夸克" ……………………………… 020
    五、人工智能技术：元宇宙之"魂" ……………………………… 020
    六、电子游戏技术：元宇宙之"核" ……………………………… 020

**第二章 元宇宙崛起：技术的爆发 + Z 世代的召唤** ……………… 022
  **第一节 政策推进新模式** ……………………………………………… 022
    一、"文化数字化"上升到国家战略高度 ………………………… 023
    二、国家 5G 网络建设驶入快车道 ………………………………… 024
    三、多部门联合指导人工智能发展 ………………………………… 025
  **第二节 技术渴望新产品** ……………………………………………… 025
    一、5G 面临应用"创新难" ………………………………………… 026
    二、人工智能遭遇"落地难" ……………………………………… 027
    三、区块链面临与传统行业的"融合难" ………………………… 027
    四、虚拟现实遭遇"突破难" ……………………………………… 028

第三节　资本需要新发展 ···················· 029

一、传统互联网投资热潮"褪去" ···················· 029

二、市场偏好方向发生"变化" ···················· 030

三、元宇宙提出，互联网行业投资出现"拐点" ···················· 031

四、"大文旅"时代来临，创造改革发展新机遇 ···················· 032

五、"新基建"风口已至，释放高质量发展新动能 ···················· 035

第四节　用户期待新体验 ···················· 036

一、"元宇宙+旅游"模式 ···················· 037

二、"元宇宙+展览"模式 ···················· 038

三、"元宇宙+商业"模式 ···················· 038

四、"元宇宙+教育"模式 ···················· 039

五、"元宇宙+家居"模式 ···················· 039

第三章　元宇宙发展：各国元宇宙发展剖析 ···················· 041

第一节　国际元宇宙发展进程剖析 ···················· 041

一、元宇宙的发展历程 ···················· 042

二、元宇宙的四大发展阶段 ···················· 045

第二节　中国元宇宙发展及应用现状 ···················· 048

一、推进元宇宙核心技术的发展 ···················· 049

二、元宇宙在中国的初探应用 ···················· 052

第三节　欧美元宇宙发展及应用现状 ···················· 056

一、欧美在元宇宙技术领域的核心竞争力 ···················· 056

二、5G成为美国在元宇宙难以攻破的技术壁垒 ···················· 059

三、欧美在元宇宙的初探应用 ···················· 059

第四节　日韩元宇宙发展及应用现状 ···················· 062

一、日韩在元宇宙技术的核心竞争力 ···················· 063

二、日本在元宇宙的初探应用 ···················· 065

三、韩国在元宇宙的初探应用 ···················· 067

应　用　篇

第四章　元宇宙刷新文旅数字化新边界 ···················· 070

第一节　什么是文旅的元宇宙 ···················· 070

一、元宇宙是数字文旅转型的延伸 ···················· 071

二、元宇宙是传统文旅行业的改变 ···················· 071

　　三、元宇宙是中国文旅业的新探索 …………………………………… 073
　第二节　元宇宙拓展文旅边界 ……………………………………………… 074
　　一、增强现实技术创造数字景点 ………………………………………… 074
　　二、数字孪生技术复原传统经典 ………………………………………… 075
　　三、技术迭代革新文化体验 ……………………………………………… 076
　第三节　元宇宙突破感官限制 ……………………………………………… 077
　　一、虚拟现实开拓文旅新体验 …………………………………………… 077
　　二、打破时空提供文旅新趣味 …………………………………………… 078
　　三、多元联动催生文旅新业态 …………………………………………… 078
　　四、元宇宙催生新的营销手段 …………………………………………… 080
　第四节　元宇宙赋能场景设计 ……………………………………………… 080
　　一、元宇宙赋能大型演艺秀 ……………………………………………… 081
　　二、元宇宙赋能艺术展览 ………………………………………………… 081
　　三、元宇宙赋能商业会展 ………………………………………………… 082

第五章　元宇宙赋能文旅行业发展构思 ………………………………… 085
　第一节　新发展机会：元宇宙时代下的全新赛道 ……………………… 085
　　一、技术创新更迅猛 ……………………………………………………… 086
　　二、文旅业态更多元 ……………………………………………………… 086
　　三、消费形式更多样 ……………………………………………………… 087
　　四、旅游管理更科学 ……………………………………………………… 088
　第二节　新商业机会：不同角度存在不同机会 ………………………… 088
　　一、文旅元宇宙——吃 …………………………………………………… 089
　　二、文旅元宇宙——住 …………………………………………………… 090
　　三、文旅元宇宙——行 …………………………………………………… 092
　　四、文旅元宇宙——游 …………………………………………………… 093
　　五、文旅元宇宙——购 …………………………………………………… 096
　　六、文旅元宇宙——娱 …………………………………………………… 098
　第三节　新文化场景：数字空间下的文化创新 ………………………… 099
　　一、元宇宙文化综合服务创新 …………………………………………… 100
　　二、文化场馆数字空间上线 ……………………………………………… 100
　　三、虚拟公共文化活动体验 ……………………………………………… 101
　第四节　新风险挑战：元宇宙赋能智慧文旅风险挑战 ………………… 102
　　一、元宇宙发展的风险 …………………………………………………… 103
　　二、元宇宙面临的挑战 …………………………………………………… 108

第六章　元宇宙创造文旅行业新未来 ·························· 111

第一节　元宇宙背景下文旅行业格局的突破 ·············· 112

一、在文旅体验领域有创新 ························ 112

二、在数字展示领域有突破 ························ 113

三、在数字文创领域有布局 ························ 113

四、在智慧景区领域有提升 ························ 114

五、在数据管理领域有进展 ························ 114

第二节　沉浸式体验与交互方式的变革 ·················· 115

一、沉浸式娱乐：亲自登台的造境之举 ·············· 116

二、沉浸式影院：全身心的探索 ···················· 117

三、沉浸式演艺：颠覆性的观演体验 ················ 118

四、沉浸式展览："大展览时代"的亮点 ············· 118

五、沉浸式餐厅：美食文化的新境界 ················ 119

六、沉浸式住宿：随君入梦的神奇体验 ·············· 120

第三节　演艺内容与呈现效果的优化 ···················· 120

一、虚拟剧院，技术与艺术的融合 ·················· 121

二、虚拟偶像，元宇宙概念下的新星 ················ 122

三、虚拟展厅，强交互高精度畅游 ·················· 125

第四节　大型娱乐活动的数字化运行 ···················· 126

一、元宇宙音乐会，引领新浪潮 ···················· 127

二、云楼会议室，线上会议天花板 ·················· 130

第七章　元宇宙助力文旅重构新样板 ······················ 132

第一节　非物质文化遗产保护方式的重构 ················ 132

一、元宇宙引领中国非遗"出圈" ··················· 133

二、非遗为元宇宙提供丰富的内容素材 ·············· 134

三、元宇宙为非遗保护破局开路 ···················· 135

第二节　文旅产品创新方式重构 ························· 137

一、元宇宙让"诗"可触摸让"远方"在身边 ········· 137

二、元宇宙促进文旅地产高质量发展 ················ 139

三、元宇宙将创造未来文旅消费"重头戏" ··········· 140

第三节　文旅服务领域数字化重构 ······················ 142

一、元宇宙拓展文旅服务新空间 ···················· 142

二、元宇宙重构旅游要素的"人、物、场" ··········· 142

三、数字化创新旅游服务的"吃、住、行、游、购、娱" ···· 144

第四节　旅游管理系统的重构·······························146
　　一、未来智慧旅游系统·································147
　　二、"上云"实现数字化转型平台·······················148
　　三、"用数"旅游大数据平台·························149
　　四、"赋智"形成一批新业态新模式·······················150

**第八章　文旅元宇宙发展路线**·······························151
第一节　文旅元宇宙的发展路径·······················151
　　一、Web 2.5时代，沉浸式旅游"目的地"·············152
　　二、Web 3.0时代，线上旅游全感知·················153
　　三、Web 4.0时代，"穿越时空"多人游·············154
第二节　基础设施与技术体系建设先行·················154
　　一、扩大通信网络覆盖率·························155
　　二、搭建元宇宙技术架构·························156
　　三、元宇宙未来发展态势·························157
第三节　创新应用支撑重点领域率先突破·················159
　　一、沉浸式娱乐"新体验"·························159
　　二、实景化舞台"新演绎"·························160
　　三、虚拟空间"新娱乐"·························161
　　四、文旅管理"新赋智"·························162
第四节　多样产品辅助中国文化"走出去"·················163
　　一、物质文化遗产"活起来"·························164
　　二、非物质文化遗产"剧情化"·························165

## 展望篇

**第九章　元宇宙的未来：道路曲折但前途光明**·················168
第一节　元宇宙未来发展四大趋势·························169
　　一、现实世界虚拟化·································170
　　二、实体经济数字化·································171
　　三、线上与线下同步化·································172
　　四、数字与现实身份融合化·························172
第二节　在元宇宙未来展望十大猜想·······················173
　　一、猜想1：元宇宙将打破传统的旅游模式·············174
　　二、猜想2：元宇宙将提供全新的生活空间·············174

三、猜想3：元宇宙将改变信息的传播方式 ·················· 175

四、猜想4：元宇宙将提供更沉浸的社交体验 ·················· 175

五、猜想5：元宇宙将创建人类与机器人共存的世界 ·················· 175

六、猜想6：元宇宙将建立"星际特区会" ·················· 176

七、猜想7：元宇宙将迭代现有的办公模式 ·················· 176

八、猜想8：元宇宙将创建"虚拟交易所" ·················· 176

九、猜想9：元宇宙将迎来全新的消费模式 ·················· 177

十、猜想10：元宇宙将更迭传统的出行方式 ·················· 177

第三节 文旅元宇宙顶层构想 ·················· 177

一、围绕一大中心 ·················· 178

二、构建三元动力结构 ·················· 179

三、聚焦六大场景 ·················· 180

第四节 文旅元宇宙实现路径 ·················· 184

一、制定科学的发展规划 ·················· 185

二、编制三年行动计划 ·················· 186

第十章 元宇宙赋能文旅行业的对策建议 ·················· 189

第一节 元宇宙助推文旅行业高质量发展的对策 ·················· 189

一、认识元宇宙在文旅领域的应用需要 ·················· 190

二、推进元宇宙赋能文旅产品设计开发 ·················· 190

三、针对不同场景树立文旅产品新标杆 ·················· 191

四、探索元宇宙在文旅重点领域新应用 ·················· 192

第二节 旅游业元宇宙化的建议 ·················· 193

一、构建元宇宙底层技术布局 ·················· 194

二、搭建宣传平台鼓励多方参与 ·················· 195

三、积极研究元宇宙监管政策 ·················· 196

四、树立元宇宙行为规范 ·················· 197

五、完善元宇宙标准体系 ·················· 198

附 录 ·················· 200

一、国家对元宇宙扶持政策汇总梳理 ·················· 200

二、地方元宇宙政策汇总梳理 ·················· 206

参考文献 ·················· 213

# 01 探索篇

——元宇宙在全球的发展
进入黄金时期

# 第一章　元宇宙初探：什么是元宇宙

从概念形成到观念传播，从技术驱动到资本介入，元宇宙堪称近两年来风头最健的话题。整个 2021 年，元宇宙都是一个关注度持续飙升的热词，社交元宇宙、企业元宇宙、工业元宇宙等各行各业如百舸争流，纷纷朝元宇宙进发，掀起一股全球性的热潮。那到底什么是元宇宙？截至目前，"元宇宙"还没有一个被广泛认可的确切定义，人们对它的描述，还处在"比拼想象力"的阶段。[1]

清华大学新媒体研究中心执行主任沈阳认为，元宇宙是整合多种新技术而产生的新型虚实相融的互联网应用和社会形态，它基于扩展现实技术提供沉浸式体验，以及数字孪生技术生成现实世界的镜像，通过区块链技术搭建经济体系，将虚拟世界与现实世界在经济系统、社交系统、身份系统上密切融合，并且允许每位用户进行内容生产和编辑。元宇宙本身不是一种技术，而是一种理念和概念，它需要整合不同的新技术，如 5G、6G、人工智能、大数据等，强调虚实相融。

中国社会科学院数量经济与技术经济研究所副研究员左鹏飞认为，元宇宙热背后有着深刻的经济社会原因——移动互联网红利已经到顶并开始消退，元宇宙作为虚拟世界和现实世界融合的载体，蕴含着社交、内容、游戏、办公等场景变革的巨大机遇，传统数字科技企业和新兴初创企业都想抓住未来赛道机遇。腾讯公司认为元宇宙是一个独立于现实世界的虚拟数字世界，用户进入这个世界之后就能用新身份开启全新的"全真"生活。百度公司认为元宇宙本质上是对现实世界虚拟化、数字化过程，需要对内容生产、经济系统、用户体验以及现实世界内容等进行大量改造。

美国社交媒体脸书（Facebook）创始人扎克·伯格提出的元宇宙，打算让真人置身网络。他在演讲视频里说："下个阶段的平台和媒体，会让人更有身临其境之感，你将不仅仅是从旁观看，而是置身'实体互联网'之中。这就是元宇宙。"

不少互联网从业者也纷纷抛出自己对元宇宙的理解。有的说，元宇宙是一个空间维度上虚拟而时间维度上真实的数字世界；有的说，元宇宙是一个与外部真实世界既紧密相连，又高度独立的平行空间。那么元宇宙到底是什么？比较主流的看法是，它是下一代互联网的新形态，是利用科学技术手段来实现连接和创造与现实世界映射交互的虚拟世界，是具备新型社会体系的数字生活空间，其概念是多重技术的叠加，其本质是下一代互联网。

元宇宙在过去一年得到了极大地关注，许多大企业甚至是国家都纷纷开展元宇宙的布局。那么究竟是哪些因素促进了元宇宙的发展？这当中，新时代的消费变化、疫情带来的机遇与变革、相关技术的成熟以及资本的驱动成了最大的催化剂。

## 第一节　发展基础：时代机遇与政策导向

近几年疫情给各行各业带来了巨大的冲击，尤其以旅游业为代表的线下服务业，但同时加快了人类活动向数字世界的迁移及融合，科技在广度、深度和速度三个维度上不断改变整个社会。从更广阔的历史角度来看，我们已经从农业文明、工业文明，迈入到了数字文明的新阶段。

在过去的两年里，疫情加速推进了我国数字经济发展进程，虚拟发布会、峰会论坛、网上购物、直播短视频、在线教育、远程医疗等"非接触经济"全面提速，为经济发展提供了新路径，发展数字经济逐渐上升为重要的国家战略。因此，作为数字经济下一增长点的元宇宙得到了国家的重视，成为产业发展布局重点。

元宇宙在中国的发展离不开政策的支持，习近平总书记在讲话中多次提到，"数字经济事关国家发展大局，应大力推进建设数字中国，数字社会"。数字技术将持续推动供给侧效率提升和产业升级，以及在全球的新格局之下，国家竞争力的提升。中国人民大学副教授王鹏表示，未来元宇宙在教育、医疗、政府服务等实体经济场景下将有所应用，在政策支持下，促进应用场景多元化的同时，也能促进相关企业的发展，形成良性循环。发展元宇宙不是"脱实向虚"，而是实现数字经济与实体经济深度融合，从而切实赋能实体经济全面升级，让各行各业都能找到"第二条增长曲线"。

# 一、国家战略转型催生元宇宙时代的到来

## （一）国务院发布《"十四五"数字经济发展规划》

国务院印发的《"十四五"数字经济发展规划》提出，支持网络安全保护技术和产品研发应用，推广使用安全可靠的信息产品、服务和解决方案。强化针对新技术、新应用的安全研究管理，为新产业、新业态、新模式健康发展提供保障，加快发展网络安全产业体系，促进拟态防御、数据加密等网络安全技术应用，建立健全数据安全治理体系，研究完善行业数据安全管理政策，发展互动视频、沉浸式视频、云游戏等新业态。创新发展"云生活"服务，深化人工智能、虚拟现实、8K高清视频等技术的融合，拓展社交、购物、娱乐、展览等领域的应用，促进生活消费品质升级等大部分为元宇宙概念所包含的内容。

## （二）中国人民银行印发《金融科技发展规划（2022—2025年）》

《金融科技发展规划》指出，要坚持"数字驱动、智慧为民、绿色低碳、公平普惠"的发展原则，以加强金融数据要素应用为基础，以深化金融供给侧结构性改革为目标，以加快金融机构数字化转型、强化金融科技审慎监管为主线，将数字元素注入金融服务全流程，将数字思维贯穿业务运营全链条，注重金融创新的科技驱动和数据赋能，推动我国金融科技从"立柱架梁"全面迈入"积厚成势"新阶段，力争到2025年实现整体水平与核心竞争力跨越式提升。同时搭建多元融通的服务渠道，以线下为基础，依托5G高带宽、低延时特性将增强现实（AR）、混合现实（MR）等视觉技术与银行场景深度融合，推动实体网点向多模态、沉浸式、交互型智慧网点升级。

## （三）总书记重要文章《不断做强做优做大我国数字经济》

2022年总书记发表重要文章《不断做强做优做大我国数字经济》，文章强

调，近年来，数字经济发展速度之快、辐射范围之广、影响程度之深前所未有，正在成为重组全球要素资源、重塑全球经济结构、改变全球竞争格局的关键力量。面向未来，我们要站在统筹中华民族伟大复兴战略全局和世界百年未有之大变局的高度，统筹国内国际两个大局、发展安全两件大事，充分发挥海量数据和丰富应用场景优势，促进数字技术和实体经济深度融合，赋能传统产业转型升级，催生新产业、新业态、新模式，不断做强做优做大我国数字经济。文章指出，发展数字经济是把握新一轮科技革命和产业变革新机遇的战略选择。数字经济健康有序发展，有利于推动构建新发展格局，有利于推动建设现代化经济体系，有利于推动构筑国家竞争新优势。[2]

### （四）国家工信部提出培育一批进军元宇宙等领域的中小企业

中小企业是数字经济发展的主力军，也是数字化转型的主战场。国家工信部首次发声支持发展数字经济。抢抓国家推进新基建、大力发展数字经济的大好机遇，通过"创客中国"创新创业大赛等多种方式，引导和支持中小企业加快推进数字产业化和产业数字的进程，培育一批数字产业化专精特新中小企业，特别要注重培育一批深耕专业领域工业互联网、工业软件、网络与数据安全、智能传感器等方面的"小巨人"企业，培育一批进军元宇宙、区块链、人工智能等新兴领域的创新型中小企业。

## 二、新时代格局变化推动元宇宙快速发展

技术的迭代与需求市场的变化是推动元宇宙技术和产业快速发展的重要因素。疫情加速了整个社会向数字化、虚拟化生活方式的改变，促进了"宅经济"的快速发展，线上活动逐渐成为我们生活中的一部分，现在的现实世界和虚拟世界成为融合的世界，而现在的虚拟的内容，也可以成为未来很重要的资产。

### （一）新冠疫情带来的大变局

2020 年的新冠疫情大爆发可以说是近 10 年来对全球影响最大的事件。疫情摧毁了一些行业，也加速了一些行业的发展，例如电商、线上会议、外卖等等。因为疫情，许多人只能居家办公，在家开工作会议，进而促使了线上会议的发展，

带动了一些元宇宙相关公司为人们所熟知，例如视频会议软件 ZOOM。

而此次疫情也让大家认识到了数字化、网络化的趋势，而元宇宙则是数字化、网络化的终极形态。虽然近期疫情防控节奏放缓，但大家对于线上数字化办公、线上购物、线上看展的需求不减反增，这些都让许多企业看到商机。如今也有部分高科技公司宣布员工可以在家永久办公，例如谷歌、微软、Twitter和 Meta。这些都印证了未来数字化办公的趋势。[3]

如今受疫情影响，除了线上办公，演唱会、音乐会等大型活动的举办也受到限制，加速了线上演唱会的进程。2022 年，从 3 月的西城男孩线上演唱会开始，每个月都有爆款线上演唱会出现：崔健、罗大佑、周杰伦、刘德华、李健、陈奕迅……2022 年 9 月，"天王"刘德华的一场线上演唱火爆出圈，19 时 55 分，直播尚未开启，3000 万人在线等待，直播半小时后，线上人数破亿，到演出结束，观看人次已经超过 3.5 亿，刷新了线上演唱会的纪录。

此外，传统主题公园也在向沉浸式、全感知的体验场景转换。最近爆火的北京环球度假区，正在以全新的形态展现在人们面前，在各大主题园区内，除了看到领略到，更重要的是能体验到，这种仿佛身临其境的"沉浸式"体验，在很多小细节中都能感受出来，使游客沉浸式体验环球度假区成为一个可能的现实。

### （二）服务业数字化转型升级

#### 1. 生活服务数字化

近些年来，我国服务业发展迅速，推动了数字化转型，为人们日常生活带来了新体验，也为经济发展注入了新动能。由中国信通院等机构发布的《中国生活服务业数字化发展报告（2020 年）》数据显示，2020 年，我国服务业数字经济占行业增加值比重达 38%，在三大产业中数字化水平最高、转型速度最快。随着服务业与数字化的融合发展不断加深，平台经济、共享经济等新模式、新业态不断涌现出来，买菜、点餐等业务纷纷"上线"。去年的突发疫情进一步加快了线下经济与线上经济的融合，网约车、快递、外卖配送、网约家政服务等业务量大幅增长。

国家统计局数据显示，2020 年，社会消费品零售总额下降 3.9%，但实物商品在网上零售额却增长了 14.8%，占社会消费品零售总额的比重达 24.9%。事实证明，疫情加快了生活服务业数字化转型进程，促使线下场景线上化。

2. 文旅服务数字化

在数字技术快速发展的背景下，结合当前国内疫情形势，整个文旅产业更加强调"数字化"。一方面将文化场馆、旅游景区植入游戏、动漫、电影、直播等数字娱乐场景之中，采取"游戏+虚拟游""动漫+云展""电影+沉浸式体验""直播+体验式研学"等方式，构建数字"虚拟文化空间"。另一方面引导线上用户转化为实地游览、线下消费用户，最终实现用户、信息和消费在实体空间和虚拟空间之间充分互动交融。各类传统的文化资源和旅游资源都借助网络和数字化技术活跃在人们的视野里，催生出新的文化产业。

旅游前　　　　　　　旅游中　　　　　　　旅游后
线上虚拟体验　　　现场沉浸体验　　　数字回味体验

图 1-1　数字文旅全体验流程

从我国服务业的发展现状看，产业整体发展迅速，且在数字化转型过程中，所产生的新业态、新模式也是所有产业中最多的，由此可以断定，未来中国服务业数字化的前景有着巨大的发展空间。

（三）沉浸式体验受市场追捧

人类生活永远是希望能够往更极致的体验、更科幻的方式去追逐。21 世纪 20 年代，在各种游戏产品"陪伴"下成长起来的"Z 世代"活跃在各类互联网社交平台上，开始成为主流消费群体，未来的工作、社交、娱乐都将由这一代人定义和主导。整体而言，新生代消费者对互联网的理解和黏着远超其前辈，他们更在意也更擅长在互联网上标记和分享。由于相当一部分"Z 世代"生长在少子化的家庭，导致他们对面对面、人与人的近距离社交兴趣不足，反而易于接受人机之间的深度交互，并对各类线上资源及其搜索渠道已形成一定的路径依赖，因此被元宇宙企业锁定为直接目标用户。[4]

自 2013 年王潮哥推出沉浸式演艺《又见平遥》开始，我国沉浸式产业呈现指数级增长态势。《幻境·2021 中国沉浸产业发展白皮书》数据显示，沉浸业态也从 2018 年的 21 种增长为 2020 年的 41 种，沉浸体验项目数量达到 1521 项，包括展览展陈、实景娱乐、商业地产、文化旅游等形式。从用户端来看，大家同样希望能够有更好的体验，这种体验和自己现实生活的体验可以平行，并不断地超越。

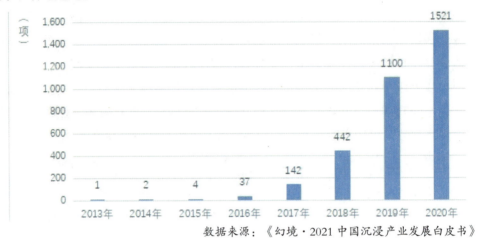

数据来源：《幻境·2021 中国沉浸产业发展白皮书》

图 1-2　中国历年来沉浸式体验项目数量

中国沉浸产业和市场消费的增长，长期来看并非投资驱动，而是良好的市场内新增长动力所促成。根据美团点评研究院 2018 年发布的《2017 年度大众生活消费趋势洞察报告》披露，沉浸体验搜索增长量为 3800%，并在此后长期保持良好的增长态势。

### （四）技术成熟赋予发展新希望

元宇宙在这个时间点爆红，一个很现实的原因，就是移动互联网的红利见顶。正是 XR、AI、5G、数字孪生、区块链等多种技术的叠加，让大家对于元宇宙的实现有了更大的渴望。

作为最重要的移动互联网载体，智能手机的出货量在 16 年到达巅峰之后，这几年一直处于下行趋势。移动互联网很久都已经没有创新了，滋生出了垄断等一系列问题，就像之前被人民日报所批评的"无序扩张"，连卖菜钱都抢着赚。比如微信已经 12.56 亿用户，中国人几乎全部注册成为用户了，增长空间已经不大了，所以在移动互联网层面发展潜力有限，就会开始去想象下一个时代，也就是元宇宙时代。元宇宙一定会带来全新的内容，新内容分为两个维度，一是形态的迭代，二是创意驱动。

多项技术比如 5G、区块链、数字货币，这些技术都已成熟，现只缺一款爆款应用的引爆，比如 5G 现在部署比较广泛，北京市到处都有 5G，但是实际使用 5G 功能的用户少之又少，且并未察觉到 5G 跟 4G 的区别。因为 4G 已经完全可以满足我们的需求，5G 上市之后没有应用，谁消耗到 5G 这么高的网速，这么高的带宽呢？

没有内容 5G 自然而然就发展不起来，这个时候就需要以元宇宙为题材带动 5G 的发展。华为出了一款新 VR 眼镜，眼镜需要跟手机联合使用，插在 5G 手机上一点卡顿都没有，插在普通 4G 手机上可以使用但是非常卡顿，这样一来也便有了换手机的需求，若是没有此类应用的发展，许多人都不再更换手机，正是由此人们才有了更换手机的需求。所以看到很多技术的拐点已经到来，这是有技术基础，不是像以前技术能力不行，也只能陷入空想阶段，无法成为现实。然而现在不是，现在是技术已经足够成熟，而没有得到有效的利用，尤其现在的 5G 带宽是浪费的。多项技术的拐点到达需要元宇宙打破桎梏。

同时，元宇宙作为一种多项数字技术的综合集成应用，其场景从概念到真正落地需要实现两个技术突破：第一个是 XR、数字孪生、区块链、人工智能等单项技术的突破，从不同维度实现立体视觉、深度沉浸、虚拟分身等元宇宙应用的基础功能；第二个突破是多项数字技术的综合应用突破，通过多技术的叠加兼容、交互融合，凝聚形成技术合力推动元宇宙稳定有序发展。[5]

# 第二节　定义探讨：基于数字孪生的虚拟世界

元宇宙（Metaverse）是科幻小说家斯蒂芬森 30 年前在《雪崩》中创造的概念，描述一个虚拟与现实联通的世界，被电影《黑客帝国》系列、《头号玩家》和最新的《失控玩家》一再演绎。虽然当前给元宇宙下一个边界清晰的定义和描述移动互联网是什么还是有一定的困难，但我们还是需要先要明确元宇宙大概是什么？究竟什么是元宇宙？或许，每个人心中都有不同的答案。元宇宙的英文是 Metaverse，前缀 Meta 意为超越，词根 verse 则由 universe 演化而来，泛指宇宙、世界。在维基百科中，元宇宙通常被用来描述未来互联网的迭代概念，由持久的、共享的、三维的虚拟空间组成，是一个可感知的虚拟宇宙。

理解元宇宙核心定义可以从三个维度展开，一是多种科技技术的集成；二是基于互联网二代的全新升级，形成一个全真的互联网 3.0 时代；三是从空间角度元宇宙是一个基于数字孪生技术下的虚拟世界。由于元宇宙的设想最终都需要客观现实去支撑，元宇宙是在真实世界之外的另一个世界，即元宇宙更像是一个"超世界"。

## 一、元宇宙，多种科技技术集成者

图 1-3　元宇宙基础构建图

元宇宙是整合多种新技术而产生的新型虚实相融的互联网应用和社会形态，基于扩展现实技术提供沉浸式体验，基于数字孪生技术生成现实世界的镜像，基于区块链技术搭建经济体系，将虚拟世界与现实世界在经济系统、社会系统、身份系统上密切融合，并且允许每个用户进行内容生产和编辑[6]。尽管在多种产业及文旅场景中均有所尝试，但相对于这个概念，目前的元宇宙仅仅是个雏形。

## 二、元宇宙，一个基于数字孪生技术下的虚拟世界

要理解元宇宙，一个最重要的概念就是数字孪生（Digital Twin）。可以说无论是企业还是个人，数字化转型的第一步是建立数字孪生。《头号玩家》所描述的世界，是抽象的数字孪生所组成的虚拟空间。通俗化来说，元宇宙是人类未来娱乐、社交甚至是办公的数字化空间，是未来生活方式的主要载体，是一个人人都会参与的数字化新世界。元宇宙融合区块链、5G、VR、AR、人工智能、物联网、大数据等前沿互联网技术，让每个人都可以跨越物理世界的约束，从

而在全新数字空间中成就更好的自我，实现自身价值的最大化。

元宇宙是虚拟世界与现实世界叠加、并生、共存的新世界，依托数字技术构建现实世界的孪生体——数字孪生世界。数字孪生世界将与现实世界通过虚拟现实、增强现实、扩展现实等技术叠加在一起，形成虚实映射、实时连接、动态交互的世界。在这个崭新的世界当中，人具有数字身份，包括人的孪生体、脑机接口、人的数字生活记录等，且这个身份也随着人的发展和场景的变化而随时变化。虚实相生是元宇宙的关键特征，体现在元宇宙的六个核心要素上，包括沉浸感、虚拟身份、数字资产、真实体验、虚实互联和完整社会系统。

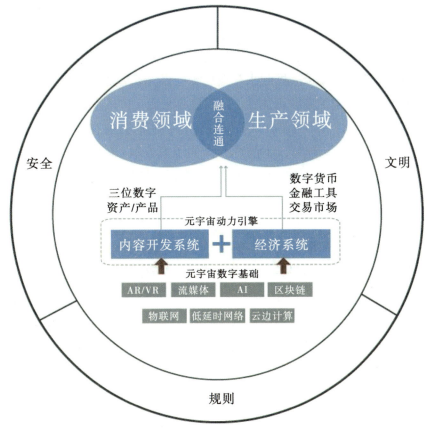

图 1-4　元宇宙基础构建图

元宇宙不是数字乌托邦，而是一个全真的全新数字世界。通过数字空间、社交空间以及交互体验空间的叠加，实现我们总结的"五大融合"：数字世界与物理世界的融合、数字经济与实体经济的融合、数字生活与社会生活的融合、数字资产与实物资产的融合、数字身份与现实身份的融合。元宇宙会让现实世界变得更美好。[7]

## （一）技术层面

元宇宙是一系列的新科技和黑科技的集大成者。许多还没有找到合适应用场景的新科技，在元宇宙爆发的推动下，将日益进入我们的工作和生活。这些新科技包括5G、区块链、沉浸式VR（虚拟现实）、AR（增强现实），以及现在更火的XR、数字加密货币等。

对于这些新科技大多数人并不陌生，但迄今为止都没有找到特别好的应用场景，元宇宙将它们展现并应用，因为进入虚拟世界需要更切实的体验，沉寂了几年的VR科技一下子火爆起来。在现实世界AR能够带来更多的便利，也可能催生出更多有趣的商业可能性。区块链将是元宇宙最重要的基础设施，因为它去中心化的属性和不可篡改从而增进互信的特质，让它在不同元宇宙之间，以及虚拟和现实世界跨越时，确保数字资产的互联互通。而NFT（非同质化代币）这一同样在过去半年爆火的概念，有可能成为新一代数字资产凭证的标准。

## （二）服务层面

在社群与经济的层面，元宇宙催生了年轻Z世代的虚拟社群大发展，将体验经济和注意力经济推向极致。Z世代可以说是元宇宙的原住民，因为他们太熟悉游戏创造的虚拟世界。网络游戏是元宇宙最早的接口，给了原住民 探索、交流和获得成就感的场景。如何营造逼真的虚拟工作、生活、社交场景，这是巨头关注的重点，这不仅仅是把工作、生活和社交搬到元宇宙中去，更是在这种搬迁和跨越的过程中催生和涌现出许多新玩法。不过，在这一过程中，我们也需要警惕可能带来的危害，智能手机已经让许多人沉迷甚至上瘾于游戏、社交、购物等，我们要预防元宇宙制造出更多的隐患。

## （三）体验层面

元宇宙作为新一代人机互动的平台，可能带来一系列全新的改变。一方面它将是第一次机器按照人的行为习惯进行人机互动。对比一下，智能手机仍然需要人去习惯触摸屏的输入方式，而元宇宙不再需要，因为在虚拟世界，人的行为和感知就会产生结果。另一方面，它又给了人工智能以巨大的表演舞台。未来人工智能在元宇宙中不仅能驱动 NPC（Non-Player Character，非玩家角色），也将是构建和支持逼真虚拟世界运行的驱动力，更重要的是它还可能创造出各种辅助人行动的虚拟机器人。[8]

## 三、元宇宙，互联网 3.0 时代

过去三十余年，互联网经历了从 Web 1.0 时代到 Web2.0 时代的转变，从 Web 1.0 升级到 Web2.0，互联网给人类呈现的其实是二维、平面的世界，是一个将实体世界折叠了的平面数字世界。从 PC 互联网到 4G、再到 5G，从文本到图片、音频、长视频、直播、短视频等，历次基础设施迭代都带来内容形态的变化。

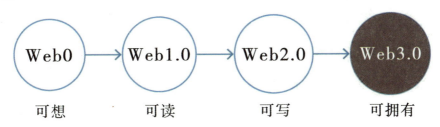

元宇宙需要搭建在 Web3.0

图 1-5　互联网发展历程图

### （一）第一代互联网（Web 1.0）

第一代互联网（Web 1.0）是 PC（个人计算机）互联网，从 1994 年发展至今。

第一代互联网的优势在于高效地传输信息，因此网络新闻、在线搜索、电子邮件、即时通信、电子商务、彩信彩铃、客户端和网页游戏等应用普及，互联网用户被迅速连接起来，从而提升了全球信息传输的效率，降低了信息获取的门槛。

## （二）第二代互联网（Web 2.0）

第二代互联网（Web 2.0）是移动互联网，从 2008 年拉开序幕，到今天仍然精彩纷呈。

智能手机具备"永远在线"和"随时随地"的特点，这让移动互联网成为很多人生活的重要组成部分。"上网"这个概念在这个阶段逐步消失，我们时刻都生活在网络里，社交关系被大量地引入互联网，更多的新社交关系被建立。智能手机让各类传感器开始普及，让物理世界加速映射到互联网实现数字化，同时也让互联网上的各种服务能够应用到社会生活中，线上（online）和线下（offline）开始紧密地交互，社交网络、O2O 服务（线上到线下服务）、手机游戏、短视频、网络直播、信息流服务、应用分发和互联网金融等移动互联网服务成为主流。在这一阶段，苹果公司、Facebook、爱彼迎、优步、小米、字节跳动、滴滴、美团、蚂蚁金服、拼多多和快手等迅速崛起，成为各自领域的领军企业。

## （三）第三代互联网（Web 3.0）

第三代互联网（Web 3.0）就是元宇宙。2021 年是元宇宙元年，新一轮互联网迭代升级的序幕就此拉开。我们将看到一系列新变化：区块链让数据成为资产，智能合约打造可编程的智能经济体系，人工智能构建全球智慧大脑并创造"数字人"，物联网让物理世界的现实物体向数字空间广泛映射，AR 实现了数字世界与物理世界的叠加，5G 网络、云计算、边缘计算正在构建更加宏伟的数字新空间。[55]

## 第三节　核心价值：元宇宙提供多元化体验

元宇宙具有虚实融合、多元开放、持续演进等特点。伴随新技术的迭代升级和新应用的融合创新，其最大的改变之一就是打造出一系列的虚拟空间连接我们彼此，让物理空间不再成为人与人之间的限制，随之便诞生出许多新的交互方式和新的体验。元宇宙的核心价值在于"多元"，体现在超越现在的单一，追求整合性的应用。基于此，我们从多维度剖析元宇宙的价值。

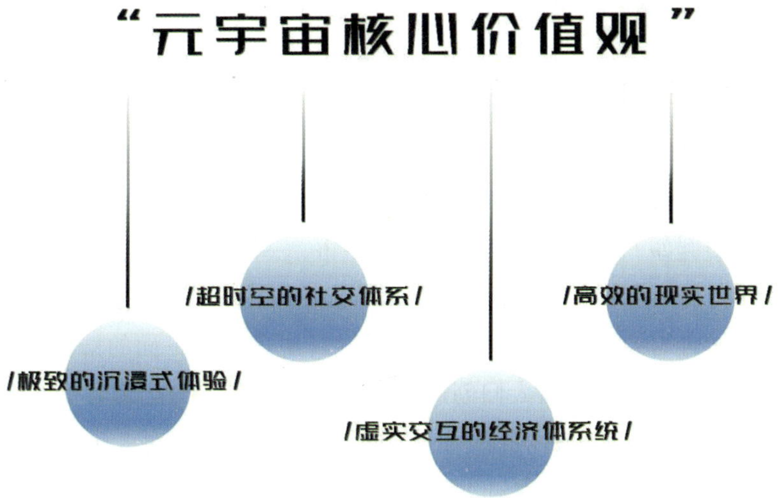

图 1-6　元宇宙核心价值框架图

## 一、极致的沉浸式体验性

元宇宙时代下，用户的消费体验或将迎来新的一波交互体验的升级，在AR、VR 等技术的带动下，更加沉浸式的消费或将成为常态。通过 AR 和VR 技术的运用，用户将会获得更加直观而且沉浸的购物场景，获得更佳的购物体验。例如"新氧APP"为用户提供 AR 检测脸型的服务，通过手机扫描脸部推算出适合每位用户的妆容发型护肤品等，使用户在手机上就能远程体验到专业的美容建议。"得物APP"的 AR 虚拟试鞋功能允许用户只需要挑选自己喜欢的鞋型和颜色并点击 AR 试穿即可看到鞋子上脚的效果，避免了去线下试鞋或快递收到鞋后发现上脚效果不好看再退换货的麻烦。进入元宇宙时代，沉浸式的消费体验会是新的流行趋势，用户的消费体验将与以往大不相同，沉浸式消费将不仅仅局限于购买衣服鞋子等小件物品。AR 房屋装修、远程看房、甚至模拟旅游景点都将成为流行的生活方式。此外，消费者可以接触的信息量将进一步提升，在可穿戴设备和触觉传感技术的加持下，相比当前仅限视觉交互的购物体验来说，触感等或将提供更佳、更沉浸的购物体验。如：喜欢穿越的朋友们可以随便穿越到古代，欣赏下大唐盛世的繁华景象；坐在家里就可以参加一场声临其境的音乐会，看一场 NBA 的篮球赛等。

## 二、超时空的社交体系

元宇宙能突破物理时空的局限性，不仅形成对线下关系的替代，基于对虚拟环境和存在的认同，能提供丰富的线上社交场景，还将对主流的社交模式产生重大变革。例如：科幻电影畅想中的元宇宙，一个重要特点是其仍然保留了网络世界独有的匿名性，用户可以抛开现实追寻自己的新身份。在虚拟世界的新身份中，不再需要考虑现实的束缚，获得展现自己另一面的舞台。[9] 这样超时空沉浸式的社交体系，给人们创造自己想要的世界、构建或者更好地维护关系的机会，体会作为人的存在感。应该说，元宇宙让人们对人生的设想有了落地的可能，具体体现为，一是在元宇宙中人们自己去建立规则、定义价值，实现自己的想法，以此来更好地认同自己，获得存在感；二是人的本性就是通过互动定位自己。元宇能帮我们跟他人建立起更多的关系，带来更多积极的体验。如：商务人士不需要出差旅途奔波，就可以有见面开会一样的体验感。

## 三、虚实交互的经济体系统

在疫情催化下，更多的现实生活中的行为活动转向线上，通过游戏的方式实现沉浸式场景体验。例如美国著名说唱歌手 Travis Scott 和 Lil Nas X 分别在 Fortnite 和 Roblox 举行虚拟演唱会，UC Berkeley 等高校在 Minecraft 中举办毕业典礼，通过《动物森友会》也可以召开 AI 学术会议。此外，像 Gucci 与 Roblox 合作推出了"The Gucci Garden Experience"虚拟展览，用户在 Roblox 平台中可以欣赏 Gucci 展览，并有机会选购几款展出期间限时购买的虚拟单品。随着娱乐、消费、甚至会议工作等现实行为均能够转化为多元化的虚拟体验，我们认为，元宇宙与现实的边界有望不断被淡化。元宇宙世界拥有独立的经济属性，任何人都可以进行创造、交易，并能"工作"而获得回报，形成与现实生活类似甚至的经济文化繁荣。如：工厂设备出现问题时，工程师可以像亲临现场一样定位查找问题，手把手教现场工人如何进行维修。

## 四、高效的现实世界

元宇宙可以大大提升现实世界的效率。世界的三大构成要素：信息、能量和物质。在元宇宙中，通过数字孪生技术，可建造一个模拟真实世界运行规律的虚拟世界，本质上是把现实世界的实际对象转化成了信息，而这将带来成本的大幅度地降低。一是移动物体的成本显著降低到几乎为零，在真实世界中移动物体需要消耗大量的能量，尤其是轮船、火箭这种大型设备更是需要巨量的能量,而在数字孪生世界其成本基本为零。二是犯错的成本显著减少到几乎为零，真实世界中交通出现事故或者某些社会改革失败都会带来巨大的生命财产损失，而在数字孪生世界可以轻易地从头再来。三是可以通过调整时间来大大提高世界运行的速度，我们很容易在数字孪生世界中一秒内完成数万次在真实世界需要数十年才能完成的实验。这三点变化使得做实验的成本得到了极大的降低，同时实验可以以极高的速度完成。而科技的进步基于大量的实验，如果我们能够极大地降低实验的成本，那么科技的发展速度就能够极大地提高。又由于科学技术是第一生产力，所以通过在元宇宙中的数字孪生技术可以极大地提升生产力。

## 第四节　技术支撑：通信基础 +XR 展示 + 区块链技术

构建元宇宙生态需要依赖强大的技术体系支撑。从技术角度来看，元宇宙是科技创新者的集大成者，拥有较长产业链条，涉及芯片技术、5G 技术、数据中心、云计算、人工智能技术等多个方面。正如互联网经济是架构在IT 相关技术基础之上，元宇宙的建构需要六大技术支柱，概括起来包含了人工智能技术、区块链技术、交互技术、虚拟融合技术、5G 智能网络技术和物联网技术。其中区块链技术主要确保元宇宙去中心化并实现元宇宙经济系统运行的稳定、高效、透明和确定性。交互技术主要为元宇宙用户提供沉浸式虚拟现实体验。虚拟融合技术主要通过运用游戏引擎相关的 3D 建模和实时渲染技术使元宇宙内容极度丰富。5G 智能网络技术主要通过高速、低延时、高算力、高 AI 的规模化接入，使元宇宙用户沉浸式体验更加实时流畅。人工智能技术主要为元宇宙大量的应用场景提供技术支撑。物联网技术主要为元宇宙万物链接及虚实共生提供可靠技术保障。基于六大技术底座的支撑运用，元宇宙场景体现的"身份、朋友、沉浸感、低延迟、多元化、随地、经济系统和文明"等基本特征已得到业界的普遍认可。低延迟和真实感让用户具有身临其境的感官体验，虚拟 ID 身份让用户与朋友开展各种社交，安全、稳定、有序的经济运行系统让用户正常开展各种货币交易等。

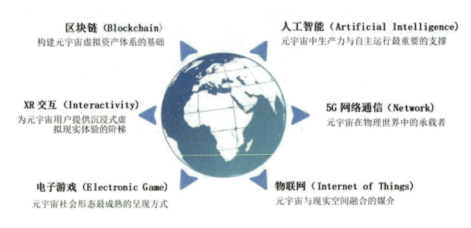

图 1-7 元宇宙技术架构图

## 一、5G 技术：元宇宙之"基石"

通信基础设施作为支撑元宇宙运行的血液系统，涵盖了光纤通信、5G/6G 移动通信、WIFI 6、工业互联网等多类型系统设施，为元宇宙海量元素互联，交互提供连接保障。尤其以 5G、千兆光网为代表的"双千兆"网络是当前元宇宙建设发展的重要基础设施。基于 5G 技术增强型移动宽带、超可靠低时延和海量物联三大特性，为元宇宙应用爆发提供坚实连接基础。

## 二、区块链技术：元宇宙之"补天石"

要构建一个完整的元宇宙经济体系，区块链技术不可或缺。区块链技术能为元宇宙提供价值传递的解决方案，区块链亦是比特币的底层技术，本质是一个去中心化的数据库。其中 NFT 是基于区块链的特殊数字资产，主要用于证明数字资产的唯一归属权，号称是能"打开元宇宙世界的钥匙"与传统 BT 不同的是 NFT 具有不可替代、不可分割等特点。

底层架构，如区块链 & NFT。元宇宙的世界是接近真实的沉浸式虚拟世界，构建相对应的经济系统至关重要。区块链可以在元宇宙中创造一个完整运转且连接现实世界的经济系统，玩家的资产可以顺利和现实打通，区块链完全去中性化，不受单一方控制，玩家可以持续地投入资源。那么 NFT，全称 Non-Fungible Token，即非同质化代币（比特币等数字货币为同质化代币），是区块链框架下代表数字资产的唯一加密货币令牌，未来将是元宇宙的经济基石。NFT 可与实体资产一样买卖，保证了元宇宙中基础资产的有效确权。

## 三、XR 交互技术：元宇宙之"眼"

XR 作为元宇宙虚实的交汇点，使得虚拟体验产品生态日渐饱满，给用户带来沉浸式的体验。

前端设备，如 AR、VR、可穿戴等前端设备方面，AR、VR 及智能穿戴设备是让用户实现持续稳定接入元宇宙，获得沉浸式体验的基础。从设备产业链来看，硬件核心环节涉及传感器、显示屏、处理器、光学设备等。据中国 2024 年出货量从产业空间来看，AR、VR 虚拟终端设备整体价值空间至 2024 年将达到 4800 亿元，产值规模由 AR、VR 设备两分天下。判断 2021 年 VR 设备市场空间约为 650 亿元，AR 设备市场空间约为 500 亿元，即元宇宙关键设备端市场空间约 1150 亿元。同时预计 2024 年这一空间将升至 4800 亿元，存在爆发式增长的趋势。

## 四、物联网技术：元宇宙之"夸克"

物联网技术既承担了物理世界数字化的前端采集与处理职能，同时承担了元宇宙虚实共生的虚拟世界去渗透乃至管理物理世界的职能。物联网技术为元宇宙万物互联及虚实共生提供可靠的技术保障。其中感知层技术为元宇宙感知物理世界万物的信号和信息来源提供技术支撑，网络层技术为元宇宙感知物理世界万物的信号传输提供技术支撑，而应用层技术则将万物连接并有序管理，只有真正实现万物互联，元宇宙实现虚实共生才真正有了可能。物理网技术的发展，为数字孪生后的虚拟世界提供了实时精准持续的鲜活数据供给，使元宇宙虚拟世界里的人们足不出网就可以明察物理世界的秋毫。物联网技术是元宇宙万物的虚实共生的最重要支撑。

## 五、人工智能技术：元宇宙之"魂"

元宇宙的各个层面、各种应用、各个场景都离不开人工智能技术。包括区块链里的智能合约、交互里的 AI 识别、游戏里的代码人物、物品乃至情节的自动生成、智能网络里的 AI 能力、物联网里的数据 AI 等。还包括元宇宙里虚拟人物的语音语义识别与沟通、社交关系的 AI 推荐、各种 DAO 的 AI 运行、各种虚拟场景的 AI 建设、各种分析预测推理等。人工智能是大幅度提升元宇宙音视频交互能力的工具，开拓机器学习和深度学习等领域极具考验。在元宇宙领域人工智能无处不在，一方面，可以通过 AI 自动生成相关的图形构建元宇宙，再辅以人工去微调精修元宇宙的重要组件，大幅降低构建元宇宙的周期和人力。另一方面，AIGC 还能利用算法训练 AI，让 AI 有能力脱离编剧与策划，对玩家的行为做出实时反馈，从而实现无穷的剧情分支并节省大量的开发成本。

## 六、电子游戏技术：元宇宙之"核"

这里所说的电子游戏技术既包括游戏引擎相关的 3D 建模和实时渲染，也包括数字孪生相关的 3D 引擎和仿真技术。前者是虚拟世界的开发解放大众生产力的关键性技术，比如美图秀秀把 PS 的专业门槛拉低到现在普通百姓都能做一样。只有把复杂 3D 人物事物乃至游戏都拉低到普通大众都能做，才能实现元宇宙创作者经济的大繁荣。后者是物理世界虚拟化数字化的关键性工具，同样需要把门槛大幅度拉低到普通民众都能操作的程度，才能极大加速真实世界数字化的进程。这里面最大的技术门槛在于仿真技术，即得让数字孪生后的事物必须遵守重力定律、电磁定律、电磁波定律等，例如光、无线电波，必须遵守压力和声音的规律。

# 第二章　元宇宙崛起：技术的爆发+
# Z世代的召唤

在新冠肺炎疫情暴发的几年中，人们的出行受到了极大地限制，社交活动困难，这是一种十分焦虑的生活模式，进而导致人们将大部分的社交生活向线上转移。人们对自由的极度渴望，加速了人们对虚拟世界的"追逐"。与此同时，新一轮科技革命席卷全球，以区块链、网络通信、虚拟现实、物联网、人工智能为代表的新技术呈爆发式蓬勃发展，数字经济正深刻地改变着人类的生产和生活方式，使得大力发展数字经济成为全球共识。另一方面，在互联网时代成长起来的Z世代，从小拥有平板电脑和智能手机，他们被称作"数字原住民"。Z世代特别看重社交互动、场景观感、沉浸式体验，身为互联网原住民的Z世代，是智能生活的倡导者与受用者，他们享受科技的高效，善于抓住碎片时间让信息获取更智能、更自由，这使得Z世代对智能化未来更加憧憬。技术的爆发与Z世代的召唤无疑加速了元宇宙的崛起。

## 第一节　政策推进新模式

从国家层面看，在中国元宇宙行业受到各级政府的高度重视和国家产业政策的重点支持。国家陆续出台了多项政策，鼓励元宇宙行业发展与创新，《关于推进实施国家文化数字化战略的意见》《国家新一代人工智能标准体系建设指南》等产业政策为元宇宙行业的发展提供了明确、广阔的市场前景，为企业创造了良好的生产经营环境。

从地方层面看，各地积极探索布局元宇宙的发展。2022年1月，北京市科学技术委员会、中关村管委会在北京广播电视台"两会"直播间"市民对话一把手"

中提及，"我们也在积极地布局一些未来产业，主要包括 6G、量子、脑机接口以及元宇宙"；2022 年上海徐汇区召开"两会"，首次将元宇宙写入政府工作报告，及时抓住元宇宙这个数字经济发展的风口，将探索成立元宇宙创新联盟，推动人工智能与文化创意、绿色低碳、智能制造等融合发展，推进相关领域产品研发、生产与应用，打造数字经济新高地；2022 年 1 月，武汉召开第十五届人民代表大会第一次会议，武汉市政府工作报告"亮点"中，提到推动元宇宙、大数据、云计算、区块链、地理空间信息、量子科技等与实体经济融合，建设国家新一代人工智能创新发展试验区，打造小米科技园等 5 个数字经济产业园；北京市文件指出城市副中心将打造"元宇宙创新中心"，并正式发布实施《关于加快北京城市副中心元宇宙创新引领发展的八条措施》,助力元宇宙产业发展；2021 年 11 月，张家界元宇宙研究融合发展研讨会暨张家界元宇宙研究中心挂牌仪式在武陵源区大数据中心吴家峪门票站举行，张家界自此成为全国首个设立元宇宙研究中心的景区。全国各地纷纷布局元宇宙相关产业，对全面推进城市数字化转型，发展数字经济起到关键作用。

## 一、"文化数字化"上升到国家战略高度

2022 年 5 月，中共中央办公厅、国务院办公厅印发了《关于推进实施国家文化数字化战略的意见》（下称《意见》），明确到"十四五"时期末，基本建成文化数字化基础设施和服务平台，形成线上线下融合互动、立体覆盖的文化服务供给体系；到 2035 年，建成物理分布、逻辑关联、快速链接、高效搜索、全面共享、重点集成的国家文化大数据体系，实现中华文化全景呈现，中华文化数字化成果全民共享。

《意见》以高水平的数字化文化服务供给，拉动或创造人民群众不断增长的更高层次、更加多元、更为丰富的文化消费需求。《意见》的出台可以促进文化消费新业态、新模式、新场景发展，满足国内文化消费市场转型升级、国内消费者品质化服务和个性化体验的需求。比如，VR、AR 等新兴技术将创造新的文化场景和体验，不仅可以吸引现有的受众，还将催生更多文化消费群体。当前，文化企业的产品和服务供给存在规模偏小、结构分散、创新能力不足等问题。此次《意见》就是从基础性平台和数据化体系构建着手，将文化数字化

发展水平提高到了战略高度。未来的 5—15 年，我国的文化消费市场必将迎来几何级增长。

国家文化数字化，不但会加速文化传播，还会给相关产业带来发展机遇。文化产业已成为提升创新能力、驱动经济增长的重要引擎和新的经济增长点。文化数字化不仅给文化传承、文化传播、文化发展提供了一个重要平台，也将加速传统文化产业的数字化、智能化转型。随着文化数字化进入快速发展期，文化营销、文化体验、文化内容、文化贸易等领域将蕴藏广阔的市场机遇。同时，文化数字化作为数字经济的重要组成部分，其发展也将进一步提升数字经济的广度、深度和共享性、开放性，进而促进数字经济的高质量发展。《意见》是全方位、立体化地构建未来我国文化基础设施和服务平台，并成为全面推进我国现代化基础设施建设的重要组成部分。这不仅关乎我国文化消费水平的提质增效，也直接影响到未来我国文化领域的投资方向，关乎我国文化建设的整体现代化。文化数字化将是一个巨大的投资增量市场。[10]

## 二、国家 5G 网络建设驶入快车道

2019 年 11 月，工业和信息化部印发《关于印发"5G+ 工业互联网"512 工程推进方案的通知》，明确到 2022 年，将突破一批面向工业互联网特定需求的5G 关键技术，"5G+ 工业互联网"的产业支撑能力显著提升。打造 5 个产业公共服务平台，构建创新载体和公共服务能力。加快垂直领域"5G+ 工业互联网"的先导应用，内网建设改造覆盖 10 个重点行业。打造一批"5G+ 工业互联网"内网建设改造标杆、样板工程，形成至少 20 大典型工业应用场景。培育形成5G 与工业互联网融合叠加、互促共进、倍增发展的创新态势，促进制造业数字化、网络化、智能化升级，推动经济高质量发展。

2022 年 2 月，工业和信息化部就国务院新闻办公室举办的促进工业和信息化平稳运行和提质升级有关情况发布会表示，2022 年是 5G 应用规模化发展的关键之年，工信部将主要在坚持网络、应用、产业一体推进方面下功夫。一是扎实推进 5G 网络建设。工信部计划 2022 年新建 5G 基站 60 万个以上。据工信部统计数据显示，目前我国 5G 基站超过了 142 万个，到 2022 年底，我国 5G 基站总数将达到 200 万个。基础设施建设规模要不断扩大，而且要按需建设优化布局，

加强面向企业厂区、工业园区这些重点区域的网络覆盖。同时提升在高铁、交通枢纽、购物中心等人员密集区的覆盖深度并持续推进县城和乡镇的广度覆盖；二是大力推动 5G 应用创新发展。继续深入实施 5G 应用"扬帆"行动计划。办好"绽放杯"5G 应用大赛，挖掘更多新成果、新技术，促进推广落地。同时要以行业需求为导向，深入推进"5G+工业互联网"应用场景示范，开展 5G+ 医疗健康、5G+ 智慧教育试点，向农业、文旅这些领域不断深化和拓展。对个人应用要推出一批新型智能终端和 APP，进一步提升用户的 5G 体验；三是大力促进 5G 技术迭代升级。加大对关键芯片、核心器件的研发力度，支持产业界积极参与国际标准的制定和对接。同时要持续推进 5G 增强技术的研发试验，拓展与垂直行业的融合能力，丰富 5G 应用产品，推动企业推出更多层次、更多价位的 5G 芯片等模组产品，满足不同行业、不同领域以及广大人民群众对 5G 的差异化、定制化、个性化的需求，使 5G 技术真正通过应用的规模化得到迅速发展。[11]

## 三、多部门联合指导人工智能发展

2020 年，为加强人工智能领域标准化顶层设计，推动人工智能产业技术研发和标准制定，促进产业健康可持续发展，国家标准化管理委员会、中央网信办、国家发展改革委、科技部、工业和信息化部五部门联合印发《国家新一代人工智能标准体系建设指南》，提出到 2021 年，明确人工智能标准化顶层设计，研究标准体系建设和标准研制的总体规则，明确标准之间的关系，指导人工智能标准化工作的有序开展，完成关键通用技术、关键领域技术、伦理等 20 项以上重点标准的预研工作。到 2023 年，初步建成人工智能标准体系，加快对数据、算法、系统、服务等重点标准的研制，并在安防、家居、教育、医疗健康、制造、交通、司法、养老、金融等重点行业和领域进行推进。加快建成人工智能标准试验验证平台，以提升公共服务能力。

# 第二节　技术渴望新产品

最近"年轻人为什么'换不动'手机了？"登上热搜，年轻人换手机热情下滑，主要是手机性能过剩和缺乏创新导致。芯片厂商不断提高芯片工艺，从 2020 年主流的 7 纳米到现在的 4 纳米，看起来是非常大的工艺性能提升，但就手机功能的实用性来讲却是大材小用，提升幅度并不明显。另外就是手机创新程度不高，手机市场上几乎没有让人眼前一亮的产品，除去品牌不同，基本上都是类似的配置，这也进一步降低了用户的购买热情。不过这也侧面说明现阶段的产品已经达到行业的发展瓶颈，产品的创新应用已经无法满足技术的飞速发展。

随着 5G、人工智能、区块链、虚拟现实等新兴技术的蓬勃发展，加速了年轻人对新形态、新产品的渴望，现阶段亟须一款可以使新兴技术得到充分发挥作用的产品，以满足其"怀才不遇的心境"。在云计算的可扩展和规模化的支持下，这些技术可能会在未来几年内齐心协力共同发展，在技术的协同发展过程中，获得的价值将远远超过单个技术独自发展创造的价值总和。而这种融合的催化剂就是元宇宙，一个永远在线的 3D 虚拟世界连接网络。

图 2-1  技术融合催化元宇宙诞生

## 一、5G 面临应用"创新难"

从覆盖层面看，中国已经完成了 5G 的规模部署，据工业和信息化部介绍，我国累计建成 5G 基站超过 71.8 万个，约占全球的 70%；独立组网模式的 5G 通信网络现已覆盖全国所有地市，5G 的终端客户连接数已超过 2 亿。从技术层面看，中国的 5G 技术取得了突破性的进展。与此同时，这也意味着我国 5G 规模化应用的关键时期正在来临，应该聚焦重点领域，加快推出新产品、新业态、新模式。

但是目前 5G 除了覆盖更广、速度更快之外，确实在应用的创新方面还做得不够，体验感和吸引力不像 3G 和 4G 时代开启时表现得那么明显。5G 时代初期，人们关注或者感受最深的还是区别于传统 3G 和 4G 应用的独属 5G 的创新型应用，而与 5G 相关的各种垂直行业的应用仅仅处于试点或者首创阶段，距离大面积普及还有不小的差距，这一方面应用的缺乏，大大削弱了广大用户对 5G 体验的热情，毕竟现在 5G 手机能办的，基本上 4G 手机和 4G 网络都可以实现。可以说，在 5G 特有应用出现之后，5G 才会迎来在大众市场上的爆发式增长。未来，5G 和元宇宙、VR、AR 等方面的结合，或催生更多区别于以往 4G 应用的创新型应用的出现。

## 二、人工智能遭遇"落地难"

目前人工智能技术的逐渐成熟，算法模型取得的新突破，标志着人工智能到了一个临界点，也就是人工智能正处于爆发式增长的前夜。

但是人工智能真正要遍布我们生活中的各个方面，彻底打破传统生活模式，释放 AI 真正的价值，还需要一个全新的突破口，就是人工智能和产业与行业的结合，或许可以借鉴煤炭的发展历程。19 世纪，凭借煤炭能源的挖掘，英国迅速创造了一个令世界瞠目结舌的工业社会，一跃成为世界霸主。除了储煤量大以外，更重要的是蒸汽机等高效率工具的发明与普及，让煤这一能源得以高效、规模化地应用，使煤得以真正成为工业革命中"动力和文明"的象征。如今，AI 正有机会像煤一样，给人类社会带来天翻地覆的变化，因此，让 AI 满足全社会规模化应用的能力变得格外重要。

以人工智能为代表的核心支撑技术的元宇宙生态，会诞生交互技术、硬件设备、应用场景的产业模式，这将是实现人工智能规模化应用的"最优解"。也将带来颠覆性的改变，彻底改变人们的生活，跨入全新的元宇宙时代。

## 三、区块链面临与传统行业的"融合难"

互联网和区块链都拥有相似的发展进程。人们把区块链叫作价值互联网，互联网叫作信息互联网，两者都是点对点的技术，技术本身是相似的。互联网发展的早期同样有很多泡沫，真正的互联网大发展正是泡沫破裂后才逐渐进入到应用领域。早期互联网应用在原生的领域里并没有与行业结合，只是用来处理互联网的信息，像 BBS 和论坛，包括一些资讯。随着基础设施的完善，互联网能够与各个行业结合，才有了电子商务等生活服务的应用工具。区块链也是一样，区块链价值网络里边绝大部分价值还是原生的区块链资产，没有把传统的资产上链与各个产业结合，那么如何与传统行业融合成为了极大地挑战，金融服务就是其中之一，而且区块链涉及资产会更加敏感，发展会受到更大的挑战。这也是与互联网发展比较相似的阶段，也是因此判断整个区块链还处于发展早期的原因。

从长远的角度来看，未来区块链技术一定是与传统行业深度融合的，区块链将使虚拟商品和身份能够在元宇宙平台与真实世界之间无缝转移。这可能会导致全新的经济改革，彻底改变人们的生活模式。

## 四、虚拟现实遭遇"突破难"

虚拟现实技术经过近几年的快速发展，各方面性能逐步完善，但仍然面临着一些关键技术有待改进和突破。一是大范围多目标精确实时定位。多目标定位对于多人同时参与的应用场景至关重要。但是目前在已经面向市场的 VR 产品中，定位精度最高，时延最低的 HTC Vive Pre 也只能工作于一个独立的空旷房间中，因为红外光的传播会受到障碍物的影响，所以对于范围大、场景复杂的定位技术仍需突破；二是感知的延伸。视觉是人体最重要、最复杂也是信息处理量最大的传感器。人类的行为执行大部分依赖于视觉，当然，视觉也并不是人类获取感知的唯一通道，所以虚拟现实呈现的模拟环境不应仅仅局限于视觉方面的刺激，还应配合其他的感官刺激，例如触觉、嗅觉等；三是眩晕和人眼疲劳。目前全国所有在售的 VR 产品都存在引起佩戴者眩晕和人眼疲劳的可能，其耐受时间与 VR 画面内容有关，且因人而异。以上都是现阶段虚拟现实技术有待突破的瓶颈。

虚拟现实技术难题的突破，将给人们的生活带来新的体验，从休闲娱乐到教育医疗甚至军事领域，都将面临翻天覆地的改变。

# 第三节　资本需要新发展

随着5G、人工智能、区块链等技术的不断发展，同时受到疫情影响，人们的很多生活场景由线下转为线上，元宇宙这一概念也越发受到关注，因此在全球市场平稳运行的过程中，元宇宙市场逐渐呈现出爆发式增长的趋势，出现在大众视野。

当下，互联网各行业市场趋于饱和，发展空间已经到达瓶颈。内容载体、传播方式、交互方式、参与感和互动性均长期缺乏突破性进展，社交、电商、金融等互联网现有的几大行业，其呈现出的模式都是大同小异，缺乏创新能力。另一方面，随着社会的发展，文化消费群体日渐年轻化和国际化，传统的线上娱乐方式虽然满足了年轻人对于娱乐诉求的便利与效率，然而线上却始终无法带来身临其境的、全方位的刺激体验，所以越来越多的年轻人将社交与体验放到线下空间，投身沉浸式文旅体验等新奇、互动性强的娱乐活动中。有趣的互动、有代入感的娱乐体验成为人们的首选，以密室逃脱、剧本杀为代表的沉浸式游戏体验，受到年轻人的追捧，他们愿意花钱购买不同的体验，获取精神上的满足感，为快乐买单。资本家的嗅觉是敏锐的，未来资本市场的主要瞄准方向，将发生巨大的改变。

## 一、传统互联网投资热潮"褪去"

当今世界疫情肆虐，国际局势风云变幻，逆全球化进一步蔓延。由于受大环境影响，特别是受疫情影响，经济增长速度明显乏力，另外，传统互联网行业近几十年的高速发展，现已达到发展的瓶颈，其逐渐从前期的高速增长阶段到了缓慢或常态化运营阶段。此时亟须互联网的迭代升级以刺激市场，以达到激活市场消费的目的。元宇宙概念的兴起，开创了独特的"玩法"，打破了传统互联网的缺乏创新这一壁垒，将成为互联网行业的新方向。

面对国际环境更趋复杂严峻和疫情频发带来的多重考验，国民经济运行总体平稳，但资本市场不断承压。互联网行业相对2018年之前的高速增长，逐渐趋于平稳缓慢增长，并于 2021 年，业界公认的元宇宙元年呈现爆发式增长态势。可以看出传统互联网行业的热潮正在褪去，互联网新趋势涌现，在技术红利的驱动下，今天的互联网已经开始涌现出互联网 3.0 时代的嫩芽。

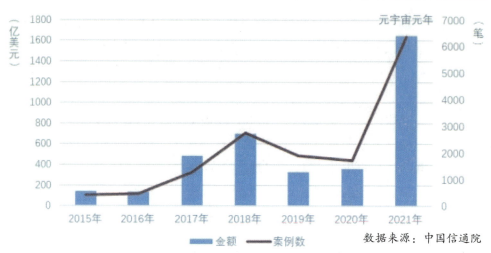

图 2-2　2015—2021 年中国互联网投融资情况统计图

## 二、市场偏好方向发生"变化"

随着社会的发展，文化消费群体日渐年轻化和国际化，拥有着更强的消费意愿和足够的消费能力的 Z 世代逐渐步入文化生活的主舞台。永远在线的 Z 世代们，对内容的消费习惯也有所不同。他们习惯于享受技术红利，移动互联网、5G 的发展，让短内容、视频化内容的传播更为便利。Z 世代追求"沉浸化""共情式"的娱乐体验，使得电影、展览、演出、密室逃脱、剧本杀等沉浸式的娱乐体验成为他们最喜欢的线下娱乐活动。

国内市场来看，中国沉浸式体验文娱行业市场规模由 2015 年 2.0 亿元增长至 2020 年 60.5 亿元，年复合增长率为 121.6%，呈现指数级增长态势。该销售收入包括沉浸式体验项目门票收入、衍生品销售收入。未来，伴随游戏设计、虚拟现实技术、心理学等多个领域在沉浸式体验娱乐行业不断进行高度融合和碰撞，沉浸式体验娱乐项目的模式和内容亦将不断迭代。预计未来 5 年，中国沉浸式体验娱乐行业市场规模将以 21.2% 的年复合增长率不断增长，有望于

2024 年达到 125.8 亿元。

数据来源：《幻境·2021 中国沉浸产业发展白皮书》

图 2-3　2015—2020 年中国沉浸式体验文娱行业市场规模

### 三、元宇宙提出，互联网行业投资出现"拐点"

元宇宙在资本市场风潮正起，海内外巨头争相入局，多项目斩获大额投资，即将迎来互联网 3.0 时代的新一轮投资热潮。2021 年 3 月，元宇宙第一股 Roblox 在美国上市，迅速点燃了元宇宙的热度，各大科技公司纷纷入局元宇宙。据华尔街日报数据显示，游戏平台 Rec Room 于 3 月底完成新一轮融资，总额达 1 亿美元，该公司以 VR 社交游戏起家，用户已突破 1500 万；复旦大学《2021-2022 元宇宙报告》中显示 4 月，著名网络游戏 Fortnite 的母公司"史诗游戏"公司（Epic Games）宣布了一轮 10 亿美元的融资，将其投入元宇宙技术的开发，瞬间"史诗游戏"公司的股值就涨至近 300 亿美元，创下元宇宙赛道最高融资纪录。6 月，风险资本家马修（Matthew Bal）等人联合推出了一个股票交易基金，以方便普通人投资于元宇宙技术相关公司。与元宇宙概念热炒同步，还出现了专门为元宇宙开发开源标准的组织，如"开放元宇宙"（Open Metaverse）组织；10 月，扎克伯格为显示其创造元宇宙未来的信心和决心，将 Facebook 公司改名为 Meta 公司，并对外宣布五年内将向元宇宙公司转型。据天眼查数据显示国内仅 2021 年下半年，就有超过 1500 个主体申请了元宇宙商标，总数量超过 1 万件。2021 年 3 月，移动沙盒平台开发商 MetaApp 宣布完成 1 亿美元 C 轮融资，成为迄今国内元宇宙赛道最大规模的单笔融资；企查查数据显示 4 月 20 日，游戏引擎研发商代码乾坤获字节跳动近 1 亿人民币战略投资；5 月 28 日，云游戏技术服务商海马云宣布完成 2.8 亿元人民币新一轮融资；6 月，万兴科技完成对国内领先的实时 3D 云平台 Realibox 的投资，抢先布局元宇宙。大批资本已涌入元宇宙的领域，倾注了满腔的热情，元宇宙似乎已经被资本认定成为全球科技界的下一个风口。

根据中商产业研究院发布的《中国元宇宙行业市场前景及投资机会研究报告》，预计 2022—2027 年中国元宇宙市场规模将保持增长趋势，预计 2027 年市场规模将达 1263.5 亿元，年均复合增长率达 32.98%。不言而喻，元宇宙广阔的市场前景，已成为资本角逐的目标。

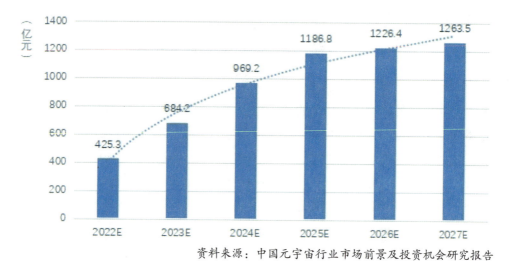

资料来源：中国元宇宙行业市场前景及投资机会研究报告

图 2-4 2022—2027 年中国元宇宙市场规模预测趋势图

## 四、"大文旅"时代来临，创造改革发展新机遇

新冠疫情的影响下，文旅面临着巨大的挑战。保障游客安全出游，回暖文旅"寒冬"，文旅全域数字化管理与体验转型势在必行。

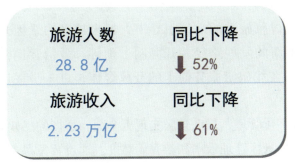

图 2-5  2020 年旅游市场分析

受新型冠状病毒肺炎疫情影响，我国旅游业市场低迷，处于"疫市共存"状态。根据文化和旅游部数据显示，2020 年旅游人数 28.79 亿人次，比上年同期减少 30.22 亿人次，下降 52.1%，旅游收入 2.23 万亿元，比上年同期减少 3.50 万亿元，下降 61.1%。为打破这一僵局，主要可以从以下两个方面进行"突围"。

（一）旅游产业"数字化"

1. 旅游产品智慧化

智慧旅游产品以物联网、云计算、网络通信、高性能信息处理、智能数据挖掘等技术为依托，使旅游体验资源和数字信息资源得到高度系统化的整合并进行深度开发激活，应用于旅游体验、行政管理等方面，服务于游客、政府、企业等面向未来的全新的旅游产品。例如智慧导航、导游、导览及导购等服务功能，为游客提供更便利的旅游服务，以及美团、大众点评、携程旅行、飞猪旅行等应用软件，海量的商户信息、累积多年的 UGC 点评内容等优势，为用户节约时间，提升旅游出行体验。使游客在旅游信息获取、旅游规划决策、旅游产品预订与支付、旅游享受与评价的全过程中，都能感受到智慧旅游产品带来的全新服务体验。

2. 旅游管理数据化

通过智能网络系统，对景区的自然资源、地理事物、景区基础服务设施等进行全面、透彻、及时的感知捕捉；对景区工作人员行迹以及旅游者行为进行可视化管理，并同旅游产业的上下游企业形成战略合作，为游客打造全面智慧化的旅游服务体验，实现社会和经济的全面协调和可持续发展。在国家加快智慧旅游的政策引导下，越来越多的景区开始向智慧旅游方向布局，寻求新的发展路径，开辟网上预订、微信营销等新渠道，并主动寻求与OTA（在线旅游服务商）的开放合作，进一步促进了旅游管理的数据化。

景区应用数字化管理，帮助景区实现更全面、透彻的感知和更广泛、及时的互联互通，提高景区管理效率和游客满意度。通过智慧票务、智慧导览、智慧停车等方式解决人工效率缓慢、数据连接不畅、管理成本过高等问题，用高新技术赋能智慧景区管理。

### （二）文化资源"资产化"

文化资源转化为文化资产，是文化的外在表现形态，将创造出新的经济形态，文化资源也将被赋予新的意义，也更能体现文化的魅力，进而增强民族文化自信，推动经济高质量发展，促进我国文化产业的发展。如何将文化资源转化为优质文化资产，形成发展优势和竞争优势，是加速我国社会主义文化大发展、大繁荣的途径之一。

积极发展数字文化，一是加快落实传统艺术的现代化，以符合时代的审美方式，用世界语言讲述中国的独特故事，活态、立体地展现传统文化；二是推动舞台艺术影视化，充分运用影视思维和数字技术，实现"虚实相生"的中国气派、中国韵味；三是推动"互联网+"思维下的即时、高效地传播，以轻松快捷、碎片化的传播方式，让受众足不出户就可以享受艺术的魅力。

#### 1. 中国文化IP变现

《洛神赋》就是内容上的一种创新，这种内容创新并非凭空捏造，而是基于过去传统文化的强大IP变革而成。河南卫视很好地把握了现代人的文化诉求，用老百姓耳熟能详的IP叠加现代艺术创作形式和技术让文化IP重新焕发出新的活力，所以能够打造出这款爆款产品。河南在传统文化上的出圈为其未来的发展打造了一条光明大路，也为同行业的发展提供了"完美模板"。河南省文化和旅游厅公布的数据显示，在2020年春节期间，河南接待的旅游人数达3400.68万人，旅游收入147.59亿元，与2019年春节相比，增长5.87%。2021年五一小长假出游成绩单也为河南文化出圈的效果提供了很好的佐证，河南接待游客 5526.03 万人次，与 2019 年（4 天）同期相比增长 21.48%，旅游收入 293 亿元，与 2019 年（4 天）同期相比增长 1.75%。

2. 物质文化资产变现

青花瓷、木版画、榫卯微缩桥等这些中国传统物质文化资产，如今用户只需通过手机软件一键操作就可以拥有，作为数字藏品把它们永久收藏下来。伴随着区块链、网络通信、人工智能、扩展现实等技术的发展，以数字藏品为代表的数字文化产品新模式在新时代的年轻群体中传播开来。

从消费群体的角度看，现在刚好处于被视为"互联网原住民"的 Z 世代的时代，他们对数字艺术表示出充分的接纳，新型文化产品数字藏品的出现，让年轻一代的消费群体以高性价比的价格拥有和欣赏优秀的传统艺术作品，刚好契合了年轻人在数字空间的消费模式、价值审美以及社交需求。企业看到了 Z 世代的关注带来的大批流量，以及在区块链技术的加持下，数字藏品在数字文化收藏、版权保护等领域的广阔市场前景，所以各企业密集上线数字藏品系列，以加速在数字文化领域的布局。

作为一种文化产品变现新模式，数字藏品把文物背后的历史故事以更年轻化的表现形式传递出来，也更有利于推动中国优秀传统文化的创新性发展。

## 五、"新基建"风口已至，释放高质量发展新动能

2018 年 12 月 19 日的中央经济工作会议，首次将 5G、人工智能、工业互联网、物联网重新定义为新基础设施建设（以下简称"新基建"），随后"加强新一代信息基础设施建设"被列入 2019 年政府工作报告。"新基建"是智慧经济时代所贯彻的新发展理念，"新基建"必将成为推动我国经济发展的新动力。

疫情前，"新基建"处于平稳推进状态，而疫情的暴发，极大地刺激了"新基建"的发展。在疫情防控过程中，云计算、5G、大数据在医疗、科研、在线交易等各个领域发挥了极其重要的作用，"新基建"的重要性可见一斑。疫情阶段，中国政府趁热打铁，大力发展新基建方面的建设，为未来数字经济的发展打下良好基础。

目前，我国的数字经济已经取得基础性成果，国家数字经济发展环境向好，政策扶持力度加大，成为国家经济体系中不可或缺的一部分。数字技术在拉动经济增长、扩大有效投资、激发信息消费等方面发挥了显著作用。根据中国信息通信研究院测算，预计 2020 至 2025 年，5G 可以带动网络和设备投资 1.6 万亿元，带动信息服务消费 2 万亿元。随着政策的不断深化和落地，数字技术将催生新的经济增长点，拓展新的经济发展空间，我国的数字经济正逐渐迸发出更加蓬勃的生命力。

## 第四节　用户期待新体验

随着消费水平提升，文化旅游及商业需求从单一化向多元化、个性化、细分化发展，传统文旅及商业场景空间难以承载新的消费需求。现有模式亟待破局发展，元宇宙应运而生，可编辑的开放世界、体感设备、孪生世界、高沉浸度的社交、多人的实时协作、创造性的游玩等，让我们摆脱"拇指束缚"，可以得到全身心的优质体验。元宇宙即将成为未来生活不可缺的一部分。

2008 年全球经济危机发生的时候，由于国民还有很多需求没有满足（社会主义初级阶段的主要矛盾），所以"汽车下乡"政策救市，挖掘用户需求让汽车下乡解救了中国经济危机，以及互联网行业反经济周期的上行发展，正是因为目前的物质文化需求无法满足当下的群众，群众正在由物质文化需求不断向精神文化需求方向的转变。也恰好赶上了智能手机这个技术的爆发，3G 网络覆盖，从 PC 到移动，用户基数得到了扩大。这些都是有底层的逻辑支持，那就是用户需求没有得到满足。

从目前的消费模式看，用户的需求已经得到满足，从城市到农村，从线上到线下，均已达到顶端时态。经济发展受到限制，本质上是消费者需要新的刺激，打破现行经济平稳的局面，需要新的事物刺激经济发展，引起消费者新的消费需求，才能真正对经济形成刺激。

## 一、"元宇宙 + 旅游"模式

在新冠疫情给文旅行业蒙上阴影的同时，疫情也为传统文旅向元宇宙新模式转型升级带来新契机。国际旅游消费受到多方面出行制约，出国游客群转变为国内游的潜在客源。宅经济进一步发展，线上文化和旅游内容供给热度持续增长，例如博物馆、5A 级景区打造线上游览功能，推出 VR 文化旅游产品等。周边游、微度假成为主流，带动存量目的地内容创新、IP 化发展，增强对消费者的重复性吸引。从旅游行业角度来说这是多元维度的一种体验，是互联网时代升级到物联网时代的一个突破的端口。

同时，Z 世代年轻人作为旅行市场消费能力增长最快的群体，他们喜欢"新奇特"，注重社交互动、场景观感、沉浸式体验，愿意追求尝试新生事物，从而驱动了文旅行业向深度和广度的拓展。"沉浸式"作为全新的体验方式，在体验感、叙事性、场景感、互动性等多方面突破了传统旅行方式，迎合了年轻消费者的需求。云科技让梦想照进现实，云学习、云娱乐、云旅游对喜欢"宅家"的 Z 世代来说无疑是他们内心的渴求，这也将进一步促进元宇宙的发展与壮大。

图 2-6 "元宇宙 +"模式图

## 二、"元宇宙 + 展览"模式

元宇宙革新了传统展馆文物的展览形式。在科技越来越发达的今天，大批文博机构与企业涌入数字化转型的队伍，他们运用先进的 3D 复刻技术将展馆文物搬进了元宇宙。根据国际博物馆协会报告显示，全球采用线上展示藏品、展览和直播的博物馆增加了 15% 以上。

作为掌握重要资源的文化机构，博物馆已成为数字藏品主要的 IP 方之一。众多深藏在博物馆里的珍贵文物，正在以一种虚拟的方式，被大众所了解和收藏。河南博物院发布的文创数字藏品"妇好鸮尊"，售价 19.9 元，限量 1 万份，一秒内即宣告售罄；湖北省博物馆发行的 1 万份镇馆之宝"越王勾践剑"的数字藏品，同样上线即售罄；四川成都金沙遗址博物馆基于太阳神鸟、大金面具等文物推出的 6 万份数字文创也在 50 秒内售罄。有需求才会有市场，这背后反映了一个新的趋势，文化数字藏品正成为一种文化现象风靡全国。[12] 越来越多的年轻人对"文化元宇宙"的喜爱，正在加速元宇宙的崛起。

## 三、"元宇宙 + 商业"模式

近年以来，资本正加入布局元宇宙行列，持续探索数字化转型机遇。其正借助物联网、大数据、人工智能等前沿技术的支持，将服务延伸至更广阔的应用空间——线上线下一体化。其将打破线上购物无法真实感受产品材质、气味、细节等的传统购买模式，彻底实现线上线下"零距离"的沉浸式购物，甚至用户可以在线上自己生产产品，并到线下体验"收获"，元宇宙的到来，将创造全新的商业模式，拓展新的消费领域，彻底改变人们传统的消费模式。

线上线下平台的打通，人们在元宇宙的所有活动，都将可以一一映射到现实世界，并做好虚拟世界与现实世界的联通互动。例如自己可以在线上"种植园区"种植有机蔬菜水果、酿造啤酒等，在线上种植的产品、酿造的啤酒成熟后，可以去线下指定农场进行品尝，既可以吃到健康绿色的无公害食品，又满足了自给自足的成就感，也可以进行售卖，产生收益，整体过程用户既是商家也是消费者，增添了生活的趣味性。

## 四、"元宇宙＋教育"模式

由于 2019 年末新冠疫情的暴发，致使全国各地线下教育活动全面暂停，一时间大中小学生全部涌入线上，线上教学成为学生教师开展教学的唯一方式。面对巨大在线用户的学习需求，线上教育行业呈现出井喷式增长态势。根据艾媒咨询数据预计，2020 年中国在线教育用户达到 3.51 亿人，市场规模达到 4858 亿元。疫情期间，教育学习 App 行业的日活量从平日的 8700 万涨至 1.27 亿。线上具有传播快、裂变快、交互场景好等优势，得到了人们对线上教育的认可，进一步带动了元宇宙的发展，为元宇宙的发展奠定了用户基础。

元宇宙带来的沉浸式学习为教师和学生创造更加身临其境的学习空间，元宇宙中的"理想课堂"还会提升课堂效率和学生学习兴趣。以学习历史为例，教师可以根据自己的喜好，设置设定自己喜欢的任何形象，授课教师也可能是司马迁或者爱因斯坦，元宇宙技术下的课件、教材可以不局限于书本、幻灯片，学生可以自己行走在古代街头，见证那时的社会风俗，甚至能够和杜甫吟诗作对，以此提升教师和学生的专注性，增强教育的科学性、趣味性。同时，学生的每个反应都可以变成一个具象化的符号，比如某个学生对教师的讲解表示疑惑，头上就会蹦出一个问号，方便教师及时捕捉反馈。元宇宙让学习变得更加简单、更加有趣，教学效果也将获得质和量的提升。依托互联网技术升级而兴起的"元宇宙＋教育"模式将成为整个教育行业发展的大趋势。

## 五、"元宇宙＋家居"模式

家居是一个非常传统、难标准化、难数字化的行业。这其中，如何打破地域限制，聚合消费需求，成为各大家居企业的重要课题。但随着科技的发展，智能化的家居模式正在进入大众视野，家居元宇宙平台利用数字技术与传统家居产业相结合，为人们的家居生活解锁新的功能，使人们的居家体验更加放松、舒适。

目前由赣州市南康区政府、格力、京东、太一四方合力打造的中国首个家电家居元宇宙"梦想·家",为消费者带来了更加真实、更加便捷、更加贴心的沉浸式家居全新体验。消费者无需进店就能通过虚拟现实设备,自由选择家居,自由布设家装,全天候畅游家居展馆,实现一体化采购、全屋化定制,这恰好契合用户对家居生活的向往。在"梦想·家"的体验模式下,人们拥有无限时空,任何人都可以拥有自己理想的房屋并且不断升级改造,直到符合自己的想象。还可以选择自己喜欢的地点居住,随时切换窗外的风景。所有家具、电装以及艺术品,都可以由用户自由安放。"梦想·家"满足用户想象、社交、创造、购物等需求。

# 第三章　元宇宙发展：各国元宇宙发展剖析

从全球视角审视元宇宙的发展与布局，目前美国和中国占据了元宇宙发展的主导优势，其次是日本和韩国。具体来看中美日韩的差异较为明显，中国最大的潜力在于庞大的用户基数以及强大的社交基因，在后端基建领域大有后发优势；美国在基础技术研发方面，尤其在底层架构领域领跑世界；韩国的元宇宙由政府引领入局，韩国官方电子政务网络数据显示韩国政府预投资 179 亿韩元（约 1460 万美元）用于扶持元宇宙企业的内容开发和海外扩张，在韩国政府的大力引领下，以及以三星为代表的企业的早期布局下，其在虚拟数字人领域大有优势；日本坐拥丰富的 ACG 产业基础以及大量的 IP 储备，然而元宇宙在日本还处于"话题热"阶段，相对于美国科技企业在虚拟空间市场的积极布局，日本头部企业索尼坐拥丰富资产却没有在元宇宙方面采取有远见的行动。

元宇宙被认为是下一代互联网雏形，各国家与公司应积极把握此次发展机遇，元宇宙将为在互联网时代错失机遇的国家带来弯道超车的机会。因此，在元宇宙发展的大趋势下，每个国家都可以依托自身禀赋和优势进行全面布局以进一步强化国际竞争力。

## 第一节　国际元宇宙发展进程剖析

早在 1992 年"元宇宙（metaverse）"一词便诞生在 Neal Stephenson 的科幻小说《Snow Crash》（雪崩）中，《Snow Crash》以天马行空的想象力为人们搭建了一套现实与虚拟共存的系统。此后，1995 年推出的 ActiveWorlds、Worlds Chat，2003 年推出的 Second Life，2006 年推出的 Roblox，2010 年推出的《Inception》，2011 年推出的《Ready Player One》，2012 年推出的 Minecraft，2013 年推出的

GTV V Online、Avakin Life，2016 年推出的 Rec Room，2017 年推出的 VRChat，2018 年推出的 Fortnite Creative 等虚拟游戏或社交、创作平台，促进了人们对元宇宙的渴望，同时加快了各行业对元宇宙的探索。2019 年推出的 Oculus Quest，不仅最大限度地开发了人们对虚拟世界的探索，增强了虚拟现实的沉浸式体验，更是为虚拟现实技术在人类生活中的广泛应用提供了设备基础。

目前为止，元宇宙的发展进程还处于初级萌芽阶段，未来实现元宇宙的速度，将由物理世界打底，底层技术手段叠加，经过多项技术的融合才能打造完整的元宇宙蓝图。根据目前已有的技术体系以及有限的想象空间，或许可以将元宇宙大致分为四个阶段，分别是元宇宙的萌芽时期、元宇宙的发展时期、元宇宙的成熟时期以及元宇宙的终极形态一体化时期。

## 一、元宇宙的发展历程

图 3-1　元宇宙发展进程剖析

### （一）元宇宙概念的诞生

1979 年的 MUDs、MUSHes 平台，是首个文字交互界面的、将多用户联系在一起的实时开放式社交合作世界。[13]

1992 年，尼尔·史蒂芬森的美国科幻小说家在小说《雪崩》中提出了元宇宙一词，在小说中，史蒂芬森创造了一个和社会紧密联系的三维数字空间，与现实世界平行的虚拟现实世界，在现实世界中互不相识的人们，可以通过各自的数字化身进行交流娱乐。奠定了元宇宙的时空延展性和人机融生性。

### （二）虚拟世界与大规模多人玩家的在线游戏

1999 年，由 Josef Rusnak 执导的《异次元骇客》影片，讲述了创造虚拟世界的 Hannon Fuller 突然死亡，其好友兼合伙人 Douglas Holl 却成了头号犯罪嫌疑人，Douglas Holl 为了弄清真相往返于现实和虚拟世界的故事。

2003 年的《Second Life》平台，人们可以在其中社交、购物、建造、经商。在 Twitter 诞生前，BBC、路透社、CNN 等报社将《Second Life》作为发布平台，IBM 曾在游戏中购买过地产，建立自己的销售中心，瑞典等国家在游戏中建立了自己的大使馆，西班牙的政党在游戏中进行辩论。而且此款游戏拥有自己的货币"Linden Dollar"，可以以一定的汇率兑换成法定货币。

2009 年由二十世纪福克斯电影公司出品的《阿凡达》影片，讲述了在未来，人类飞到遥远的星球潘多拉开采资源，受伤后以轮椅代步的前海军杰克，自愿接受实验并以他的阿凡达来到潘多拉。然而，在结识了当地纳美族人公主涅提妮之后，杰克在一场人类与潘多拉军民的战争中陷入两难的故事。

2010 年，克里斯托弗·诺兰的《盗梦空间》，影片剧情游走于梦境与现实之间，可以理解为发生在大脑意识中的动作科幻片。

2011 年，恩内斯特·克莱恩（Ernest Cline）创作的科幻小说《头号玩家》，2018 年改编为同名电影。小说描述了 2045 年的世界，现实世界处于混乱和崩溃的边缘，人们逐渐沉迷于虚拟现实游戏"绿洲"的虚拟世界中，以此躲避现实世界带来的痛苦。小说被认为是将元宇宙概念带入大众视野的先驱。

2012 年，Mojang 推出的一款具有里程碑意义的沙盒游戏，拥有丰富的 UGC 内容，鼓励玩家发挥想象力，自行创造和建设虚拟世界的"家园"。

2013 年的《侠盗猎车手 5》是一款由 Rockstar Games 开发的以犯罪为主题的世界著名游戏，游戏主要的设定着重在开放世界，玩家可自由决定任务进行的时间和方式，以此来推动故事剧情。GTA 在线模式是一个独立于游戏本体之外的体验，玩家可以进行游戏在不断发展的虚拟世界中。

2014 年，Wally Pfister 的《超验骇客》讲述的是通过把人的意识数据化并上传到电脑中，在虚拟世界复生的故事剧情。

### （三）智能手机游戏与可穿戴设备结合的沉浸式虚拟体验

2016 年的 Rec Room 是一个基于 VR 的在线游戏创作和社交娱乐平台，依靠大量用户互生的游戏。除了游戏之外，玩家也可以在平台创作、探索世界，甚至还可以举办家庭聚会、虚拟会议、婚礼。

2016 年的《Roblox》是一款兼容了虚拟世界、休闲游戏和自建内容的游戏平台，游戏平台中的大多数作品都是用户自行建立的。从 FPS、RPG 到竞速、解谜，全由玩家操控这些圆柱和方块形状组成的小人们参与和完成。在游戏中，玩家也可以开发各种形式类别的游戏。[13]

2018 年，热门电子游戏《堡垒之夜》推出的沙盒模式，玩家可以在一座虚拟的私人岛屿上创建游戏地图，可以在网上发布与朋友分享，共同创建虚拟世界的游戏。也可以创建虚拟音乐会，在棉花糖音乐会（Marshmello in Fortnite）中，一位《堡垒之夜》社区中的知名流行 DJ 在游戏中主持了第一场时长 10 分钟的互动虚拟音乐会。后续又举办了包括说唱歌手特拉维斯·斯科特（Travis Scott）、音乐人史蒂夫·青木（Steve Aoki）等艺术家在内的多场表演。

2019 年，Oculus Rift 头戴式显示器于 2016 年发布，后续产品 Oculus Quest 于 2019 年发布。在疫情期间，Oculus 设备的销量不断攀升。2020 年开放测试的 Facebook Horizon 平台是 Facebook 在基于 VR 的大规模在线社交元宇宙平台方面进行的一次尝试。

### （四）"元宇宙"元年新篇章

2021 年初，Soul App 在行业内首次提出构建"社交元宇宙"。

2021 年 3 月，元宇宙概念第一股罗布乐思（Roblox）在美国纽约证券交易所正式上市，罗布乐思 2021 年 QI 财报显示罗布乐思 2021 年日活跃用户数达4210 万，是一款集体验、开发于一体的多人在线 3D 创意社区，我们可以看出，最快进入元宇宙的恰恰是类似于《头条玩家》的游戏公司。

2021 年 5 月，微软首席执行官萨蒂亚·纳德拉表示公司正在努力打造一个"企业元宇宙"。[14]

2021 年 8 月，海尔率先发布制造行业的首个智造元宇宙平台，涵盖工业互联网、人工智能、增强现实、虚拟现实及区块链技术，实现智能制造物理和虚拟融合，融合"厂、店、家"跨场景的体验，实现了消费者体验的提升。

2021 年 10 月 28 日，美国社交媒体巨头脸书（Facebook）宣布更名为"元"（Meta），来源就是"元宇宙"（Metaverse）。

2021 年 11 月，虚拟世界平台 Decentraland 公司发布消息，巴巴多斯将在元宇宙设立全球首个大使馆，暂定 2022 年 1 月启用。

2022 年 8 月，华为技术有限公司申请注册了"华为灵境 3D"商标，国际分类包括科学仪器、教育娱乐等，目前商标状态为申请中。

## 二、元宇宙的四大发展阶段

目前各国家各行业，已经出现了数字化和智能化的概念，但现阶段的认知在整个元宇宙层面，还处于碎片化、不成熟的阶段，目前可以认为是元宇宙的萌芽时期。正如时光倒流回前互联网时代，人们无法预估生活居然会因为互联网的到来而发生颠覆性的改变一样，同样今天站在元宇宙元年，也很难为人们描摹出一幅真实的元宇宙的未来图景。但可以确定的是，科技发展的趋势是有迹可循的，也是可以被预测的。元宇宙的大门已经开启，在政策、产业、科研、资本、市场的共同推动下，随着底层技术和相关规则制度的建设和完善，我们即将见证新事物的诞生。这将是历史性的时刻，一个开放开源、丰富多彩、创新涌现的元宇宙"大航海时代"即将到来。

元宇宙的核心是由虚拟现实技术所构建的虚拟世界，可以理解为平行于现实世界的另一个在线数字空间。元宇宙推进行业数字化发展，其不仅表现在游戏领域，元宇宙也将重塑未来的社交模式，甚至对国际政治产生广泛影响。元宇宙的发展呈渐进式，依照目前技术的发展和应用的普及状况，可将元宇宙的发展过程大致划分为四个阶段，分别是萌芽时期的 1.0 阶段、发展时期的 2.0 阶段、成熟时期的 3.0 阶段、一体化时期的 4.0 阶段，我们目前还处于 1.0 时代——萌芽时期。

图 3-2　元宇宙的四大发展阶段

### （一）萌芽时期的 1.0 阶段

我们目前还处于萌芽阶段，虽然还没有成熟的技术融合，但已经出现了元宇宙的概念，不同行业都在进行一些技术单点的线上化、数字化与虚拟化的尝试，这些可以认为是元宇宙的雏形。在这个阶段，因为技术的限制，我们并不能直接进入到元宇宙，但却可以复刻一部分视觉和听觉的体验。在触觉方面，例如《头号玩家》的游戏中，为玩家提供全身触觉体验套件 Teslasuit，它可以通过电流的刺激来模拟触觉。在嗅觉方面，一款名为 OhRoma 的产品可以模拟战争中的硝烟味以及僵尸扑过来时的腐烂味等。但这一切只是感官上的模拟，只能影响我们的视觉、听觉和有限的触摸形式，它只有大约一半的时间可以实现完全的沉浸感，很难完美复刻现实生活中的所有真实体验。

当前的元宇宙发展阶段，除大型游戏的沉浸式体验在大规模开展以外，还体现在文旅元宇宙的沉浸式体验上。人工智能、虚拟现实等技术的应用，能让游客在旅游前、旅游中都可以获得更有品质的体验，如云旅游、沉浸式演艺、沉浸式游乐项目等。通过 App、微信、微博等多种信息渠道，游客在家就可以获取关于目的地的全方位信息，旅游出行更加便捷。[15]

另一方面，Web3.0 的基础设施层为元宇宙的发展奠定了基础，元宇宙游戏的开发与应用使用了不同的区块链协议，区块链技术拥有的数据透明、不易篡改、可追溯等优点，可以使玩家在虚拟的数字化世界拥有安全的虚拟数字资产。虚拟世界的数字土地、纪念收藏品、服饰、货币均可以由玩家拥有，而不受游戏开发者的控制。但在目前这一阶段，区块链技术尚不完全成熟，仍处于发展的早期阶段，对于区块链的性能、隐私安全、可扩展等方面的技术创新还需不断加强。

## （二）发展时期的 2.0 阶段

到了发展时期的 2.0 阶段，人类开始进入脑接元宇宙阶段。在这个阶段，我们可以直接通过电信号来感受现实世界带来的感官体验，不再需要通过外接设备，大众市场或将有机会获得负担得起的触觉体衣和全向跑步机或鞋子，这将使你的整个身体在虚拟世界中移动，并以现实世界的方式来感受。这些新的应用，解决了全身运动和触觉的问题，也许能让你实现 80% 左右的完全沉浸感。然而，所有这些应用仍然只是现实生活中感官体验的粗略近似，像人类五种感官中的嗅觉和味觉仍然缺失，而且日常的生活习惯还是得在现实世界完成，并不能做到和现实世界完全脱节。还有衰老与死亡这两大根本问题无法解决。

元宇宙将是开放的网络，企业的参与程度有限。相反，由社区和玩家领导的 DAO（去中心化的自治组织）将在资助、决定和实施元宇宙的变化和升级方面发挥主要作用。许多开发者将作为自由职业者为这些 DAO 工作，任何人都可以参与。因此，元宇宙工作将开始变得普遍，完全的交互性将得以实现，允许人和资产从一个元宇宙空间到另一个元宇宙空间，并在任何地方轻松交换，就像实体资产一样。

### （三）成熟时期的 3.0 阶段

成熟时期的 3.0 阶段，可以称为意识元宇宙，可以理解为高级 VR，触觉神经康复将是神经触觉 VR 的第一个用途，但随着时间的推移，它将可用于任何人。先进的神经触觉 VR 将允许我们通过在我们的大脑中提供与真实事物相同的体验，将我们的身体留在现实中，将我们的意识传送到我们想要去到的任何地方。神经技术是一种可以直接向大脑发送信号的技术，可以完全复制一个虚拟环境，而不需要任何形式的用户界面作为中间人，人类已经可以脱离空间限制、时间限制、规律限制，只要将意识上传到元宇宙，就可以完全脱离肉身生活。而且，在这一阶段，人类的意识可以无限复制，只要不存在某些极端情况，理论上可以实现永生。

这一时期将提供完全的沉浸感，而且人们将很难区分现实生活和虚拟生活，因为元宇宙打造的虚拟世界将以一种非常无缝的方式成为我们日常活动的一部分。人们将能够与其他人见面并建立深厚的关系，包括在元宇宙中建立长期关系。随着时间的推移奇点将被实现，人们将不再能够分辨出人类和人工智能在元宇宙空间的区别，一些人类可能会爱上人工智能，并与之建立严肃的关系（类似于《自由人与她》）。考虑到人工智能将发展到足以拥有感情、情绪和意识的阶段，第一批人工智能权利法案和宪法将被通过，以保护智能人的合法权益。

### （四）一体化时期的 4.0 阶段

一体化时期的 4.0 阶段，可以理解为孪生元宇宙。这一阶段元宇宙和现实世界变得完全无法区分。人类使用先进的神经技术 100% 的完成思维的映射，并将一个人的大脑上传到元宇宙空间。因为人脑拥有多达 2.5 PB 的信息，所以有必要使用 IPFS（星际文件系统）和 Filecoin（文件币）等技术，以安全的方式存储大量的数据，以保护个人的数据信息安全。届时人类可以复刻真实世界中物理学、经济学、社会学等各种规律，创造出一个现实世界的镜像。也可以把自我设限，就像玩游戏时开外挂一样，自己设定数值。但在这个阶段，还存在两个问题，一是时间资源无法受限，二是信息茧房。

拥有将我们的大脑上传到元宇宙空间的能力将完全消除人类身体的限制。元宇宙将是一个将人类从边界中解放出来的精神场所，并拆掉身体和心灵的限制，人类将能够超越他们的肉体，能够以光速旅行到其他星系，只需在宇宙中通过卫星与卫星之间传播我们的大脑。从此人类将进入第二类文明时代（根据卡尔达肖夫指数），并将利用戴森球（从太阳或其他恒星有效地收集能量）、彭罗斯过程（从后洞收集能量）和星体提升（通过创建空间巨型结构，直接从启动的质量中提取能量）等技术，从不同的太阳系收集巨大的能量来运行元宇宙，人类将不再属于一个空间、地点或国家，相反，他们将生活在与宇宙融合的元宇宙中。

当然，现阶段对于元宇宙的认知也只是现阶段的认知，认知是随着事物的发展及科技的进步进行阶段性变化的。在放飞想象的同时，也需要脚踏实地、理性地看待元宇宙，了解商业科技，不被时代抛弃，持续增加和完善产业的布局，完善个人的融入，逐步形成元宇宙的终局形态。

或许元宇宙的终局形态如上猜测一般，也或许虚拟世界完全脱离于现实世界，最终发展为平行世界，它比拟于现实世界，超越现实世界的所有满足感和沉浸感，并带来全新的世界观革新。又或许虚拟只服务于现实，并提供极致的效率和精神满足，未来的一切都还未知，人类可以无限遐想。

# 第二节　中国元宇宙发展及应用现状

整体来看，国内元宇宙发展在底层技术上仍处于跟随与追赶的态势，但是得益于强大的基建能力及人口规模优势，且占据 5G 优势，后续有望在 5G 等后端基建、人工智能、内容与场景方面爆发出巨大的增长潜力，在底层技术上的奋力追赶，或许未来有望在内容、协同等方面实现弯道超车。

# 一、推进元宇宙核心技术的发展

## （一）加速普及 5G 网络通信新基础

为用户带来良好的沉浸体验感，需要拥有更高的分辨率和帧率，因此 5G 技术的支持显得尤为重要。2021 年 8 月，工信部发布的《中国互联网发展报告》（2021）显示，截至 2020 年底，我国网民规模达到了 9.89 亿，其中 5G 网络用户数已经超过了 1.6 亿，约占全球 5G 总用户数量的 89%，更值得一提的是，我国的 5G 网络也在加速普及，根据公开数据显示，中国已经建成全球最大的 5G 独立组网网络，截至 2020 年底，建成 5G 基站数量 91.6 万个，占全球 70%。

从上述的各项数据来看，我国的 5G 技术已经走在了世界的前列。华为和中兴掌握了全球近半数的 5G 技术，其中华为公开数据显示，其手握 3147 件 5G 专利，位居全球第一，中兴也掌握了 2561 件 5G 专利，位列全球第三。在两大 5G 巨头的助力之下，中国在 5G 建设方面全面赶超了西方国家。但是就目前 5G 的发展来看，整体仍然处在初期阶段，还没有车联网、工业控制、虚拟现实、物联网等成熟强大的 5G 应用，所以在市场上 5G 的需求度和渗透率还有很大的提升空间。

## （二）大力推进云计算数据处理新研发

云计算被视为继互联网、计算机后信息时代的又一次新的革命，因为它的出现，社会的工作方式和商业模式也在发生着巨大的改变，未来的时代很可能是云计算的时代。在中国云计算发展初期，我国互联网企业与国外云厂商相比，面临起步晚、国内企业 IT 水平落后、云计算研发技术门槛高等诸多不利因素，导致国内云厂商一开始在技术、产品、服务方面，与亚马逊等国外云厂商存在很大差距。不过我国的互联网企业在经过一番探索后，迅速看清了云计算的发展方向，并且以最快的速度补上了"课"，现在每年都会推出新计划、大动作，持续加码云计算。中国已经成为全球云计算增长最快的市场，以阿里云为首的中国企业成功挤进了全球云计算前10榜单，阿里云在亚太地区的市场份额甚至超过了微软和亚马逊的总和。由此可见，虽然中国云计算起步晚、基础薄弱，但我国互联网企业充分发挥了后发优势，一路紧跟云计算发展趋势，实现了跨越式发展，从原来的跟跑，发展到了现在的并跑，甚至某些领域的超跑。[16]

### （三）不断完善虚拟现实领域新体验

虚拟现实（含增强现实、混合现实，简称 VR，Virtual Reality），是指由计算机技术和可穿戴设备产生的所有真实及虚拟环境的结合以及人机交互。当前，虚拟现实领域政策不断完善，应用场景持续拓展，虚拟现实产业生态初步形成。"VR+"渗透领域广泛，我国 VR 研发涉及教育、医疗、建筑、汽车、制造、航空航天等众多领域，其中，VR 赋能医疗领域，实践应用成果显著，在手术治疗、医学培训等方面带来变革性突破。我国虚拟现实产业主要分为内容应用、终端设备以及网络通信平台等。内容应用方面，虚拟现实与娱乐、教育、文化、健康等行业领域形成"VR+"的应用模式。终端设备方面，智能硬件企业纷纷进入虚拟现实一体机市场，通过功能集成实现产品升级。网络通信平台方面，5G 技术将有助于增强现有的虚拟体验，Cloud VR 为 5G 技术提供了广阔的应用场景。[17]

未来，虚拟现实技术借助具有的临场参与感与交互能力的优势，可以将静态的艺术（如油画、雕刻等）转化为动态的，可以使观赏者更好地欣赏作者的思想艺术。也可以用于解剖教学、复杂手术过程的规划，在手术过程中提供可操作和信息上的辅助，预测手术结果等。虚拟现实将以技术创新为支撑、以产业融合为主线、以开放平台为中心，构建"VR+"生态体系。

### （四）积极探索数字孪生产业新突破

据赛智产业研究院的一份研究报告显示，中国数字孪生产业尚未形成聚集，尽管多家互联网和通信巨头已经开始牵头构建生态，但想打通技术到应用之间的完整链条并不是一件容易的事情。数字孪生的场景搭建需要大量专业的建模，并且成本高、智能化程度低，需要较高的代码能力，而专用的数字孪生仿真软件仍然以国际软件巨头为主，国内仿真软件尚达不到国外一线产品的水平。虽然目前数字孪生仍处于起步阶段，但各种创新的技术和应用都在不断爆发，随着各种探索和创新的突破，距离国内企业数字经济的"黄金时代"相信不再遥远。

目前，国内已经搭建部分数字孪生的应用场景，比如上海国际汽车城将100平方千米的城市道路静态数据，以及真实环境下的车辆行人动态数据综合打造出了一个自动驾驶虚拟仿真平台，供各种自动驾驶汽车进行测试和培训。此外，海尔、吉利、东风等家电及汽车企业通过打造数字孪生生产线，帮助工人在虚拟生产线上进行操作，并实现远程操控和虚拟产线上的规划，大大提高了生产效率。

### （五）加强架构区块链系统新建设

就目前而言，国内主流区块链技术聚焦于核心能力建设，在功能性、易用性、可靠性、操作系统及数据库兼容性、网络规模动态扩展性方面表现优异，但是，在安全性、性能、可维护性、智能合约兼容性、外围开发和云平台集成方面仍然需要加强。总体来看，国内主流区块链技术仍处于快速发展阶段，但还存在区块链技术无法满足所有测试指标，以及不同的区块链技术发展水平参差不齐等问题。

在技术研发方面，我国持续加大投入力度于骨干企业，以突破关键核心技术，提升区块链性能、效率、可靠性。区块链底层技术和架构的自主研发日益受到重视，如中国银行、工商银行、蚂蚁金服、腾讯、百度、京东等企业已经积极开展区块链技术自主研发，加强区块链网络基础架构系统建设。但目前国内也有很多公司仍基于以太坊等国外开源架构进行区块链平台开发和应用部署。

在企业数量方面，截至2018年6月，美国、中国、英国区块链企业数量分列世界前三位。我国共有298家公司活跃在区块链产业生态中，区块链企业数量排名世界前五的城市依次为北京、上海、深圳、杭州、广州，其中北京以175家区块链企业数量排名第一。

在应用落地方面，区块链技术在票据、电子存证、食品供应链、跨境支付、电子政务等领域取得一系列成果。2018年下半年，首张区块链电子发票在深圳问世，成为我国首个"区块链＋发票"的落地应用；北京互联网法院推出"天平链"平台，用于存储案件证据，保证数据真实性和隐私性；蚂蚁金服、京东相继使用区块链推出生鲜食品从生产到超市售卖的溯源服务平台，以提升食品供应链透明度、保护消费者权益；中国银行通过区块链跨境支付系统，成功完成河北雄安与韩国首尔两地间客户的美元国际汇款；济南高新区上线试运行智能政务协同系统，利用区块链技术实现电子政务外网与各部门业务专网的互联互通、在线协同，提高政府工作效率。[18]

## 二、元宇宙在中国的初探应用

### （一）全面打造景区沉浸式体验（虚拟与现实交融）——《大唐·开元》

大唐盛世，是中华民族悠久历史中最为辉煌的篇章。2021年国庆期间，曲江文旅旗下大唐不夜城与西安数字光年软件有限公司联合宣布，全球首个基于唐朝历史文化背景的元宇宙项目—《大唐·开元》正式立项启动。项目自曲江文商集团获得了大唐不夜城NFT及其他元宇宙相关衍生品开发的全面授权。项目将利用区块链技术，打造一个拥有百万居民的古代长安城，让大唐盛世在元宇宙世界再次呈现。白天的大唐不夜城是旅游景点，是休闲购物空间，但晚上配合声光电技术后，则变身成为时空隧道，使游客沉浸于盛唐之中，另外大唐不夜城也通过直播的方式带游客足不出户"云游"周边商场、博物馆。

### （二）XR初构虚实融生文旅体验（虚拟世界真实化）——金华古子城景区

2022年5月17日，浙江移动创新研究院、金华移动联合中兴通信基于5G云XR平台，在金华古子城景区展示了文旅元宇宙场景应用。

依托5G云XR平台的空间计算和云识别能力，浙江移动创新研究院、金华移动、中兴通信携手金华古子城景区实现了文旅元宇宙。使用移动终端对景区的特色IP进行扫描后，游客即可开启虚实结合的"宋韵"之旅，化身宋代婺州城参军角色，通过帮助都指挥使完成城池防御战，获得景区的代金券和 NFT 数字文物。文旅元宇宙应用，不仅能够帮助游客实现沉浸式游览，了解景区历史故事，也能够实现与特色 IP 的实时交互，达到趣味性、知识性和体验感的完美结合。

5G 云 XR 平台是依托浙江移动 5G 网络和中兴通信 XR 能力优势，以连接＋算力＋呈现为核心构建的全方位平台，提供实时渲染、点云建图、空间定位、图像识别等多种 XR 核心能力接口，可识别 XR 业务需求并进行强算力、高带宽、低时延的服务保障，从而支持多形态的 XR 应用，打造高沉浸的元宇宙体验。未来，浙江移动将联合中兴通信持续创新实践，基于 5G 云 XR 平台扩展教育、办公、游戏、商业、工业等全场景的元宇宙应用，构建矩阵式元宇宙生态。

### （三）数字技术构建虚拟人物（现实世界虚拟化）——柳夜熙、YAOYAO

2021 年 10 月 31 日，虚拟人物柳夜熙在抖音平台发布第一条视频，以"一个会捉妖的虚拟美妆达人"为定位，视频特效部分高级感拉满，虚拟人物逼真生动，发丝纹理、手部动作几乎与真人无异，虚拟人与现实人的交互也异常顺滑。据抖音 APP 数据显示，这位会捉妖的虚拟美妆达人视频发布不到 30 小时，粉丝数一路猛涨至 130 万，仅以此视频登上热搜榜，获赞量达到 300 多万，截至 2022 年 5 月 31 日，抖音平台粉丝量高达 897 万。虚拟人物柳夜熙被称为 2021 年的"现象级"虚拟人，其视频以电影级的画面和特效，结合元宇宙概念下的虚拟偶像身份，成为极具商业价值的虚拟 IP。

2021 年 9 月 17 日下午，由芒果 TV 联合马栏山视频文创园举办的国际音视频算法大赛颁奖盛典暨高峰论坛在长沙举行。在颁奖典礼上，芒果 TV 推出首个虚拟主持人 YAOYAO，并在当天与主持人共同主持大会。主持人 YAOYAO 是利用人工智能、虚拟现实、数字技术等复刻的虚拟人物，在大数据与算法的加持下，开发者对上亿张亚洲面孔进行分析后，构建出了 YAOYAO 的独特形象。她的身材则是通过人工智能等技术对不同人们的体型数据进行实时采集、重建以及云端渲染而最终得来。据芒果 TV 创新研究院负责人张亦弛透露，YAOYAO 将会是芒果 TV 未来虚拟技术赛道的重要组成部分，未来也将有更多虚拟人诞生在芒果 TV。

## （四）元宇宙游戏助推商业运营——中青宝

2021 年 9 月 6 日，中青宝在微信公众号发文，宣布将推出一款虚拟与现实联动的模拟经营类元宇宙游戏《酿酒大师》后，中青宝股价开启"火箭"模式一路猛涨，5 天 3 个 20CM 涨停，大涨 120%，最高时接近每股 40 元，较 9 月 6 日前上涨近 3 倍。

《酿酒大师》是一款虚拟与现实联动模拟经营类的元宇宙游戏，玩家可以根据自身的思维方式选择如何经营酒厂。其中，游戏中玩家自己"亲手"酿的酒，可以在线下提酒，也就是说，玩家自己设计出的将不是游戏中的虚拟物品，而是实物白酒。同时，酒厂品牌将会获得 NFT 认证，玩家可以通过圈子内部拍卖获得收益，也可以在更大的平台进行拍卖交易。

## （五）区块链技术引领景区数字化转型 —— 泰山景区首批数字藏品

2021 年以来，元宇宙风头正劲，NFT（即非同质化代币，一种基于区块链技术的不可复制、篡改、分割的加密数字权益证明）横空出世，具备很好的收藏价值、艺术价值。春节期间，NFT 数字藏品大爆发，支付宝、腾讯幻核、节中节等多家平台推出了多款数字藏品，吸引了众多数字艺术爱好者的目光，这种新兴数字藏品的收藏模式，也让传统文化焕发出新的活力。与此同时，这也为各景区提供了一种文旅消费的新业态、新场景，促进景区进行数字化转型。

泰山景区首批四款数字藏品的推出，是山东旅游景区行业首次借助区块链技术发行的虚拟文化商品，是推动泰山文化遗产资源、文旅产业与数字经济融合发展的有效探索，也是景区转变发展模式、推动高质量发展的有益尝试。通过制作发行数字化体验产品，打造了文化泰山标识性符号，用数字化方式呈现泰山文化，让游客更便捷获得独一无二的泰山系列数字藏品、更全面感受泰山世界文化遗产的魅力、更深入体验数字藏品的价值感和科技感。[19]

## （六）数字孪生赋能区域治理 —— 广州塔景区

为了有效解决城市治理中的堵点、盲点，海珠区政务服务数据管理局打造广州塔景区智能化管理平台，建成海珠区首个数字孪生城市平台和全市首个以实用为导向的数字孪生平台。实现了广州塔景区"可观、可感、可调度"的新模式，有效提升广州塔地区精细化管理水平。

广州塔景区智能化管理平台通过打造高精度数字孪生底座，再造了一个广州塔景区数字孪生城市，大到地标建筑物，如广州塔、媒体港、海心桥等，小到城市设施部件，如井盖、消火栓、灯杆等，进行 1∶1 全面的 3D 数字还原，使三维虚拟场景与城市现实要素进行交互，实现了广州塔景区向数字空间的全息投影转变。广州塔景区的点点滴滴，都在数字化的城市信息模型上一一对应，通过沉浸式漫游巡查场景及真实可观的虚拟交互体验，增强城市治理灵敏感知、快速分析、迅捷处置能力。

在数字孪生底座的基础上，智能化管理平台聚焦景区的整体态势和趋势，打通景区的全域数据，建立了集景区环境保洁、景区管理、景区交通、绿化养护、市政基础设施、景区城市部件、事件管理等 1287 项景区体征指标和数据存储池。实现景区视频全域覆盖、治理要素全类智能识别，多维度、全方位快速掌握景区运行态势，丰富呈现整个景区城市运行体征，全面赋能景区治理的数字化，实现由传统经验驱动向数字驱动转变。

### （七）数字孪生助力智慧城市建设 —— 雄安新区

雄安新区在城市建设史上首次实现了"数字城市"和"物理城市"的融合发展，是现在唯一一个从建设之初，就从数字化角度进行设计的城市。据央视报道，雄安新区城市计算（超算云）中心项目建设进入攻坚阶段，项目在 2022 年 1 月已提前完成主体结构封顶。雄安新区城市计算（超算云）中心项目是建设"智慧雄安"的重要保障，也是雄安新区数字孪生城市发展的核心，将为数字孪生城市的物联网、大数据、区块链、人工智能、虚拟现实等提供网络、计算、存储等服务功能。与传统智慧城市关注建筑、交通、水务等某一行业或领域智慧化不同，雄安新区是基于城市信息模型的全城智慧化，在数字孪生平台上可以把城市各专业数据进行集成，从而达到规划一张图、建设监管一张网、城市治理一盘棋的新格局。[20] 例如雄安新区中所有施工的建筑物及城市规划都建立了先进的数字化 BIM 模型，当需要给某个区域铺设给水排水管网、燃气管网等时，可以提前在城市模型中进行仿真预测，推演方案的合理性与成本。智慧化的数字孪生平台将引领城市迈向元宇宙发展新阶段。

# 第三节　欧美元宇宙发展及应用现状

得益于美国在技术领域多年的积累与布局，美国在元宇宙的算法技术及交互技术等方面均已形成了一定的技术壁垒，在全球元宇宙产业的多个领域都处于领先地位。从应用层面来看，美国不仅局限于游戏、娱乐等面向 C 端的场景，在军事、医疗、工业等面向 B 端的场景上也有所延伸，极大地促进了美国各领域的高速发展。

## 一、欧美在元宇宙技术领域的核心竞争力

### （一）全球领先的算法技术

#### 1. 美国云集大量优质云计算企业

云计算作为全球数字经济的"基础设施"，其重要性不言而喻。众所周知，美国的云计算起步最早，也正是因为起步早，让其积累了领先世界的绝对优势，进而美国在云计算领域占领了主导地位，也云集了大量的优质云计算科技公司。Amazon、微软、Google、IBM 等科技巨头在云计算领域的市占率排在全球前列。以 Amazon 为例，拥有强大的云计算服务能力，目前全球 90% 以上大型游戏公司依托 Amazon 云在线托管，是全球云服务提供商的头部公司。

从全球云计算科技企业的 ETF 指数来看，按市值排名前十企业中除 SAP 和 Shopify 以外均为美国企业，其中 Adobe、Intuit、Salesforce 市值分别达 41.22 万美元、40.45 万美元、39.04 万美元，进一步说明了美国企业云计算相关技术的绝对领先地位。

表 3-1　2021 年全球云计算科技企业 EIF 指数按市值排名前十情况

| 企业 | 所属地 | 市场价格（美元） | 市值（美元） |
|---|---|---|---|
| Shopify | 加拿大 | 1525.94 | 445574.48 |
| Adobe | 美国 | 621.74 | 412213.62 |
| Intuit | 美国 | 530.13 | 404489.19 |
| Salesforce | 美国 | 243.39 | 390397.56 |
| Alphabet | 美国 | 2736.14 | 383059.60 |
| Microsoft | 美国 | 286.44 | 374090.64 |
| Oracle | 美国 | 89.64 | 362862.72 |
| SAP | 德国 | 145.75 | 339597.5 |
| ServiceNow | 美国 | 575.8 | 337994.6 |
| Amazon | 美国 | 3320.68 | 325426.64 |

数据来源：CSOP 前瞻产业研究院整理

2. 超高份额的 GPU 市场占有率

美国的人工智能计算公司 NVIDIA，在图像处理芯片（GPU）领域具有绝对的话语权与主导权。根据硅谷封面报道，2019 年前四大云供应商 AWS、谷歌、阿里巴巴、Azure 中 97.4% 的 AI 加速器应用了 NVIDIA 的技术。市场研究公司 GPU Cambrian AI Research 的分析师 Karl Freund 表示，NVIDIA 占据了人工智能算法训练市场近 100% 的份额，Top 500 超级计算机中近 70% 使用了 NVIDIA 的 GPU。

2018 年美国研发出名为"顶点"（Summit）的超级计算机，据美国能源部下属的橡树岭国家实验室称，超级计算机"顶点"的浮点运算速度峰值每秒可达 20 亿亿次，其速度接近"神威—太湖之光"超级计算机的两倍。"顶点"由 IBM 公司负责制造，其搭载了近两万八千块 NVIDIA 的 GPU，是超过九千个 IBM 传统处理器的超级计算机。

3. 美国人工智能技术储备深厚

在人工智能技术研发和应用方面，欧美处于世界领先水平。美国是人工智能的诞生地，诸多高校以及企业为 AI 发展贡献了深厚的理论与算法基础，卓越的技术研发机构和认知学科的各类实验室为人工智能的发展奠定了雄厚的技术基础。同时，美国已正式出台 AI 国家战略，决心从技术生态与 AI 应用等方面发力，以保持其 AI 的领先地位。

美国人工智能技术储备与布局基础深厚，在人工智能的研究领域一直处于世界领先水平，除了联邦研究基金和政府实验室的支持，更重要的是美国政府对该领域的高度重视。针对人工智能研究领域，美国第 44 任总统奥巴马提出将采取轻干预、重投资的理念，在基础和应用领域建立协调机制，待技术完全成熟后，政府再深入介入。2016 年 10 月发布的《为人工智能的未来做好准备》以及《国家人工智能研究与发展战略规划》，两份文件明确了人工智能的发展现状、未来规划、可能影响以及具体举措，为美国位居全球领头羊地位奠定了一定的基础。

### （二）世界一流的交互技术

美国是 VR 技术的发源地，美国拥有主要的技术研究机构。另外英国对于虚拟现实技术某些方面的研究领域，同时处于世界领先水平，尤其是对于虚拟现实技术的处理、辅助设备设计研究方面较为突出。因此，欧美 VR 技术的研究水平基本上代表国际 VR 的发展水平。

图 3-3 可以看到，专利申请量前 10 名的公司或科研机构美、日、韩占有主导地位。前 10 名公司中美国占了 6 家，排名第一第二的美国公司遥遥领先，美国申请专利量更是达到 7484 件，超过其他各国专利量总和。

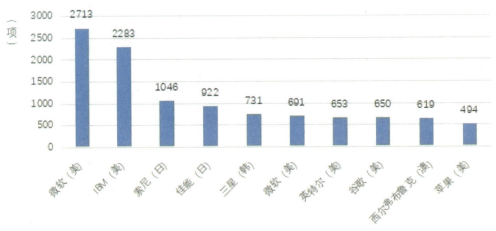

资料来源：IPRdaily.cn（中文网）

图 3-3　各国虚拟现实专利申请量统计图

美国宇航局的 NASA Ames 实验室是 VR 技术的出生地，它引领着 VR 技术在世界各国发展壮大。其中美国实验室在 20 世纪 80 年代就已经开始基础研究空间信息领域，在 80 年代的中期创建了虚拟视觉环境研究工程，随后又创建了虚拟界面环境工作机构。目前，虚拟行星探索是美国 VR 技术研究机构的重点研究目标，此项研究的重点内容就是通过虚拟技术放在对于遥远行星的研究工作中。

英国研究公司所研究设计的 DVS 系统中，带领着部分 VR 技术在各领域实际应用中标准化，并且该公司还为 VR 技术在实际编辑中设计了先进的环境编辑语言，由于编辑语言不一样，其在实际应用中的操作模型也都不一样，但与编辑语言一一对应。所以，DVS 系统在进行不一样的操作流程时，虚拟现实技术就会展现出完全不同的功能。[21]

## 二、5G 成为美国在元宇宙难以攻破的技术壁垒

每一次网络通信技术的提升，都为人们的生活、工作、甚至国家的发展带来很大的进步，可以说在网络通信层面的领先，就是在世界技术排名层面的领先。目前针对最新网络通信技术的布局，世界各国已经逐步构建起相对完善的 5G 网络，无论是 5G 基站的数量还是用户的下载速度都得到了持续的增长，但美国作为技术强国却在 5G 的比拼中占据下风。根据 SpeedCheck 于 2021 年 7 月 10 日公布的 19 个国家和地区 5G 下载速率数据，美国位于第 16 位，5G 下载速率仅为 43.34Mbit/s，而处于第一位的韩国，则高达 449Mbit/s。美国 5G 平均速率排在韩国、澳大利亚、意大利、德国、日本等国家之后，甚至美国 5G 网络比用 Wi-Fi 上网还要慢，而且在稳定性方面还有待商榷，可以看出美国在 5G 网络通信技术方面面临着难以突破的技术壁垒。

## 三、欧美在元宇宙的初探应用

### （一）军事领域 —— 完善智能的军事模拟网络

美国早在 20 世纪 80 年代就构想出军事模拟网络，在其后几十年间不断升级并用于军事模拟训练中。而在元宇宙时代，强大的计算能力、高速的网络传输、沉浸式的虚拟技术、精准的数字孪生，将会实现规模更为庞大的军事训练和模

拟功能，发展出战术甚至战略级别的智能作战规划。

在美国，美国国防科技公司对外表示已经开始了元宇宙的探索，将元宇宙应用在军事模拟演习上，与元宇宙相关的想法已经成为最新军事系统的一部分。例如，新型 F-35 战斗机的高科技头盔包括一个增强现实显示器，可在飞机周围的视频片段上显示遥测数据和目标信息。2018 年，美国陆军宣布将向微软支付高达 220 亿美元的费用，用于开发作战人员的 HoloLens 增强现实系统版本，即集成视觉增强系统。在英国，英国国防部的"单一合成环境（SSE）"也已经在士兵训练中使用扩展现实 XR 技术。

### （二）医疗领域 —— 先进科学的医疗培训平台

VR 医疗培训平台 Osso VR 帮助外科医生进行手术训练，为医生提供了比传统医疗教学模式更沉浸更立体的培训过程。同时，Osso VR 也在解决远程医疗的服务场景，可以使外科医生通过 VR 模拟练习，从而胜任复杂的医疗场景，实现最佳的手术效果，极大地提升了新医生的专业技能，更全面的保障了患者的健康。除了提供无风险的培训环境和性能分析外，平台同时允许外科医生进行练习以弥合距离带来的限制，以及身历其境的观摩学习远程培训课程。另外，它可以在虚拟现实环境中提供一对一或一对多的教学设置。受疫情影响，虚拟培训的需求暴涨，Osso VR 在 2020 年经历了快速增长阶段，目前 Osso VR 的 VR 培训模拟场景已涉及多个专业，专注在骨科、脊柱、介入心脏病学和普通外科等多个垂直领域。

### （三）制造业 —— 数字化的虚拟工厂

面向 B 端客户场景的应用中，英伟达 Omniverse 平台最为典型。Omniverse Enterprise 最早于 2020 年 12 月面世，在 Beta 阶段已经有 500 家公司的设计师累计下载了 70000 次，该平台的愿景是其应用场景将不再仅限于游戏以及娱乐行业中，建筑、工程与施工、制造业、超级计算等行业都是 Omniverse Enterprise 的目标范围。以英伟达与宝马的合作为例，双方宣布共同利用 Omniverse 平台打造虚拟工厂，探索虚拟、数字规划领域的新前景。英伟达 CEO 黄仁勋表示，宝马在物理世界中建造任何产品前，可以先虚拟设计、规划和运营未来工厂，而这也代表了制造业的未来。宝马是第一家使用 Omniverse 平台设计整个工厂的汽车制造商，Omniverse 模拟出完整的工厂模型，包括员工、机器人、建筑物、装配部件等，让全球生产网络中数以千计的产品工程师、项目经理、精益专家在虚拟环境中进行协作，在真实生产新产品前，完成设计、模拟、优化等一系列复杂的过程。

### （四）休闲文化领域 —— 开展虚拟线上娱乐活动

#### 1. 数字化的虚拟购物

随着新一代消费群体的崛起，消费市场也发生着翻天覆地的变化，尤其是紧跟时代发展的潮流零售行业变化尤为明显。人们对潮流的消费需求不再局限于现实世界的个体本身，而是进阶为元宇宙世界中的虚拟人物装扮，为满足他们对自身虚拟人物的时尚需求，商家在元宇宙内通过各种营销活动推广品牌，并出售 NFT 资产。据美国科技媒体网站 The Verge 显示阿迪达斯推出的 NFT 虚拟服装代币几分钟内抢购一空，阿迪达斯本次卖出了 29,620 个 NFT，每个售价在 0.2 以太币，销售总额破 2,200 万美元（1.4 亿人民币）。这系列的 NFT 总数是有 30,000 个，不过为了后续的"未来的活动"，阿迪达斯与合作伙伴保留了其中 380 个 NFT。此次购买体验是数字与实体相结合，购买了 NFT 的买家不仅能够获得 NFT，而且还能获得一系列的实物，包括运动服、卫衣和 beanie 帽，除此之外，买家还有机会进入装束粉丝俱乐部，成为该系列 NFT 社区的一员；耐克收购了数字运动鞋公司 RTFKT，并在 Roblox 上开设虚拟空间，推广沉浸式体验营销；古驰在 Roblox 上推出虚拟购物，NFT 虚拟包包甚至比实物还贵。

#### 2. 身临其境的游戏体验

在 2021 年 4 月，Epic Games 宣布现已完成新一轮 10 亿美元的融资计划，并将用于元宇宙的开发之中；同月，美国说唱歌手 Travis Scott 在《堡垒之夜》中举办演唱会，吸引了 1230 万玩家同时在线观看；同年另一说唱歌手 Lil Nas X 在《Roblox》上举办演唱会，超 3000 万粉丝参加，玩家可在数字商店中解锁特殊的 Lil Nas X 商品，例如数字替身、纪念商品和表情包等；2021 年 Gucci 与 Roblox 合作推出 "TheGucci Garden Experience" 虚拟展览，玩家可欣赏展览并选购虚拟单品，娱乐、消费、工作会议等现实活动通过游戏实现沉浸式体验，沉浸式的体验给所有玩家留下了深刻的印象。

《堡垒之夜》拥有巨大的影响力，一度超越经典的《绝地求生》游戏，与普通射击游戏不同的是它具备内容创作的自由性以及货币化能力，用户进入虚拟世界去创造自己想要的一切，这也是 Epic Games 可以进军元宇宙的巨大优势之一。而 Epic Games 不仅仅只有《堡垒之夜》这张王牌，它一边通过《堡垒之夜》为玩家提供游戏服务，另一边开发虚幻引擎，是时下高质量游戏不可或缺的最优质的游戏引擎之一，提供逼真的视觉效果以及身临其境的体验，甚至已经应用于一些影视剧作之中。[22]

3. 多感官体验的饮食盛宴

Universcience 举办的 Banquet 科学美食展调动人们包括视觉、嗅觉、味觉、触觉和听觉等在内的感官体验，带领人们探索美食盛宴的新概念。其中 Banquet 可以说是整个体验中最具特色的环节，与其说它是用餐环节，不如说它是一场沉浸式多感官演出。在融合高科技的餐桌上有 30 个座位和 30 个气味出口，时间和数量上准确控制气味的释放，结合图像映射和声音环绕的沉浸式环境的营造，构成一场通感的场景，在没有语言表述的情况下为人们讲述一场关于美食、分享、团聚的故事。以老少皆宜的美食聚会场景切入，以食物和宴会为展览主题，此次的科学美食展 Banquet 对于消费者来说具有广泛的吸引力。

在疫情期间，每个人都被困在家里，因此大部分人将注意力集中在了做饭这件事上，他们这样做不仅是为了日常生活，也是为了烹饪的乐趣，人们真的很希望在美食层面做饭。但此时的大环境，他们无法分享，无法与亲朋好友聚会，大流行确实使我们感到孤立，所以人们对社会联系的需求比以往任何时候都更加重要。此次展览也与这个想法产生了共鸣，它满足了我们所有人都必须联系的这一需求，举办宴会、围桌社交成为人们生活方式的一部分。

# 第四节　日韩元宇宙发展及应用现状

从全球视角来看，目前日韩元宇宙的发展与布局位于全球的第二梯队，处于积极跟进元宇宙的技术发展阶段，在接下来的不断努力中，未来或许将实现技术领域的突破性进展，加快步入第一梯队。

日本在元宇宙发展的布局中，主要以 VR 硬件设备以及游戏生态为主要突破口。结合日本 ACG 产业多年的积累，以及丰富的 IP 资源，在此基础上，提出了"动漫＋元宇宙"的主要发展模式，应用场景主要为线上游戏与虚拟演出、会议结合的方式。

韩国的元宇宙发展由政府领头布局，政府带领企业成立"元宇宙联盟"，为韩国元宇宙的积极有序发展，提供了强有力的靠山。韩国在"虚拟数字人"领域布局多年，现该行业技术已相对成熟，为元宇宙的发展打下了坚实的基础。

## 一、日韩在元宇宙技术的核心竞争力

### （一）日本的 VR 硬件设备

索尼与 VR 开发商 Hassilas 拥有 Play station 主机系统和游戏生态，旗下的 Play Station VR 全球销量排名行业前三，并在 2020–2021 年两次投资 Epic Games，在虚幻引擎等技术方面有所布局，索尼还推出了《Dreams Universe》，用户可以在其中进行 3D 游戏创作、制作视频，并分享到 UGC 社区。[23]

VR 被日本媒体称为索尼的隐藏王牌。索尼是 VR 领域较早的市场参与者，为后续的发展积累了不少相关经验。早在 1996 年，索尼便推出了 Glasstron 系列头戴式显示器，于 2016 年 10 月发布了备受市场关注的 PS VR，据国外媒体 road tour 显示，截至 2020 年 1 月，PS VR 总销量突破 500 万台。

2021 年 10 月 26 日，索尼发布了新款 VR 头戴式显示器"Xperia View"。它需搭配索尼的两款手机使用，是专为 Xperia 智能手机 Xperia 1 II 和 Xperia 1 III 设计的头戴式显示器，它重 400 克左右，支持解码 8K HDR 视频，具有 120° 视场角和 120Hz 刷新率（搭配 Xperia 1 III）。这两款手机配备 4k 显示屏和超高性能，而 Xperia View 能够最大限度发挥手机的硬件优势，提供高清晰度、高沉浸感的 VR 体验。这是索尼瞄准智能手机的 VR 平台进行的一次尝试。

### （二）韩国的虚拟数字人领域

韩国政府强力引领虚拟数字人领域独树一帜，韩国于 1998 年提出实行"文化立国"政策，由政府发挥宏观调控和引导作用，鼓励产业升级创新，为韩国文化产业发展营造了积极的氛围，从一定程度上保证了韩国文化作品的质量及创新力，韩国政府在对待元宇宙的政策上也几乎延续了相关的模式，采取了较为积极的支持政策。

政府牵头成立"元宇宙联盟"，旨在通过政府和企业的合作，在民间的主导下构建元宇宙生态系统。期间，韩国数字新政推出数字内容产业培育支援计划，总计投资 2024 亿韩元（11.6 亿元），其中 XR 内容开发支援 473 亿韩元（2.7 亿元）、数字内容开发支援 156 亿韩元（0.89 亿元）、XR 内容产业基础建造支援 231 亿韩元（1.3 亿元）。[23]

韩国以三星为代表的企业在相关技术领域布局多年，是元宇宙的主导力量，目前在"虚拟数字人"方向的技术较为强大，应用场景则主要由韩国成熟的偶像工业驱动——虚拟偶像是最先试水的方向。

2020 年三星旗下创新实验室 STAR Labs 独立开发的"人工智人"项目，NEON 在 CES2020 上正式展出，NEON 能够像真人一样快速响应对话、做出真实的表情神态，且每次微笑都不尽相同，并且可以构建机器学习模型，在对人物原始声音、表情等数据进行捕捉并学习之后，形成像人脑一样的长期记忆。以 AI 为关键技术，CORE R3 平台、SPECTRA 平台帮助 NEON 实现沉浸式体验。CORE R3 平台在行为神经网络、进化生成智能和计算现实领域，实现了跨越式发展。

CORE R3 系统的时延不足几毫秒，确保了 NEON 能够实时地动作和回应。CORE R3 平台可以与其他的专业或增值服务的系统进行连接。此外，公司正在开发中的 SPECTRA 平台，将从智力、学习、情感和记忆等方面，与 CORE R3 平台互补，给 NEON 赋能，从而使 NEON 的体验达到"沉浸式"。

Neon 是一种由 AI 所驱动的虚拟存在，拥有真人一样的外观，同时具有表达智慧和感情的能力。Neon 人工智人不会凭空产生，需要借助真人的数据资料，在获取到真人的面部和声音特征后，NEON 会通过自研的 CORE R3 引擎，利用电脑计算生成模拟真人的形象和表情神态。

整体来看，韩国在"虚拟数字人"方向的应用已经相对成熟，与其成熟偶像工业相结合具有非常多的应用场景。

### （三）韩国的 TOF 技术

TOF 技术主要是为了完成三维成像，特别是在 5G 的浪潮下，随着 3D 识别与感知、环境感知、体感交互以及 AR 地图构建等技术与应用的高速发展，TOF 技术的应用前景更为宽阔。

LG 集团子公司 LG Innotek 正在向苹果和微软供应 3D ToF 模块（ToF 是飞行时间技术的缩写，是实现 VR 和 AR 功能的核心技术之一），它们计划于 2022 年推出的 VR 耳机。LG Innotek 已在为脸书（2021 年 10 月 28 日更名为 Meta）的 VR 耳机 Oculus 供应模块，也有望为苹果公司计划于 2023 年推出的 AR 眼镜供应模块。业内预测，在元宇宙时代，LG Innotek 将主导 ToF 市场。

ToF 主要应用领域有医疗检测、工业机器视觉、智能手机、游戏机、AR、VR 及智慧车等。3D ToF 的应用前景是巨大的，亦是发展虚拟现实的催化剂，由于 ToF 具有作用距离长以及刷新率高这两大独特的优势，所以对于需要远距离 3D 测距的虚拟现实技术最能体现 ToF 优势的功能，ToF 技术是真正使二维世界变成三维世界的核心技术。通过 AR、VR 眼镜结合 ToF 三维定位感知，可以在虚拟世界中创造模拟真实世界中的自己。

## 二、日本在元宇宙的初探应用

### （一）智慧办公领域 —— 召开虚拟空间的 AI 会议

2020 年 3 月，任天堂发布《动物之森》系列第 7 部作品，与之前的《动物之森》系列相同，每个用户占据一座荒岛，不仅可以访问其他用户的岛屿，亦可以设计自己的衣服、招牌等道具。这是个没有固定剧情的开放游戏，非常注重沟通，玩家可以在里面独自生活，不受默认的剧情、任务限制。[23]

因为疫情的原因，ICML、ICLR、CVPR 等人工智能顶级会议都已经改为线上举办，网络虚拟环境成了人们持续交流的最重要途径。继网友在《我的世界》里盖学校、举办毕业典礼之后，AI 学术会议也挪到了游戏里，这次的会议即将在动物森友会举办。

随后，2021 年 9 月，全球顶级 Al 学术会议 ACAl 在《动物森友会》上举行研讨会，Cluster 主打 VR 虚拟场景多人聚会，用户可以自由创作 3D 虚拟分身和虚拟场景。动物森友会尽可能真实地复刻真实世界 workshop 的社交，所以 workshop 也策划了茶歇时间。此外大会也提供有很多 Zoom 房间，可以确保小型会话同时进行。在动物森友会这个虚拟空间中，参会者会遇到其他研究者，也可以展开一些有意义的交谈。

### （二）休闲文化领域 —— 推出虚拟线上游戏体验

#### 1. 开展"虚拟艺术家"活动

日本背靠深厚的 ACG 基础，充分发挥世界动漫文化领军人的角色，将元宇宙世界与动漫形象进行充分融合，以达到虚拟与真实的完美结合，呈现更好的虚拟化效果。2021 年 8 月 5 日，Avex Business Development 和 Digital Motion 成立 Vitual Avex，计划促进现有动漫或游戏角色，举办虚拟艺术家活动，以及将真实艺术家演唱会等活动虚拟化。[23]

早在 2018 年 8 月，Cluster 就与虚拟偶像辉夜月、日本连锁 livehouse 品牌 Zepp 合作，举行了世界首场 VR 付费演唱会，约 5000 名观众通过 Cluster 虚拟平台、PC 电脑端和线下影院 3 个途径收看了这一演出，并获得门票收入约 100 万元。在演出活动中，嘉宾可以在房间内连麦发言、登台演讲、播放幻灯片或视频，而普通观众则以发表文字评论、表情和使用虚拟物品来进行互动。

Cluster 是一个为用户提供 VR 空间多人聚会的虚拟活动服务的平台，除了可以供用户在平台上自由创作 3D 虚拟分身和虚拟场景，同时还与虚拟偶像和演唱会公司合作在线上组织 VR 演唱会等付费活动。[24] 目前，Cluster 已与辉夜月、樋口枫、富士葵、YuNi 等人气虚拟偶像合作举办付费演唱会，设置入场费与虚拟物品打赏等付费机制，未来还将向企业开放广告投放、VR 产品体验活动等推广业务，并为需要举办虚拟活动的企业和个人提供策划和技术咨询。

#### 2. 打造"机甲征服"游戏平台

2022 年 3 月，元宇宙基础设施平台 Ethanim 与日本链游项目元宇宙机甲征服游戏 Mechaverse War 达成深度战略合作。双方将发挥各自在元宇宙底层技术、链游开发和生态建设方面的优势和能力，共同推动元宇宙产业发展。Mechaverse War（日文名：メカバースウォー）是一款旨在打造全球首个元宇宙即时战略的机甲征服游戏平台，通过该平台让数百万人以简单、创意和互动的方式参与到基于 NFT 和区块链的游戏世界中。该游戏以 Mechalize Everything & Metalize Everything 为基础世界观，旨在利用机甲数字及加密化方式，将知名日漫与 IP 以机甲化分身带入元宇宙，进行娱乐、游戏及收益衍生开发。

日本 VR 开发商 Hassilas 公司正式宣布其最新元宇宙平台——Mechaverse，该平台无需用户注册，就可以通过浏览器直接访问，商务用户可在此平台上快速举办产品发布会，并为与会者提供视频介绍和 3D 模型体验。Mechaverse 平台单一场景最多可同时容纳 1000 名用户，提供服务包括虚拟音乐会、虚拟体育场等常见项目。

## 三、韩国在元宇宙的初探应用

### （一）城市建设领域 —— 创建元宇宙化的现实城市

普信阁敲钟仪式是韩国迎接新年的传统节目，每年 12 月 31 日午夜在普信阁敲钟 33 次。2022 年新年的敲钟仪式新增了元宇宙平台，韩国民众可以通过虚拟身份参与敲钟，拍照留念。同时，通过首尔市政府与 SK 电讯合作打造的 360° VR 技术，还能观看普信阁全景。新年夜的普信阁钟楼虚拟跨年敲钟仪式，打开了首尔元宇宙生态系统的序幕。

首尔数字基金会在 2021 年 12 月 22 日宣布启动元宇宙办公室，目的在于将元宇宙和人工智能技术结合应用在城市管理和服务上，以增强首尔作为全球智慧城市的竞争力。"元宇宙首尔"预计于 2022 年上线，届时首尔市民可以在元宇宙中虚拟办公、参加活动。2022 年 5 月，韩国首尔市宣布从 2022 年起将投资 331 万美元，打造一个元宇宙城市，在元宇宙中提供各种公共服务和文化活动。

首尔市政府将利用虚拟现实（VR）、增强现实（AR）和 XR 相结合的技术升级城市管理。通过在虚拟世界中提供市民经常使用的公共服务，如民事投诉、信息咨询、公共设施预订等，为公众提供更便捷的服务。这也将提高首尔市民的数字能力，在数字转型时代至关重要。首尔市政府还将在首尔市政厅创建市长办公室的虚拟世界版本，并将其作为市政府与居民之间的开放沟通渠道。[25]韩国首尔或许将成为第一个元宇宙化的现实城市。

### （二）休闲文化领域 —— 推出"巨星永恒"计划

JZL Capital（"JZL"）宣布推出元宇宙"文艺复兴"计划，以"永恒与爱"为主题的第一期项目"巨星永恒"已在头部元宇宙平台 The Sandbox 中开始建设，公司将联手 Kucoin、韩亚投资、数字王国、iBox 与 RBB Digital 一同完成该计划。

在初期建设阶段，JZL 将在元宇宙头部项目 The Sandbox 中，以亚洲巨星和知名年轻建筑师合作模式打造"JZL Garden"，希望美好的事物因为爱而永恒。首期入驻的巨星是华语流行歌坛一位具有国际影响力的传奇歌手，通过虚拟人和 AI 技术，以现代和交互的形式重现巨星风采，开启她在元宇宙的第二人生，并通过发行建筑 NFT 形成项目的代币经济体系。后期即将入驻的巨星包括韩国潮流天王级人物和世界足坛传奇巨星等。

韩国 Snow 公司推出的 ZEPETO 社交类产品，目前拥有 2 亿名使用者。其中有 90% 来自海外，80% 的用户是 10 多岁的青少年。2020 年 9 月，ZEPETO 上举行了韩国偶像"BLACKPINK"的虚拟签名会，超过 4000 万人参加。ZEPETO 还与时尚名牌 Gucci、Nike、Supreme 等时尚大牌联名推出了虚拟产品。[23]

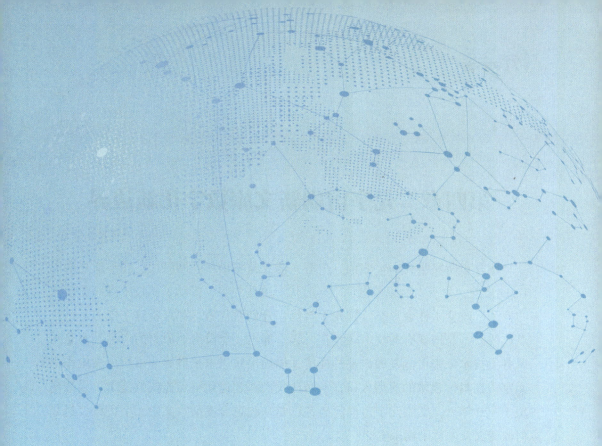

02

# 应用篇

——元宇宙助力中国文旅
行业在全球"出圈"

# 第四章　元宇宙刷新文旅数字化新边界

在乔布斯发明 iPhone 之前，少有人能想象移动互联网时代。在马斯克推出 Tesla 之前，少有人能想象电动汽车时代。这些先驱，推动了从技术到商业模式的变革，改变了社会形态。领先于时代、开创时代者，都具备这个能力——空点连线。不是把现有的技术融合在一起，推出一个没有想象力的产品，而是想象各类技术未来可能发展出来的样子，描绘出属于未来世界的事物。文旅作为元宇宙在具体领域的应用入口，不妨让我们一起运用空点连线的能力，尽情畅想 5—20 年后，文旅元宇宙如何与各行业一起融合发展？文旅元宇宙科技将如何改变大众的休闲娱乐生活？

## 第一节　什么是文旅的元宇宙

文旅元宇宙的本质是以数字化技术打造一系列新的文旅业态，元宇宙对于文旅行业既是工具，也是重构，最终目的就是要让游客来得多、留得时间长、玩得嗨、消费多、黏性大。元宇宙有望革新观众与内容的交互形式，并极大程度地丰富内容展现形式，如影游结合，甚至增加了交互等其他功能。我们认为未来元宇宙的杀手级内容将集齐四大特征：沉浸式、交互性、更多维度的感官体验、经济体系。元宇宙在文创产品上的运用通过创意、设计、体验、消费等方式延长了旅游产业链，给文旅产业发展注入了新动力。

文旅元宇宙革新目前文旅体验方式，给游客带来的"沉浸式体验"绝不是单纯停留在一些文字、图片和声光电等物理层面，也不是浏览网站视频或 VR 式的单机操作，它更是一种心理学和精神学范畴。凭借新型科学技术、重构甚至创造出来的"数字文旅空间"将更突出用户体验过程中的共情。高速率、低延时的网络连接和特有的经济和文化符号，将让用户拥有高度的参与感和真实的社交体验。

此外，元宇宙的深度发展将有重塑文旅产业的模式和形态的可能。元宇宙中，"人"仍然是最重要的主体。数字空间与物理空间的深度融合让人们得以换一种方式模拟、感知、体验现实世界，刺激文旅行业加快数字化转型，升级数字文旅生态链，形成"元宇宙＋"的新型文旅产业形态。

总的来看，元宇宙会在"虚拟性""沉浸式""连接性"上超出以往的体验，重新定义和改变消费者既有消费习惯。

## 一、元宇宙是数字文旅转型的延伸

元宇宙的新技术、新模式、新业态将会重构文旅的边界和定义，以集成技术和创新文化，达成内容和体验赋能，打造实数融合的文旅新场景，构建文旅商务购物消费新型一体化。元宇宙所构建的沉浸式体验与当下文旅产业重点发展方向不谋而合。在 5G、人工智能、AR、VR 等科学技术的不断发展下，文旅产业数字化转型升级是必然趋势，加之目前全球的疫情加速了文旅数字化转型的步伐。云旅游、云看展成为一种趋势，景区、博物馆等地也开启沉浸式演艺、沉浸式展览等项目，元宇宙可以看作是文旅产业数字化转型的进一步延伸。

大胆想象，元宇宙会重塑文旅产业，带来若干种可能性，其中较为关键且可期待的有三种：脱实向虚时间和空间的折叠、旅游目的地扩展以及未来新的社交集合。元宇宙赋能文旅行业关键是三个方向：丰富文旅资源、突破感官限制、赋能场景设计，元宇宙会将文旅带向新的更广阔的空间。

## 二、元宇宙是对传统文旅行业的改变

### （一）平面到立体的飞跃

元宇宙首先被改变的是文化娱乐产业，包括游戏、电影、电视在内，未来元宇宙世界的各种娱乐产业，都将从二维变三维，从平面的变成立体的。有力推动 4D 影院、多媒体、球幕、VR 等各类旅游娱乐体验产品升级、蜕变。

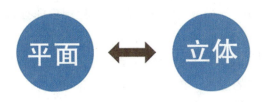

元宇宙承载互联网未来迭代，由持久的、共享的三维虚拟空间组成

## 高效交互

图 4-1　元宇宙空间迭代模式图

### （二）虚拟和现实的切换

利用元宇宙的场景，在现实世界构建无数虚拟场馆、主题公园，让人们能够自由地穿梭在虚拟世界和现实世界，提供前所未有的交互体验，可能是未来会展和旅游业竞争的新形态。

元宇宙提供的数字化虚拟世界沉浸式体验，通过模拟现实的方式，构建逼真的情景交流和消费体验的娱乐场景，营造具有立体感的场景空间，给参与者创造一个超脱于常态生活的沉浸式环境。文旅元宇宙利用科技手段，真实的演职人员和旅游演艺产品让参与者完成视觉、听觉、嗅觉、味觉、情感、情绪、心理、生理等全方位喜怒哀乐的体验，还可以体验成长、学习、工作、结婚、生子、衰老、死亡等人生过程，更可在虚拟世界里，感受快意恩仇的行侠仗义、惊心动魄的游戏大战、生离死别的唯美爱情等不同故事场景。游客可以根据自己的休闲假期安排，长期生活在景区里，在持续的沉浸式体验过程中，完成吃饭、娱乐、办公、运动等日常休闲生活需求。

人类文明是一部脱实向虚的发展史，文字的发明是一次抽象，理念的形成又是一次抽象，元宇宙让文明从抽象走向具体，让流传从短暂伸向永恒。

**脱实向虚　脱虚向实**

图 4-2　元宇宙场景切换模式图

### （三）时间和空间的跨越

文旅元宇宙将突破传统旅游"时"与"空"的局限，摆脱了时间和空间上的限制，为文旅的发展提供了更为丰富的想象力。可以给游客更有沉浸感、科技感、补偿感的体

与元宇宙文旅突破时间空间限制，实现多人异地沉浸式协同

**跨越时空**

图 4-3  元宇宙时空切换模式图

验。在文旅元宇宙构建的"第二空间"中，人们的旅行将不再受限制于天气、场地、交通等因素的影响，足不出户便可以实现瞬间"位移"周游世界，同时也避免了人流拥挤和长途劳顿。一键便可以实现时光流转，穿越回古代长安城感受盛世大唐，领略不同时代的文化魅力，可以获得任意视角的游览体验，可以自主选择任意位置在山顶或在空中俯瞰，可以放大和缩小自己的视线，扮成蚂蚁或巨灵神。

## 三、元宇宙是在中国文旅业的新探索

### （一）张家界元宇宙研究中心挂牌

2021 年 11 月 18 日，张家界元宇宙研究融合发展研讨会暨张家界元宇宙研究中心挂牌仪式在武陵源区大数据中心吴家峪门票站举行，张家界自此成为全国首个设立元宇宙研究中心的景区。张家界元宇宙研究中心设置在了张家界市武陵源区旅游高质量发展数字化转型工作领导小组办公室，"元宇宙研究"将成为武陵源区数字化转型的重要研究内容。

### （二）元宇宙主题乐园 ——《冒险小王子》

2021 年 12 月，由深圳童话爸爸文旅科技有限公司开发的国内首家元宇宙主题乐园将落地深圳光明小镇，项目计划三年总投资 75 亿元，带领 IP《冒险小王子》进入元宇宙时代。冒险小王子元宇宙主题乐园以《冒险小王子》原创主题形象和故事为核心，打造差异化，园区内各游乐设备结合时下先进的 AR、

VR 和全息投影技术，增强互动性和体验感，让孩子在身临其境的真实体验中玩乐、学习和成长。乐园预计 2022 年年底正式对外开放。此外，还有多家文旅景区和主题乐园开启了元宇宙的探索。

### （三）"404 元宇宙"文旅超级新物种

广东省文化科技深度融合领域的头部企业，在今年 9 月提出了 C 端产品"404元宇宙"的品牌矩阵，及赛博朋克为主体的娱乐文化综合体，使用赛博朋克文化中极具视觉冲击的符号元素，以科艺融合的表现手法，并囊括了近年来众多的小说、电影、游戏经典科幻 IP 内容，将其融入文旅场景之中。时空旅行沉浸影院是"404元宇宙"品牌布局的招牌业态之一，深受观众欢迎。它通过"5G+"和裸眼 3D、机械动感等前沿技术手段，结合精细化的内容制作，实现真实的体感、触觉、嗅觉、听觉和视觉的沉浸式全感官刺激与体验，让观众乘坐时空旅行专列穿越时空，融入角色，忘却自我，体验山崩地裂、沧海桑田、斗转星移、古今文明的宏伟与震撼、惊奇与刺激，成为合作目的地的文旅体验新潮爆点。

# 第二节　元宇宙拓展文旅边界

元宇宙的特点和属性未来可能将颠覆人们对传统文化和旅游的认知。随着元宇宙各项技术和基础设施的发展，线上与线下将被彻底贯通。未来，虚实相融、相互平行的数字世界将成为"人类第二空间"，人类的现实生活可能会大规模地向元宇宙这一新空间迁移。互联网和数字化不仅使旅游的体验更加深度化，而且能够为旅游提供新颖高效的传播渠道，精准捕捉游客的消费需求 [26]，并为智慧旅游新业态提供技术支撑，元宇宙将会极大地扩展文旅的资源和目的地。

## 一、增强现实技术创造数字景点

"眼见为实"的旅游体验是单一和有限的，"走马观花"的旅游使得景点背后的历史、文化和各种精彩纷呈的故事被错失。元宇宙"虚实结合"的理念能够帮助景点获得"重生"，借助 VR/AR 等增强现实技术、移动电子设备等，物理景点的可探索性将被大大提高。元宇宙会扩展文旅目的地，让旅游在虚拟世界和现实世界同时实现。元宇宙将重新定义旅游目的地的概念，未来可旅游参观的景点将不仅仅指代地球上的一个角落，火星或伊甸园也会成为未来的旅游景点。甚至人类情感指向的不可抵达的真实世界或从未存在的虚拟世界都会在元宇宙中被创造出来，成为一种全新的文旅目的地。

例如，自然历史博物馆通过 AR 应用改变了化石展览的形式。通过应用程序，访问者可以将手机覆盖在化石上，并看见动物"原地复活"，与化石有关的背景也将栩栩如生地被展示出来。类似技术将被应用于景区的展览展示，想象眼前的古建筑在你面前拔地而起，或眼前历史人物"活过来"，并与你热情互动。

## 二、数字孪生技术复原传统经典

通过构建传统街区、特色景区的"数字孪生"驾驶舱可以作为基础的支撑底座，同时集成无人机遥感、地理信息、BIM 技术、虚拟仿真、SLAM 技术等前沿技术，融合多尺度、多分辨率、多源空间数据、城市时空大数据、城市物联感知数据，从宏观微观、室内室外构筑一个高精度、多耦合的空间数字化管理平台。通过数字孪生技术，搭建中国场景，向世界展示中国悠远的历史与文明，积极打造"中国形象"虚拟 IP，促进中华文化的对外传播。

### （一）地理空间环境数据采集

基于倾斜摄影测量的三维建模方式对区域周边环境数据进行采集。真实反映区域内建筑、交通、水系、植被、地形地貌等主要的特征，同时可以对区域内的所有特色景观、历史建筑和文保点实现一图统览。

图 4-4　区域地理空间数据采集

### （二）重点建筑精细化扫描

利用先进的测量技术，获取高精度的特色建筑点云数据，精确采集建筑的几何数据信息和空间位置信息，完整记录区域内整体的原始风貌，并为后期的建设和管理积累数据基础。

图 4-5　重点建筑扫描孪生

### （三）历史建筑构件 BIM 数字化

借助 BIM 技术，实现历史建筑构件的 BIM 数字化，实现三维实体模型和历史建筑内部构件的高原真性复刻，构件信息的精准赋予。古建 BIM 模型的建立将有助于实现多维信息的有效记录和永久留存。同时，数字孪生技术亦可赋能园林古建的保护。北京佳木青和旅游规划设计院和中国国家园林博物馆共同对中国园林古建形成"文创＋科创"的课题，对中国园林古建筑通过遥感、扫描、建模，形成数字资产，为元宇宙的建设提供底层呈现形态上的支撑。

## 三、技术迭代革新文化体验

如今，随着以元宇宙为代表的新媒介的出现，人类已经悄然进入了元宇宙创新文化的时代。国内数字文化产业的发展以技术驱动为主，技术创新颠覆了原有的产业边界和价值创造模式，为产业发展提供了新的动力。以元宇宙概念引导的场景创新整合时代已经到来，为数字文化产业的产品创新和业态创新带来了新的想象空间。不同时代拥有不同的发展技术，造纸术和印刷术带领人类进入了纸媒阅读时代，数字技术和互联网打开了数字阅读时代的大门，随着技术的迭代革新，以元宇宙为代表的新兴数字技术将迎来什么样的全新时代？

元宇宙将在未来 10—15 年落地成真。未来，可借助数字孪生和虚拟现实技术，元宇宙可以创造一个新的身临其境的图书馆场景，在这个场景中，所有的读者都被赋予了真实的身份。每位读者不仅可以"沉浸"在数字化的馆藏资源中，也可以进入由图书馆打造的知识社区，与不同的人参与互动交流活动。此时，图书馆不再是传统意义上的图书馆，元宇宙极大地拓宽了现实世界图书馆原有的概念。打开图书馆的正确方式应该是一键登录，而不是传统人工线下借阅的方式。随着元宇宙时代的到来，人们的生产、生活及文化的发展会产生颠覆性的变化，想象一下，在元宇宙的文化世界里，你可以来到罗马广场和苏格拉底交谈；你也可以坐在杏坛之下，听孔子传授《论语》之道；你可以穿越太阳系和银河系，经过银河系可亲眼目睹各大宇宙万年来，甚至亿年来的更替演变；你也可以在半小时内，从"神"的角度看到地球 46 亿年的演化历程等体验。元宇宙让这种跨越时空的阻隔，摆脱现实的束缚成为可能。

## 第三节　元宇宙突破感官限制

元宇宙是通过视觉、嗅觉、听觉、触觉以及味觉，让五感在异次元空间感受多元刺激，强调心智、身体和环境三位一体的互动，场景的搭建为全新体验提供土壤，虚拟技术重塑了现实身体，而心智的达成则依赖物质技术的加持，从感官到触觉，从外在体感到内在意识，通过多感官刺激，激发和衍生出更多意想不到的作品，来满足客户多元化的需求。

### 一、虚拟现实开拓文旅新体验

2021 年 6 月 2 日，文化和旅游部发布《"十四五"文化和旅游发展规划》，提出"将定制、体验、智能、互动等新兴消费模式融汇至沉浸式文旅体验中"，意味着沉浸式消费与数字文旅的融合将迎来重大发展机遇。

根据对 Z 世代人群的调研,相比于无效社交,现在的年轻人更倾向于和共同爱好者进行交流。因此,深度的游戏玩家将成为第一批文旅元宇宙虚实共生场景的用户。在线上经过相同的体验后,在熟悉场景的线下社交则会水到渠成。目前正在筹建的苏州项目"姑苏喵喵城"和北京项目"八臂哪吒城"是"赛博天空 2077"文旅元宇宙项目的线下实体,将于 2023 年面世。姑苏喵喵城是一个拥有 21 层,高度达 100 米的游戏动漫综合体,也是 2077 年移民火星的人寄托对地球"乡愁"的火星城邦设计,将苏州的阊门、寒山寺、拙政园等代表元素解构和重新设计后,折叠建造成一座 100 米高的垂直山塘街,文财神范蠡、西施等苏州人物故事也融入其中。不同于主题乐园在同一平面划分 IP 领地,喵喵城将楼栋的每一层都打造为一个宏大的 IP 宇宙。在这里,主题餐饮、民宿、酒吧、主题店、互动场景等一应俱全。对于受众来说,拥有吃、玩、住等消费业态能够让消费体验完整且不间断,从而在最大程度上保证了元宇宙世界所带来的"不出戏"体验,达到深度沉浸的效果。

## 二、打破时空提供文旅新趣味

元宇宙打破当下旅游场景的体验模式,无论是酒店、景区、影视基地、古镇还是邮轮,这种依托项目既有空间形态加持沉浸式体验的模式,元宇宙将会打破时空限制,极大地增强各地旅游风景区的趣味性和沉浸感,人们无须挤在人山人海的景区就能感受各地美景。

以数字孪生的方式生成现实生活的镜像,搭建细致丰富的拟真场景,使得游客在任何时间和地点都可以通过 VR 体验等数字呈现方式,参与到景区的活动和体验中。拟真场景会让公众从以往更倾向于单纯的视频、图片、音频等门槛较低的认知模式转化成感官的全方位链接。数字孪生技术扩大了游客交互的时间和空间维度。

## 三、多元联动催生文旅新业态

文化和旅游资产可以通过元宇宙,将会给我们带来很多意想不到的惊喜和巨大的机会。元宇宙使景区空间场景虚拟重构、文创数字重构等成为可能。不仅仅是创造形象、表演、互动，同时还会持续不断的创造数字内容和经济价值。这样一方面既解决了某些旅游吸引物不可再生的问题，另一方面又通过重构使其具有数字资产的价值，现有的数字藏品就是区块链技术催生的新的文旅业态。

数字藏品是基于区块链的数字确权技术，对数字资产的产权保护有重要的意义。如今各大旅游景点都通过不同的渠道发行了自家 IP 的数字藏品，故宫、敦煌等知名旅游 IP 已经发布数字藏品，未来也可能会有越来越多的 IP 加入数字藏品的行列，因为数字时代是未来的发展趋势，而数字藏品作为数字时代的重要价值标的物，是品牌 IP 布局元宇宙产业的敲门砖。

《大唐·开元》项目依托于深厚的历史文化底蕴，有独特的 IP 价值，数字光年也在打造探索创新 IP 衍生品与元宇宙之间的桥梁。2021 年 11 月，蚂蚁链宝藏计划上线了西安首个 3D 建筑模型的数字藏品"大唐开元·钟楼""大唐开元·小雁塔"，《大唐·开元》系列数字藏品以 3D 的形式最大限度地还原古建筑形态与细节，阐述古建筑背后深厚的历史性与艺术性。据悉，该系列数字藏品共发行 10000 份，上线后"秒罄"。

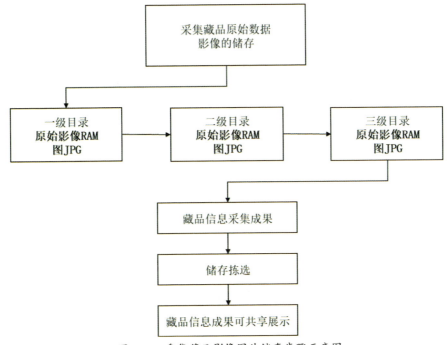

图 4-6 采集藏品影像图片储存步骤示意图

支付宝鲸探、腾讯幻核、小红书藏品、京东灵稀数字藏品平台、bilibili
发布鸽德系列藏品、爱奇艺藏品平台、周杰伦个人NFT、起点中文网发布"打
更人"数字藏品、中国各大博物馆藏品、武夷山数字藏品、北京八达岭长城
数字纪念票、北京冬奥数字藏品、杭州亚运数字藏品、央视财经数字藏品、
新华社数字藏品等各大平台纷纷上线。可以说，数字藏品成了景区元宇宙技
术变现的成功尝试。

### 四、元宇宙催生新的营销手段

元宇宙打开了文旅场景运营的新思路，多项科学技术的叠加应用，可以让
消费者先虚拟体验，了解各个细节，再决定去不去，目的地的营销推广将更多
依赖自身的虚拟空间建设。

AR创意互动营销，生动传达品牌信息，景区还可以使用AR营销做花
样推广，创造全新的营销价值，让品牌信息更生动更深入人心。据国外研
究机构Vibrant Media的调查显示，73%的消费者称，在AR、VR类广告中
体验旅游和度假胜地的感觉非常好，AR、VR沉浸式广告的互动率比2D广
告高600%，内容回忆率高700%，品牌回忆率高2700%。由此可见，搭载
AR技术的线上、线下广告作为一种全新的互动营销模式，为景区营销方案
创新提供了新的思路，其在旅游景区宣传推广上的传播效果具有十分明显
的优势。因此旅游广告业正积极拥抱AR技术，尝试给消费者带来新感受
和新体验。[27]

## 第四节　元宇宙赋能场景设计

元宇宙或将成为人类生存的第二空间，并为人类提供另一维度下的全新
生活。随着音乐、游戏、动漫在内的数字内容产业进入更高的发展维度，现
实与虚拟的深入融合已经是大势所趋，以VR、AR、AI、区块链为基础的元宇
宙给文旅场景带来了更大的发挥空间。对于内容方面来说，艺术内容表达在
虚拟场景中的应用范围大大增加，就现场演出而言，也新添了一个更具想象

力的表演空间。在元宇宙这种新锐技术的带领下，音乐行业的消费方式正在被颠覆。

## 一、元宇宙赋能大型演艺秀

由于近几年多媒体技术、虚拟现实技术、增强现实技术、三维实景技术、多通道交互技术等新科技在舞台上的应用，使得旅游演艺的行业产生了巨大变化，直接影响观众的观演行为，并且将表演艺术、视觉艺术、舞台呈现制造出新的花样，给观众打造出更炫酷更沉浸的体验环境。不单在空间上对传统旅游演艺做出了突破，更是从故事文本、观演关系等方面提出了新的美学追求。

这种高科技元素与旅游演艺的高度融合，让新技术相结合的沉浸式体验旅游演出得以产生。沉浸式旅游不是一个由传统旅游方式表达的旅游形式，它完全依靠把观众带入到活动里面，不仅是视觉、听觉体验，更是一种全新的情境体验式的旅游形式。不仅仅是完成一个维护结构，实际上也是演出的一个延伸、铺垫，让观众在行走的过程中，在进入场地之后、离开场地之前都能感受到演出带给游客的全新体验。亚洲首个沉浸式跨国夜宴"奇妙·夜德天"，全程夜游体验互动共75分钟，十一幕动线故事是给"你爱TA"的一场造梦体验，穿越千年的爱恋，做一场美梦，看着唯美爱情故事，情定亚洲第一大跨国瀑布。不一样的美景有不一样的互动体验，"奇妙·夜德天"借助高科技的声、光、影、游戏互动、故事情节演绎等手法，还原古时生活习俗文化传承遗迹，最神奇的地方就是可以全程参与在游戏中，沉浸在这浪漫的爱情故事中。元宇宙场景下，利用流水声、风声、雨声等多声道音效，辅以光影的变幻，赋予新的发展动能，让人全方位的参与到故事中去。

## 二、元宇宙赋能艺术展览

艺术结合元宇宙是新的发展趋势之一，借助线上的力量和互动的优势，能将展馆的魅力充分展现出来，激发出远超线下的活力。苏州寒山美术馆举办了国内首个美术馆级元宇宙数字艺术展，这个名为"分身：元宇宙"的艺术展，是国内首个美术馆级的、元宇宙生态下的数字艺术探索展。整个展厅共分为"社区化元宇宙""生物圈元宇宙""平行式元宇宙""非定域元宇宙"四个不同的板块，同时运用"互联网+VR+AR+MR+AI+游戏引擎"等技术媒介，展现了"网络分身"在一个平行交叉于现实世界的数字宇宙中的当下生态与未来境遇。

自新冠肺炎疫情暴发后，博物馆全面闭馆，直至2020年3月中旬才陆续开放。疫情防控常态化的今天，游客亲临博物馆开始变得有困难，在此背景下博物馆便开始加速与互联网、新技术、新模式的联动发展，推动博物馆游览方式进行革命性升级。

博物馆的数字化浪潮，早在21世纪初就受到国内博物馆学界的注意。经过十余年的积累，加之近年全球疫情的严峻形势，国内外各大博物馆纷纷把藏品、展览数字化作为工作的重心之一，如今已经积累了一大批宝贵的数字资源。2020年至今，除了"十四五"规划中对于博物馆数字化的布局外，我国关于博物馆行业和文化产业总体发展的重要政策包括2020年11月的《文化和旅游部关于推动数字文化产业高质量发展的意见》，2021年5月的《"十四五"文化和旅游市场发展规划》，2021年5月公布的《关于推进博物馆改革发展的指导意见》以及2021年8月的《关于进一步推动文化文物单位文化创意产品开发的若干措施》中都将数字化工作贯穿博物馆改革发展的全过程。

疫情的影响，市场的导向催生"互联网+展陈"，出现了"云看展""考古盲盒"等新兴业态。考古盲盒受市场追捧，得益于国潮文化的兴起。考古盲盒不同于潮玩盲盒，拆盲盒的过程同样在"考古"。考古盲盒是由河南博物馆率先打造的文创产品，把时下流行的盲盒概念与文物相结合，消费者通过迷你洛阳铲、挖掘棒、小刷子等工具从整块土中将文创版的"文物"刨出来，在家实现"考古梦"。

### 三、元宇宙赋能商业会展

在新媒体营销、AR/VR虚拟现实软硬件技术、娱乐和游戏领域，元宇宙的发展更为人们所关注，但是在会展行业，随着线上与线下相结合的虚实融合会展不断深化，元宇宙早就成为会展内涵和外延的一部分。各类元宇宙的应用给线上会展提供了一个新的升级迭代方向，实现社交和交易闭环。

元宇宙概念渗透在艺术展览方面主要表现在虚拟空间、虚拟物品、虚拟人物、虚拟展品等各个方面，如今数字化身 Avatar、数字藏品、虚拟数字人、AI 智能客服已经不再是陌生的词汇。正是基于元宇宙数字基座和数字会展平台的融合，让虚拟时空和虚拟体验得以发生，让虚拟身份和虚拟意图得以实现。元宇宙会展本质上是虚实融合会展的升级版，元宇宙会展很好地结合了实体物理世界和虚拟数字世界。在实体物理世界和虚拟数字世界中，展会的展现形式、互动方式、数据追踪、展示时长等诸多方面都存在很大不同，如下表 4-1 所见：

表 4-1　虚实展会区别一览表

| 类别 | 实体物理世界 | 虚拟数字世界 |
|---|---|---|
| 展现形式 | 物理的、实体的、印刷资料 | 数字的、虚拟的、电子的、可搜索、收藏展品 |
| 互动方式 | 面对面的参观、交流、洽谈 | 虚拟漫游、打招呼、交谈、点播视频、电子名片、资料下载 |
| 数据追踪 | 通过摄像机、RFID 等形式生成热力图，获取访客信息，依赖高成本的互动行销手段 | 通过数据埋点进行行为跟踪，虚拟浏览量和获得个人习惯化精准数据 |
| 展示时长 | 以一次性参展为主（1—5 天） | 可以长期在线（7+24+365），长期使用，平摊成本 |
| 商机获取 | 实体展期内依靠洽谈来分辨 | 全年的,长期的,潜在观众和商机更多,数字化全销路的留资和商机获取 |
| 碳排放 | 浪费大、碳排放很高 | 碳排放可忽略不计 |
| 成本结构 | 设计＋实体制作＋运输＋拆卸 | 设计＋系统集成＋网络资源 |

续表

| 类别 | 实体物理世界 | 虚拟数字世界 |
|------|------------|------------|
| 服务方式 | 线下参展人员（销售等）+志愿者 | 线上人工客服+智能客服+可集成更多数字化服务（比如运展系统、CRM系统等） |
| 展品数量 | 有物理空间限制 | 理论上没有上线，随时更新 |
| 体验感 | 线下面对面互动交流体验高 | 线上虚拟预约洽谈和沉浸式互动 |
| 观众邀请 | 以主办方邀请为主，被动地等 | 可以发挥社交邀请，可以关联展商自己的注册系统，留取客户信息 |
| 灵活性 | 一次性成型不可更改 | 可以快速修改、支持自定义修改 |
| 商业模式 | 有限 | 充满想象力，比如NFT数字藏品，数字资产 |

元宇宙时代,新兴数字技术丰富了会展的边界和外延,促使会展线上、线下的"双线"融合。虚实融合会展不仅是一次全新的场景革命,还是生产和交流方式的革新;不仅是线上与线下技术的融合,更是一种新的商业模式的融合;不仅是实体产业与虚拟产业的融合,也是传统经济与新经济的融合;不仅是应对疫情服务展商、观众的有效举措,更是提前布局十四五数字中国建设和企业数字化转型和应对危机行之有效的战略举措。

# 第五章　元宇宙赋能文旅行业发展构思

　　河北省文化和旅游厅党组书记、厅长那书晨表示，元宇宙作为集互联网、大数据、云计算、人工智能、区块链以及虚拟现实（VR）、增强现实（AR）等技术于一体的集成创新与融合应用，成为科技创新发展的下一增长点和产业发展布局的重点。各级文化和旅游部门要认真学习元宇宙知识，了解元宇宙未来生活场景以及元宇宙的未来发展机遇，特别是元宇宙在文旅数字化发展前景中的应用。要充分认识元宇宙在文旅数字化发展中的重要作用，按照新发展理念和高质量发展要求，创新驱动，科技赋能，不断推动河北文化和旅游高质量发展。[28]

　　元宇宙的发展将打破时空的限制，极大地增强各地旅游风景区的趣味性和沉浸感，为世界带来全新的技术变革、文旅业态、消费模式、智慧旅游体验。加速文旅行业吃、住、行、游、购、娱的商业发展机会，打破传统文旅行业的发展现状，促进文旅行业新格局的形成。

　　但是我们既要看到文旅元宇宙的潜在机会，也要看到文旅元宇宙的可能威胁。就像当年的火药一样，人们可以用来开山裂石，造福人类，也可以用来发动战争，生灵涂炭。例如人们可以在虚拟世界中完全沉浸，感受极致的生活娱乐体验，使身体与灵魂最大程度地放松，却也可能沉迷于数字化的虚拟世界中的"精神鸦片"，迷失自我无法面对真实世界，进而扭曲心灵干扰社会秩序等。在人类推动科技进步的过程中，利与弊的讨论是永恒不变的话题，所以人们应把握机会的同时做好充足的准备，争取在文旅元宇宙时代，找到属于自己的独特机遇。

## 第一节　新发展机会：元宇宙时代下的全新赛道

　　2021 年，元宇宙这一概念横扫全球，许多巨头企业如 Meta、微软、腾讯和百度等纷纷将元宇宙纳入公司发展战略。当浪潮下的元宇宙遇上百废待兴的旅游业，正是时代给予的契机，文旅元宇宙将助力旅游业转型和复苏。

在元宇宙的推动下，网络通信、虚拟现实、人工智能、区块链、数字孪生等技术迎来了爆发式增长，催生出了更加多元的文旅业态，例如新型的线上旅游模式，在元宇宙世界人们无需出行，就可实现周游世界的目的，既避免了旅途的舟车劳顿，也阻断了新冠疫情的传播。随着数字藏品的诞生，人们的消费模式也由传统的线上购物向虚拟购物转换，革新了人们的消费形式，增加了人们对消费场景的选择体验，也带来了更加智慧化的旅游模式，不论是游客端还是企业端，都带来了极大地便捷。可以看出文旅元宇宙的诞生为当前的旅游市场带来了新的刺激点，助力文旅行业向数字化转型。

## 一、技术创新更迅猛

科学技术的进步是推动元宇宙发展的基础支撑，同样，也正是因为元宇宙的浪潮，加快推进了技术的发展进程。近年来，全球各大企业都纷纷开始布局元宇宙，大力发展元宇宙相关技术，在网络通信、虚拟现实、人工智能、区块链等技术领域不断创新突破。

为加快元宇宙建设，各国积极发展 5G 网络通信技术。在速度上，5G 网络速度是现在 4G 网络速度的 100 倍。延时上，5G 网络将网络延时从原来 4G 网络的 30-50 毫秒缩短到了 1 毫秒，极大地实现了网络的低时延、高速率。为了实现沉浸、便捷的虚拟体验，虚拟现实技术从最开始的没有任何运动跟踪功能，仅为佩戴者提供 3D 立体图像和完整立体声的厚重头戴式显示器，逐渐发展为视觉效果更加真实、清晰，重量也更加轻盈的头戴装备。人工智能的存储能力和计算能力越来越强大，甚至可以实现自主学习，并具有视觉、听觉、触觉等感知能力，人工智能也已经逼近甚至超越人类。另外区块链、数字孪生、物联网等技术的发展，推动了数字藏品、景区运营等多种业态的出现，迎合了文旅行业最新的市场需求。

## 二、文旅业态更多元

文旅元宇宙的出现将重塑传统的旅游模式，为人们提供更加多元的旅游业态，增强人们的出行娱乐体验。元宇宙是与现实世界相映射和交互的虚拟世界，在映射和交互当中，人们会感到陌生又熟悉、冒险又安全、身临其境又可以随时离场，这种感受本身就很符合旅游活动所追求的体验。

文旅元宇宙带来的多元的旅游体验，其一是，人们不再拘泥于现场和瞬时，摆脱时间与空间的限制，在文旅元宇宙构建的"第二空间"中，人们的旅行时间、场地将更加自由，不再受限制于天气、交通等因素；其二是，人们的实地旅行将更加沉浸，如旅游景色、场景、道具的虚拟，还有 NPC、游客交互参与、沉浸式体验等，这些对提升旅游产品的体验来说，具有一定的激发效应；其三是，虚拟偶像将打破传统的演唱娱乐模式。为人们带来全新的休闲娱乐体验，在家就可以享受偶像的现场演唱，甚至可以实现与"爱豆"的同台表演等。文旅元宇宙带来的文旅业态不止于此，还包括沉浸式餐厅、数字藏品等多元化的应用场景。相信多样的文旅业态将会给消费者带来耳目一新的体验，让文旅元宇宙真正运用于日常生活之中，随着文旅元宇宙的成熟，未来或许还将催生出更多沉浸互动的新玩法、新业态。

## 三、消费形式更多样

随着文旅元宇宙的衍生品数字藏品的火爆出圈，打开了新型消费形式的未来之门。从河南博物院的 3D 版数字文创"妇好鸮尊"到西安曲江大明宫国家遗址公园的"宇宙·千宫"系列数字藏品，再到云南旅游官方助手"游云南"上线"云穹"数字藏品品牌，并发布建水紫陶"兽耳方尊"，数字藏品为人们的消费模式带来了新的想象空间。

互联网的诞生改变了传统的线下购物模式，元宇宙的发展也必将突破时代的枷锁，为人们的消费模式带来更加多样的体验。在元宇宙时代，人们可以购买文化数字藏品，相比馆藏文物或字画真迹，数字藏品可以让购买者以更低的价格在线上购买、观赏和收藏，而不用担心藏品的储存保管、赝品仿冒等困扰实物收藏者的诸多问题，让普通人特别是年轻人有机会体会到收藏的乐趣，并激发人们走进线下景区及博物馆的热情。也可以租赁和买卖元宇宙世界的土地，与现实世界的地产行业一样，可以将土地用于运营或者投资。更可以为元宇宙世界代表自己的虚拟人物形象购买手表、服饰等，利用外在的装扮随心所欲地塑造真实的自我。元宇宙时代下消费模式的多样性是互联网各平台购物模式的升级版，是科学技术发展的产物，也是互联网进程的必然。元宇宙在内容及场景方面进行创新，打破了生活场景的边界，为人们带来了多样的消费体验，极大地增强了人们的生活趣味，为人们创造了更加多元的生活方式。

### 四、旅游管理更科学

如今，伴随着文旅元宇宙的热潮，智慧旅游逐步成为文旅产业重要的发展方向之一。通过元宇宙技术的加持，文旅行业与用户双端在管理、体验层面都将迎来明显的提高。从管理端来看，元宇宙能够帮助文旅实现全方位监管与全流程服务，使服务、活动、产品、内容等变得更加透明、开放和可控，线上、线下服务监管效率能够大幅提升。从用户端来看，通过元宇宙技术在虚拟世界打造旅游宣传推广内容，能够让游客通过 AR、VR 等虚拟现实技术感受景区的环境与氛围，在实地旅行前抢先游览景区实景，避免发生"踩雷"的情况。

线上的智慧旅游可以实现旅游资源的信息化。不可再生性是文旅资源的核心价值所在，这在成就文旅资源极高的知名度和影响力的同时，也意味着它们对人的吸引力同样是不可再生的，一旦过度开发，就会造成无法挽回的损失，这也是制约文旅产业发展的关键因素。元宇宙技术能够通过数字化方式对各类文化遗产进行挖掘、保护、传承，不论是名胜古迹、珍贵文物还是文创产品，在元宇宙的世界中都能被完整复刻出来，为文旅产业发展提供资源支持的同时，兼顾资源的保护和开发功能。

## 第二节　新商业机会：不同角度存在不同机会

十几年前，随着互联网的普及，出现了大量新的商业机会，成就了许多中国的顶级企业，如腾讯、阿里、京东、新浪等企业，他们抓住了时代的机遇，实现了财富的逆袭。现如今也面临着同样的机会，随着疫情的常态化，数字文旅产业越来越被各地作为推动产业高质量发展的重要抓手。2022 年 4 月，河北省文化和旅游厅召开"元宇宙·计算机看懂世界"理论中心组学习扩大会议，组织学习元宇宙知识，推动全省文旅数字化发展。[28] 在系列政策和 5G、人工智能、AR、VR、区块链等技术的支持下，文旅产业有关场景的时空体验得以不断延

图 5-1　文旅元宇宙六大商业机会模式图

展，云看展、云旅游、线上数字藏品、虚拟"数字人"等各种各样的数字化旅游形态逐渐兴起，数字文旅逐步成为文旅行业转型升级发展的主要方向。文旅元宇宙，将打破时间和空间的限制，实现虚拟与现实的转换。

　　站在时代更替的关键时刻，处于历史的十字路口，时代更替所带来的红利是我们不能不关注的。文化旅游产业与元宇宙的联系甚是紧密，元宇宙也将为文旅产业的发展带来前所未有的机遇，这个关键时刻，也是文化旅游产业顺应时代发展，快速调整自我和发展自我的关键时刻。吃、住、行、游、购、娱作为旅游活动必不可少的六大板块，均将受到元宇宙的深远影响。场景消费、体验消费将成为元宇宙中的重要消费方式。

## 一、文旅元宇宙——吃

　　美食，是旅行中的重要一环。在旅行的过程中，吃饭就像看一场电影，获得一次身心愉悦的餐影体验，可以提升整个旅程的幸福感。随着人们生活水平的提高，单纯味觉的享受已经无法满足当今游客的需求，对于年轻消费者而言，他们渴望更有代入感、互动性强的消费体验。而沉浸式餐厅或许就是实现这一

要求的突破口，成为重新定义旅游餐饮的新方式。

沉浸式餐厅主要通过借鉴影视、艺术、科学，技术和设计领域的元素创造出戏剧性的感官体验，从味觉、视觉、嗅觉、触觉等多方面带给游客全新的用餐体验。

例如位于荷兰的第七感餐厅，利用 3D 全息投影技术营造出的"大海"，创造出非同寻常的就餐体验。餐厅设置在一座古老的教堂内，走进餐厅的你会发现，这里与外界已经形成强烈的区隔，教堂的墙壁上投射出云层、花朵、海底世界，甚至用来摆放美食的餐桌，也成了 3D 全息投影的载体。每道菜上桌的间歇，餐厅会根据菜品的特色调整投影内容，所有人都在静静的观赏，沉浸在双重的享受中，无聊的等待在这里根本不会存在。食客在享用星级大厨手艺的同时，也在这个超现实世界中，得到了视觉上的极大满足。第七感餐厅颠覆了传统餐厅单一的味觉体验，将视觉、味觉、听觉的全方位感官体验全面升级。如果能够在技术层面上加入动作捕捉技术，通过捕捉食客就餐动作，让投影内容与食客实时互动，触发更多互动场景，增加整体的趣味性。未来随着元宇宙的发展，沉浸式的感官餐厅越来越受到年轻人的喜爱，或将引发新的商业浪潮。

## 二、文旅元宇宙——住

只要是有人的地方就会有酒店的存在，酒店行业与人们的生活息息相关。酒店的来客也极其广泛，包括学生、夫妻、亲子、大家庭等，通常都是到某地旅游，到某地观看演唱会或者与朋友相聚等，他们对酒店的要求也在不断地提高。但充斥大众视野的传统酒店，甚至众多星级酒店，无论是建筑设计、酒店布局，还是设计手法、风格装饰都严重缺乏特色和创新性，没有独特出众的设计理念，这与新时代的市场需求严重相悖，缺乏吸引力的酒店行业的发展面临瓶颈，亟须创新产品拯救市场。

此外，后疫情时代也促使长途旅行需求不断下滑，本地化休闲消费强势崛起。以本地客源为主的新业态，意味着酒店需要摆脱传统的住宿业态，把趣味性放在首位进行创新性策划。不是为了旅行而住酒店，而是为了新鲜的酒店体验而消费，从旅游住宿到娱乐空间，功能转换的背后是消费需求和市场风向的转变。

### （一）智慧化酒店

在高速发展的互联网 3.0 时代，智能化的理念不仅深入人心，更是直接改变和创造新的产业结构和发展潮流，万物皆可互联的理念也开始融入此前较为传统的酒店行业。越来越多的酒店从业者也变得更加积极主动地参与到智能酒店的建设当中。

对于酒店的选择，传统上用户只能通过手机页面的图文介绍进行了解，无法真实感受酒店的环境卫生、周边配套等情况，极有可能面临图文与实物不符的情况，入住体验完全依靠运气。而智慧化的酒店选择就"真实"得多，用户线上就可以沉浸式体验酒店的环境与卫生，不再依靠运气，而是依靠真实的体验感进行选择。智慧化的酒店不仅入住前提供沉浸式的选择方式，入住酒店的过程中也是全程服务，为客人提供人性化服务及更为舒适安全的环境通过远程网络控制，让客人入住时感受到"宾至如归"的待遇。在客户入住到酒店客房中，客人通过智能语音交互就可以控制房间内的空调、灯光、以及电视等，还可以定制酒店信息、客房点餐、语音送物、维修服务、投诉服务等。智慧酒店无微不至的人文关怀及个性化需求满足，使用户每次入住都能体验宾至如归的服务。未来的酒店竞争，不仅比酒店的设施与装潢，也是比酒店智能化系统的完善程度，对于拥有完善的智能化系统的酒店，一定会在同行业的竞争中脱颖而出。

### （二）沉浸式"客栈"

随着文旅元宇宙的发展与进步，酒店行业即将打破传统酒店行业的局限，开启"趣味至上"的新型沉浸式酒店。"沉浸式"酒店不仅仅是在服务上满足顾客的需求，更多的是在感官上给顾客带来心理上的震撼，抓住顾客的"胃口"，促成从"一次性"消费达到"二次"消费的目的。

例如位于美国佛罗里达州的奥兰多迪士尼园区的"星球大战：银河星际巡洋舰"主题酒店，作为全新星战主题园区"银河之刃"的一部分，与园区进行无缝衔接。当游客进入这家酒店时就等于参演了一部沉浸式戏剧。酒店的外观被打造成了战舰的形态，充满未来科技感。每一位工作人员都有自己在星战中的专属角色。而通过"超空间旅行"进入最终飞船的乘客，也可以选择自己青睐的角色以及相应的服饰造型。整个旅程中的情节发展也是根据游客做出的选择推动展开，完全是定制体验。每位到访的客人所体验到的都是不一样的情节，游客们在冒险中所做的选择，将决定自己在星战中的故事发展。除了团队协作，其中也穿插着独立任务，甚至可能还会和陌生乘客一起策划一项秘密任务。这里拥有100间"客舱"，分为标准客舱、银河级套房、机长舱房三种房型。透过客舱的窗户（实际是巨型LED屏），乘客可以看到时刻变化的太空之景，仿佛真的航行在银河系之中。

从旅游住酒店，到住酒店旅游体现了一部分年轻人旅行心态以及生活观念的转变。在他们看来，旅行是一种放松自己的生活方式，是远离工作环境，随心所欲地掌控自己的时间。需求决定市场，未来随着文旅元宇宙的发展，酒店的新型体验也将越来越丰富，相信酒店行业的转型必不可少。

## 三、文旅元宇宙——行

出行作为人类基本的生活需求之一，对社会的影响可谓深刻而久远。从古至今，人类在出行方式创新与提升上的追求从未停止。如今，从个人生活上看，多元的出行工具与完善的出行网络极大地满足了人们在日常生活、工作、娱乐等场景中的出行需求。从国家经济上看，出行工具与出行网络构成的交通基础设施与通达能力，是保障与推动经济发展的基础设施，有利于促进国民经济的高效发展。经济发展同样带动出行需求的规模化增长，使城市交通变得更加拥堵，出行愈发低效。未来，随着生活质量的提升，民众对安全、便捷、高效、绿色、经济的出行需求也将越加强烈。面对日益增长的出行规模与质量需求，以及随之而来的严峻挑战，出行产业亟须一场技术创新、产品创新、模式创新的颠覆式革命，以实现出行效率、质量、体验等多方面的跃迁升级，创造更大的价值。

### （一）智能定制行程

在以云计算、大数据、人工智能、区块链为代表新一代数字化技术蓬勃发展的背景下，将传统交通运输业和互联网进行有效渗透与融合，形成具有"线上资源合理分配，线下高效优质运行"的新业态和新模式，并利用卫星定位、移动通信、高性能计算、地理信息系统等技术实现城市、城际道路交通系统状态的实时感知，准确、全面地分析梳理交通路况。[29]在元宇宙的大趋势之下，出行元宇宙将成为人类社会出行方式的第三次革命。

智慧化的出行体验现已萌芽，人们可以借助携程、美团、同程旅行等手机软件，制定出行计划，提前购买车票机票，避免影响后续出游计划。在未来的元宇宙时代，这种智慧化的出行方式将被进一步放大，无论是乘坐高铁飞机还是自驾，都将被录入大数据系统，并对出行人数、出行时间、出行路线进行分析计算，包括汽车高铁在内也都实行智慧化运行，避免出现人为误差，精细到秒的计算，以确保道路的畅通无阻，从而大大提升出行的速度。

### （二）虚拟出行体验

在元宇宙世界中可以享受虚拟出行的体验，游客可以实现线上多人同时游览一个景区，在虚拟空间中自由交流并续写新故事，甚至自由创造出一个完整的虚拟景区，构建全新的文明社区。通过数字化技术，让中国传统建筑能够在数字空间生动的复原和呈现，让虚拟与现实的世界产生互动开始，将所有真实世界存在的物理存在物、秩序、规则进行由实转虚的转换，让人类可以参与，让虚拟与现实的世界产生互动，最终构建一个与真实世界平行的虚拟数字世界，实现线上虚拟出行体验的目标。

畅想一下 2030 年你闲暇无事，通过端口登入虚拟世界，动动手指就能去任何你想去的地方游览、购物，享受和现实世界一样的商家折扣，甚至可以邀请异地的朋友一起逛街。每个个体的身份是有别于现实世界而独立存在、可以自由设定的"平行时空"，在这里人们可以实现超越时空的旅行。梦回一千多年前的大唐盛世，走在繁华的长安街道，耳边响起市井的叫嚣，伴随着霓裳羽衣舞，与李白、杜甫等传世名家吟诗作对，在这里仿佛穿越了时空的限制。也可同远在万千千米外的好友共同去到地球的最南边，感受极光带给你们的"灯光表演"，早晨于成都的街头过早，晚上赴挪威体验海捕，都将成为指日可待的现实。

## 四、文旅元宇宙——游

随着人们追求高度沉浸式体验的不断升级，对生活娱乐体验、旅游体验、工作体验等相关体验产品的需求越来越高，普通浅层次的体验产品已经无法满足人们的体验消费需求。沉浸式文旅消费模式在体验感、互动性与场景感等方面优势突出，迎合了消费升级需求。沉浸式旅游的出现，正是消费需求作用的结果。

### （一）实景再现式游览

传统的文旅体验中，游客只有一个单一的标签体验，即"游览者"，以被动观看和接受为主的单向的、一维的游览体验为主，很难形成真正的沉浸式体验。而沉浸式旅游通过场景营造和数字设备，能够提供虚拟场景体验和生理性的情感反应，这些都可以在沉浸式景区的产品内容生产上得到充分的运用。

虚拟与现实交融的沉浸式旅游不再是单一的观览过程，而是实景化的真实世界沉浸式体验，采用实景再现的方式，通过交互乃至多线性、多重叙事的体验，每位游客可以享受到迥异的场景、故事情节、角色身份，构建写实性故事情景的游览观赏、体验娱乐场景，营造具有真实感的物理空间，给游客创造一个超脱于常态生活的沉浸式休闲度假景区。并利用真实的演职人员和旅游演艺产品，助其产生强烈的自我代入感，让游客完成角色扮演、身份转变、情绪交流、文化探索、情景消费等真实且具有温度的游览，获得更有品质的旅游体验。游客可以根据自己的休闲假期安排，长期生活在景区里，在持续的沉浸式体验过程中，完成吃饭、娱乐、办公、运动等日常休闲生活需求。

### （二）双向互动式演艺

沉浸式演艺重新定义了观众与演员之间关系，打破了传统的表演形式，增加了演员与观众之间的互动，拉近了二者的距离，使游客沉浸式体验演艺的故事情节，增添旅游的趣味性。

浸入式戏剧的经典之作 Sleep No More（《不眠之夜》），在实景演艺的基础上，更加通过氛围的营造，声光电的运用和近距离的观赏，努力打破演员与观众之间的"墙"，让观众能够融入剧中，但因为在沉浸式演艺中观众是作为一个第三方视角存在，并不参与到剧情中，所以很难达到真正的"沉浸式演艺"。

目前，越来越多的文旅演艺行业在动态捕捉技术、VR/AR 技术的加持下，全息投影、光电声乐的配合中创造出一个高度沉浸的环境氛围，为人们单调的旅途增添无限趣味。尤其是在实景演艺领域，这种创新尤为突出，摒弃了传统的"你演我看"的单向演艺模式，增添了这种沉浸式的双向互动模式，让游客全身心投入故事中，强化旅游的体验和记忆。

未来随着文旅元宇宙的成熟，可以通过云服务算力网络及 XR 技术优势，让参与者达到视觉、听觉、嗅觉、味觉、情感、情绪、心理、生理等全方位喜怒哀乐的体验，打造"真正"的沉浸式互动戏剧的演艺，彻底打破对传统演艺的固化认知，让居家的观众在 5G、XR 等技术的加持下沉浸式享受"灵魂的自由"，开启元宇宙云端演艺时代。

### （三）沉浸式观展

数字化时代，虚拟数字展厅是必然的，虚拟展厅利用 Web3D+VR 技术，将展品放置到虚拟三维场景中进行三维展示，全方位打造 365 天全天候元宇宙线上虚拟展会云上展览纯三维虚拟空间，实现虚拟 3D 展厅在线互动体验，比起网上的图片视频，有着极高的沉浸式体验度，最大程度上提高线上展品在线展示的真实度和未来感。

VR 虚拟现实技术的全行业应用得到了社会的一致认可，VR 虚拟展馆的线上开馆模式，为消费者和商家带来了极大地便利，受疫情的影响人们无法参加线下展会，线上展会的出现让人们无须担心感染病毒的风险，随时随地打开线上虚拟展厅链接，这个举措将帮助众多会展企业成功完成数字化转型。

现如今，人们已经可以通过手机实现全景在线观展，元宇宙展厅通过链接在网页端打开即可任意浏览 VR 元宇宙展会，做到随时随地观看线上云展会，打破传统时间和地域上的限制，元宇宙展会赋予了超越现实展会的展览方式。戴上 VR 眼镜，手握交互笔，打开旅游软件，博山炉、雁鱼灯等文物摆在眼前，就像我们手捧着文物，每个细节都看得清清楚楚，文物旁还有详细的文字说明，观众可以享受到超越现场参观的视觉体验，实现与文物奇妙的接触之旅。

未来元宇宙时代，通过数字化手段铺展历史画卷，让观众随时随地在"云端"观展，感受千年历史文化，欣赏中华瑰宝。如同庄周梦蝶般，蝴蝶便是庄周在元宇宙的体现形态，人们在元宇宙中化身为"蝴蝶"，脱离"庄周"身份，身临其境穿越到过去仔细观察文物在时间长河中的历史，随时往返于金字塔与泰姬陵比较两种古文明的异同。

## 五、文旅元宇宙——购

随着区块链等技术的不断提高和突破，拓展了人类的想象力边界，传统的产品交易、线上购物已经无法满足新时代人类的购物需求。数字藏品这个我们迈向元宇宙时代过程中出现的一个衍生品，以及全新的线上沉浸式购物方式等，给传统的文化旅游行业带来新的发展契机。一个充满机遇与挑战的数字文化新世界，正在向我们走来。

### （一）线上"数字藏品"

依托区块链技术，虚拟世界的数字藏品，正在改变着人们对收藏的认知。阿里、腾讯纷纷布局该领域，相继开发了相应的平台，并卖出了不少文创产品。从目前的市场来看，文物、画作、音乐、玩偶、服装、卡牌、表情包等都可以做成数字藏品。不同的数字藏品赋予了不同的意义，比如名画、文物可以全景放大缩小以供玩家观赏，定制音乐可供用户聆听等。

《元宇宙与数字藏品认知度》显示，超过半数的朋友，对于"元宇宙只是个概念，忽悠人的"观点都坚定地选择了"非常不认同"。而接近六成的朋友都坚信"元宇宙的时代一定会到来"，只有不到3%的朋友"完全不认同"，同时，超过60%的朋友，已经拥有了自己的数字藏品，28%的朋友还在观望。在拥有数字藏品的朋友中，74.59%为20—35岁的年轻人，41—50岁的朋友居然只占到7.12%。而在没有拥有数字藏品的朋友中，20—35岁的年轻人同样占据了高达72.92%的比例。

在元宇宙的世界里，现实世界中的所有事物都将被数字化，而数字藏品似乎成了现实事物数字化和虚拟事物资产化的一块敲门砖。数字藏品作为区块链的一个重要应用，在赋能文旅领域将起到重要作用，像是故宫、三星堆等大IP的NFT拥有巨大想象空间。如为推广宣传冰雪运动，为北京冬奥会加油助力，去年底《国潮故宫冰嬉图》系列NFT以盲盒形式发售，每份价格29.9元，总发售数量35000份。《国潮故宫冰嬉图》系列NFT以故宫藏画《冰嬉图》为基础，用中国书法的笔触和泼墨晕染的效果，巧妙地将奥运5色元素融入其中，形成水墨画的背景，色彩明快，使得《冰嬉图》焕发新貌。通过这种艺术，将"故宫里的冬奥会"搬到大众面前，引领大众共同探索神秘而未知的数字艺术世界。

再如大唐不夜城高调宣布将打造历史文化元宇宙项目，"大唐开元"系列数字藏品，这是西安首个 3D 建筑模型的数字藏品。

随着裸眼 3D 屏幕、全息影像、VR/AR 等技术的进一步应用，数字藏品或许也有望在未来成为消费者与公共空间互动的钥匙。年轻一代渴望走向那个深度沉浸体验主导的虚拟社会，在这样的背景下，数字藏品的文化价值也正突破小小的屏幕。

## （二）线上"生活超市"

十几年前，随着互联网不断进步与发展，网络购物悄然兴起，我们的购物方式发生了天翻地覆的变化。人们由线下购物模式转向线上购物模式，网络购物的用户规模不断上升。截至 2021 年 12 月，我国网络购物用户规模达 84210万人，用户规模较 2017 年增长了近一倍，较 2020 年 12 月增长 5968 万人，占网民整体的 81.6%，在这个历史背景下，成就了大批的电商公司。

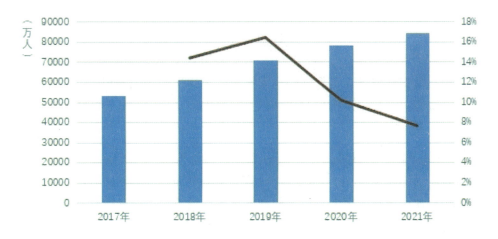

资料来源：CNNIC、智研咨询整理

图 5-2　2017—2021 年中国网络购物用户规模及增长率

现如今，随着科学技术的飞速发展，即将迎来新一轮改革，购物方式也将发生翻天覆地的变化，未来或许将兴起新的超脱空间限制的购物方式。传统的线上购物模式无法摸到物品的材质，无法近距离观看物品的细节，更无法嗅到物品的味道，未来新型的购物模式一定会由传统的线上购物转向虚拟空间的购物。人们在家就可以实现"超时空"的购物，走进虚拟时空的大型购物超市，遇到喜欢的衣服，摸摸面料，上身试试，碰见喜欢的零食，闻闻气味，尝尝味道，甚至可以与工作人员"讨价还价"，这将彻底改变人们的购物方式、消费模式，抓住元宇宙时代的机遇，将成就新一批的企业。

## 六、文旅元宇宙——娱

随着虚拟现实、人工智能等各种前沿技术的快速发展，加上疫情的影响，人们的出行受到限制，加上疫情导致的人们出行不便等因素的影响，促进了线下演唱会、观影、比赛、游戏等娱乐活动向线上的转化。元宇宙时代，便可以实现在家就可以和朋友们一起去到卡塔尔看世界杯，感受现场的气氛和直观的视觉等等；可以和真实的朋友一起进入游戏角色，置身于虚拟的游戏世界，完成一场刺激的游戏体验。在市场需求的导向下，将会吸引越来越多的企业和品牌加速布局"虚拟人＋线上虚拟场景"赛道，迎来更多商业化应用的落地。

### （一）"云追星"

2022年开年，乘着元宇宙的"东风"，虚拟数字人、虚拟偶像异军突起。清华虚拟女学霸华智冰、抖音美妆达人柳夜熙等越来越多的虚拟数字人席卷而来。"虚拟数字人"板块也掀起涨停潮，互联网巨头、上市公司、投资机构、新闻媒体纷纷出手，加速投注虚拟人，渴望占据先机。与真实代言人可能带来的风险相比，虚拟人无疑更加安全可靠，并且虚拟人是属于企业自己的数字资产，其投入后产出的回报永远不会流失，还会不断地增加企业的数字资产，而且与真实主播相比，虚拟数字人可以不间断的直播，更不会出现私生活混乱等"塌房"现象。启信宝数据显示，仅2021年国内就新增虚拟人相关企业超6万家。投资领域更是大手笔频出，2022年开年还不到一个月，虚拟人领域近百起融资累计金额已经超过4亿元。[30] 在已披露年报或业绩预告的26家公司中，19家公司2021年实现盈利，其中芒果超媒、科大讯飞、利亚德净利润在5亿元以上，7家公司出现亏损，其中奥飞娱乐、佳创视讯等4家公司持续亏损，云南旅游、星期六等3家公司由盈转亏。[31]

在元宇宙时代，将实现虚拟与真实的结合，让用户可以同迈克尔杰克逊一起跳舞，与科比布莱恩特展开篮球比赛，与迪士尼公主共进午餐，也可以在徐霞客的引导和讲解下去爬山徒步等，这都让文旅看到了更多消费变现的空间。元宇宙时代下，虚拟"数字人"将成为未来的发展趋势。

### （二）"云观影"

2010年3D版《阿凡达》的引进，使国民感受到一次视觉的革新，3D技术给"看电影"这件事情披上了华丽的外衣，为人们带来了全新的沉浸式观影体验。随着观众对观影视听体验要求的提升，"多屏""超广视角""沉浸式"等观影概念应运而生。有统计数据显示，2005年到2009年的银幕增长率都不到20%，而从2010年开始，就突然暴涨到30%以上，2011年更是涨到了48.4%，其中超过一半的增长都是支持3D的银幕。和十年前一样，当我们再说起未来影厅发展时，大家不约而同纷纷看好沉浸式影院的形式，而元宇宙发展下的沉浸式观影模式正是即将带领人们走进下一个新的观影时代。

以空间重构为驱动的新消费模式正在到来，以全感知和沉浸式为基点，紧紧抓住"体验"这个核心需求。沉浸式影院将基于影院原有的空间量身定制，从消费者体验属性出发，通过场景、故事以及游戏构建互动，通过五感（形、声、闻、味、触）刷新全感知。从消费者社交属性出发，满足交互体验、仪式感和新鲜感的社交属性。利用XR、5G等技术，结合现实的场景布置，模糊虚实的边界，打造"实体电影"的文化娱乐体验。成熟的XR、5G技术也将保证内容的更新迭代，为沉浸式体验提供了更多的新鲜感[32]，为资本创造了新的商机。

## 第三节　新文化场景：数字空间下的文化创新

当下，地理空间阻隔、交通受限、语言相异往往限制文化发展。借助于元宇宙，未来文化事业、产业、行业将摆脱地理偏远、交通不便、语言不通等障碍限制，让文化走得更远。因此，被元宇宙赋能的文化势必获得前所未有的创新发展。一是文化的展示将不再依赖传统实物，而是完全能够高级虚拟；二是文化的展示空间将不再是传统的现实物理空间，而是高科技的高阶虚拟空间；三是文化的创造、展览、欣赏、交易、收藏等将不再依托传统实物与空间，而是能完全数字化与深度虚拟。面向未来的元宇宙将在很大程度上颠覆文化的传承、创新发展以及生产与消费，通过元宇宙赋能，文化确实能在当下和未来获得更多、更好的创新发展。

## 一、元宇宙文化综合服务创新

元宇宙为文化创新的发展赋能内在动力与自由空间，极大地丰富、拓展甚至更新人类的文化世界及精神世界。为实现文化创新新载体及新业态更加丰富，提出三大关键举措：一是筹建大型国家级元宇宙文化服务综合平台，面向网络上所有大众吸引众多文化组织机构、企业、团体、个人进驻文化元宇宙世界，开展社交性的展览、戏剧、音乐等多种形式的文化活动及交易性的数字化产品。不仅如此，也可实现产品的版权管理、确权、鉴权、授权、交易、用权和维权等工作保证创意文化作者的权益，激活市场活力；二是强化数字文创，推动文化创新发展，各大文博机构纷纷上线数字文创服务，通过对文物原型的二次创作，让文博馆里的文物和它所烙印的历史文化以新载体走近大众，帮助大众更多理解其中的深意；三是推动文化场馆与教育、旅游等的跨界融合，实现馆宫共建、资源共享，打破点对点合作模式，通过资源共享、优势互补，让公共文化机构在融合中发挥更大合力。同时，促进馆旅结合、互相借力，公共文化机构与旅游公共服务机构融合，在互联互通和深度融合中实现以文促旅、以旅彰文。

关于元宇宙文化综合服务创新方面，我国工信部工业文化发展中心也正在积极筹建工业元宇宙服务平台，并明确于 2022 年推出首批工业文化数字藏品，重点反映中国工业发展历程中重大事件、重大成果、关键人物和核心技术等具有代表性的经典产品、藏品的历史图片、资料等素材，这有利于产业文化创新的传承。通过多角度创新，丰富元宇宙时代文化的内涵和外延。

## 二、文化场馆数字空间上线

依托数字孪生技术，创建元宇宙图书馆、博物馆、档案馆、文化馆、美术馆、展览馆、会展中心等文化场馆。有了元宇宙基础场馆，通过 VR 技术，使展馆呈现720度全景展示效果，打造文化馆线上体验空间。通过信息资讯、资源展示、活动预约、文化直播、文化点单、文化慕课、艺术鉴赏、场馆导航等功能模块，实现文化馆数字化上线，满足人民群众足不出户获取文化服务的需求。也可以在场馆的数字空间中开展各种各样的元宇宙文化活动。

比如，河北博物院打造精品云上博物馆。充分利用互联网和新媒体技术，在官方网站、官网官微、官方抖音号呈现丰富的文化服务。通过对文物和展厅虚拟信息采集，在官网上制作河北博物院数字展馆，展示360°全景展厅19个，包括南区8个常设展览和11个精品临时展览。设立馆藏集珍栏，展示一级文物的高清大图和文物解读。网站展示一些短视频，包括《神秘中山国》、文博讲坛精选和"溪山秋兴图三维全景动画"等文物的三维动画。通过元宇宙展示可以打破时空限制，进一步提高传统文化的传播度，降低欣赏门槛。线上展馆是传统展馆的补充和增强，可以有效弥补线下展空间不足的劣势。线上展馆数字空间可实现全年24小时开放，在线下展柜无法完全展开的长卷、册页、印章篆刻的多个面，线上艺术展厅的无限空间和720°全景就可以轻松解决这个问题，观众可以与美术作品面对面，手指轻触，能够清楚地看到画面的笔触、纹理等细节，点击旁边的小按钮，会有文字或视频链接，讲述展品背后的故事。

## 三、虚拟公共文化活动体验

伴随着科学技术的不断进步与发展，虚拟公共文化活动体验的出现将是时代发展的必然产物，是多元化体验的有利手段。相比传统的依托实物与空间的体验模式，虚拟公共文化活动体验在空间上更宽敞，在形态上更多元，在体验上更沉浸，时间上更"随时"。虚拟公共文化活动体验正在以其交互性、趣味性、多感知性等鲜明特征改变着形式单一的传统体验模式，为公共文化活动体验注入新的活力。新时代大众的需求也推动着数字化技术与公共文化活动体验在更深层次上的结合及创新。未来，数字化技术作为传统公共文化活动体验的支撑，将会应用在越来越多文化体验活动场景之中。

元宇宙与公共文化活动体验的无界融合，推出沉淀千年文化的元宇宙博物馆、荟萃科学与知识的元宇宙图书馆、人民群众喜闻乐见的元宇宙庙会和灯会等虚拟公共文化活动体验空间。例如，2021年春节在河北省开启的"云"端模式，充分运用新媒体平台，组织开展了一系列形式多样、内容丰富的线上文化活动，通过云演奏、云拜年、云演唱、云连线等最潮流的"云"方式，带给大家不一样的年味儿。未来，元宇宙图书馆的应用场景让看书变成"体验书"。想象一下：当主人公横穿沙漠时，我们与他一起身处黄沙漫野之中；下一章节时，我们又与主人公一起，走向了幽静的深林；再次翻页，便又穿越于浩瀚星河与茫茫宇宙，飞到那个很远很远的地方，找到宇宙另一边的那个自己。

在元宇宙时代，不受场所束缚的虚拟公共文化活动体验，不止可以在脑海里想象，更将成为实现。在这里，可以在虚拟的公共文化活动空间实现体验一本书、参观一座馆、游览一场灯会等深度虚拟体验活动，做到物理层面的"身临其境"。

## 第四节　新风险挑战：元宇宙赋能智慧文旅风险挑战

有光就有影，光越强影越浓，任何事物都没有绝对的利与弊，有的仅是事物的双面性。随着元宇宙概念的不断发展，人们得以窥见元宇宙世界的雏形。一个虚拟技术的交互空间，将打破人类世界的物理阶段，将虚拟与现实交织在一起。人们将能够在其中工作、娱乐、生活。但是面临着这样一个全新的世界，除了会给使用者带来全新的沉浸式体验，给资本带来全新的发展方向，也有许多的风险与挑战潜藏其中。在元宇宙发展前期，面临着技术突破上的难题，以及由于技术的不完善而给用户带来的资金上的安全隐患，甚至可能引起用户心理与身体上的不适。而元宇宙在发展的过程中由于法律制度方面的空白，还面临着许多犯罪的风险。

图5-3　元宇宙面临的风险与挑战模式图

# 一、元宇宙发展的风险

## （一）元宇宙时代的社会安全隐患

元宇宙不论从技术上还是理论上都还处在一个比较初级的阶段，在隐私保护、版权保护、经济秩序等方面都存在安全隐患，涉及金钱等问题的时候要谨慎对待。内容是元宇宙的基本单位，内容安全将是元宇宙治理的关键，以技术对技术、机器对机器的方式，既能有效应对世界边界不断扩大带来的新挑战，更能积极促进新空间"新大陆"等带来的新机遇。

### 1. 隐私保护风险

Roblox 作为元宇宙游戏平台的代表，每月有着约 1.64 亿名的活跃用户，美国 16 岁以下的儿童中有一半在玩 Roblox。但是经常可以看到 B 站 UP 主说自己的 Roblox 账号被盗了，Roblox 的盗号问题频发，以至于 Roblox 在官方网站展示了取回账号的步骤，但并不是所有人都可以幸运地取回账号。常见的盗走原因包含浏览器外挂、密码被泄露、未绑定电子邮箱等，往往只有那些做了足够的事前准备工作的玩家才能顺利取回账号。但即便是取回了账号，也面临账号道具或货币遗失的问题，且难以复原，尤其是超过了 30 天才联系平台，Roblox 也无力回天。再如以广告收入作为主要收入来源的互联网公司，如全球最大的两家互联网公司——Facebook（现改名为 Meta）和 Google，该商业模式不可避免会让商业公司想深入了解消费者，并推送相应的广告，进而让消费者面临个人数据（如生物特征、位置、喜好等）泄露的风险。

对于元宇宙的开发者在开发软件和硬件时设计好隐私保护，这已经是虚拟和扩增实境技术中的一个需求，而这在元宇宙中将是至关重要的。例如，根据一般数据保护条例，谷歌眼镜有音频和视觉符号，似乎可以让用户知道他们何时被记录。同时，游戏类平台需要设置针对未成年人的游戏模式，避免发生未成年人信息隐私的泄露，以及超出民事行为能力范围的财产处分行为。

对于普通游戏玩家而言，要保护好自己的信息和隐私，保证不轻易被盗取，设计复杂的密码，对设备进行定期杀毒维护，绑定必要的特性信息，便于找回。

如 Roblox 玩家，需要绑定邮箱，以证明自己是账号的所有权人。对未成年人，监护人需注意开启必要的未成年人模式，由监护人对未成年人的个人信息数据处分进行明确同意。

对于设计信息发布活动的元宇宙使用者来说，由于其有可能将信息写入区块链中，首先需要避免将非法信息通过区块链非法传播，但若使用者被动写入了非法信息，首先应当是写入该信息的主体承担首要责任。再根据该信息造成危害大小，由区块链系统维护者共同决定是否进行回滚操作，而为了避免这种有对系统发展非常不利的操作，对上链数据进行加密是必要的。

2. 版权保护风险

知识产权是用来保护人类思想呈现出的表达形式，无论它是一项发明、或是一个与众不同的标志，或者是一个艺术品的形式。虽然版权是在作品本身（故事、绘画、歌曲）创做出来的那一刻产生的，但发明和商标是基于法律制度的"承认"为先决条件的，这个承认即在一个坚持知识产权制度的国家，由当地主管部门颁发注册证书。

就这一承认知识产权地域原则的框架而言，互联网已经改变了游戏规则：一方面，现在可以直接收集侵犯专利或商标的证据；另一方面，网站并不总是很容易确定发生此类侵权的地点，而从程序的角度来看这都具有复杂的流程。

而在元宇宙中，这些情况会变得更加复杂，数字化的资产与数据的使用权与所有权存在很多争议，还没有完善的法律规范涉及此类问题，目前还处于法律监管的模糊地带。例如，监管 metaverse 盗版受版权保护的作品可能具有挑战性。此外，如果对受版权保护的作品侵权行为轻微，那么版权所有者可能难以证明侵权行为。此外，内容创作者还面临着独特的风险。再如，如果他们依靠底层作品中的现有许可证为元宇宙创建数字内容，则必须确保这些现有许可证涵盖在元宇宙中使用受版权保护的作品。举个例子，想象一个网红，他不是以发布照片的形式为某特定品牌的毛衣做市场宣传，而是让他的虚拟人穿着该品牌衣服在元宇宙中的数字化米兰时装周中走秀。品牌的这种使用，一方面会成倍地增加对其感兴趣的消费者数量，另一方面，也造成了在虚拟世界中关于商标的有效性和有效使用的问题。

### 3. 经济秩序风险

元宇宙目前处于发展初级阶段，商业模式不清晰，相关法律制度尚不完善，在未来发展中不可避免地会遇到一些挑战与风险。元宇宙经济是实体经济和虚拟经济相互融合的新型数字经济形态，作为新型经济形态，元宇宙中可能包含现实金融活动具备的经济秩序不稳定以及金融风险的问题。随着元宇宙的发展，经济形态风险的传导速度可能更快、传播面可能更广、复杂性危害性可能更强，将给金融监管带来新的挑战。

元宇宙发展前期，一方面随着政策的加持，资本的卷入，元宇宙成为目前最火的概念。与此同时，打着元宇宙名义的非法集资、诈骗等苗头渐显。部分非法分子利用元宇宙的热点，以"元宇宙投资项目""元宇宙购置土地"等名义，行使非法集资、诈骗等违法犯罪活动。这些活动打着元宇宙旗号，具有较大的诱惑力，且欺骗性较强，对于普通人而言较难防范。

另一方面元宇宙里存在商品交易市场和金融资本市场，其主要模式是去中心化的点对点交易。但当前去中心化的公有链技术尚不成熟，当链上治理或市场共识崩溃时，其代币（Token）的价值可能瞬间归零，此时形成的数字资产或财富损失可能会对虚拟数字社会造成重大冲击。区块链加密币（NFT）作为可锚定现实世界中物品的数字凭证，能映射到特定资产上，作为数字藏品有较高的接受度，但市场也出现了明显泡沫化现象。去中心化金融服务（DeFi），一般是指基于智能合约平台构建的加密数字资产、金融类智能合约（协议）。然而，去中心化金融服务并不是一个可以在传统金融体系之外完全独立运行的系统，也无法完全避开一些传统金融采用的信用风险控制方法，有很多基本金融场景还无法处理。DeFi属于高风险领域，不仅有在传统金融上表现较不明显的技术风险，还有流动性风险、市场风险、操作风险等。DeFi的处理速度和节奏都比传统金融更快，违法者利用掌握的技术优势很容易给普通用户造成重大损失[33]，对金融监管提出了新的更高要求。

### （二）元宇宙时代的个体安全问题

个体是社会的基本单元，在元宇宙时代，个体将出现重大变化。元宇宙在激发个体、社会活力单方面发挥巨大的推动作用，但也会带来深远的结构性冲击与运行风险。未来元宇宙的发展将比现在游戏的沉浸感提高不止一个层级，当玩家进入完全仿真、更为刺激、多样化的元宇宙虚拟世界中，或许有一部分玩家会完全迷失其中。玩家无法忍受现实中的种种不如意，从而对貌似一切从头开始、人人平等竞争的虚拟世界产生依赖，只满足于一时的快感，进而思想发生堕落，网瘾难戒，甚至荒废真实人生；二是可能产生的心理健康问题，由于元宇宙是新技术，因此目前尚未有人对元宇宙对用户的身心影响进行长期研究。尽管副作用因人而异，但沉浸式游戏可能引发身份认同危机、人格解体等心理疾病，进而导致抑郁、孤立、孤独行为，甚至存在自杀倾向和暴力倾向；三是可能产生的身体疾病，例如身体所接收到的信号与预期不匹配，身体调节遇到冲突，带来晕眩、身体疲劳、皮肤苍白、心率加快等不适感；四是可能产生的物理伤害，使用沉浸式技术（例如虚拟现实耳机）的人可能会在现实世界环境中迷失方向并伤害自己，他们甚至可能习惯于采取在 Metaverse 中没有任何后果的行为。例如在虚拟世界中，玩家可以从二楼跳下或走进车流，但并不会受到任何伤害，这种虚拟世界中的惯性会使得用户难以感知现实世界中的危险。

1. 沉迷"精神鸦片"

元宇宙的高沉浸感，以及大数据的算法，根据喜好提供一系列你想要的环境、身份以及人际关系，吸引人们不断在元宇宙中沉迷，这样一来现实世界将陷入一片荒芜。迷失在元宇宙世界中，沉溺其中无法面对真实世界，不再关心现实的世界和自己。不仅如此，人类在各行各业的发展也将停滞不前，本该大步走向外太空却被一个虚拟宇宙绊住脚步。在元宇宙中，人类不用研发各种新技术突破发动机难关就能肆意探索宇宙，这是用假象来蒙蔽自己，从而失去对星系探索的欲望。

科技的发展日新月异，就如同互联网、手机、电脑等高科技产物，引发了许多未成年人，甚至成年人沉浸其中。而元宇宙作为科技推动下的必然产物，未来元宇宙所提供的沉浸感，比现在的端游、手游的沉浸感和真实感要高不止一个数量级，将更是极具诱惑、高度致幻的"精神鸦片"。在未来很多人，不论成年人，还是未成年人，将分不清现实与游戏的界限。就像两千年前，庄子所描述的"究竟是庄周做梦成了蝴蝶，还是蝴蝶做梦成了庄周？"

2. 导致心理问题

元宇宙具有自身交互和沉浸体验的特点，可以实现在虚拟与现实之间自由切换，但是过度沉浸在元宇宙世界有可能加剧社交恐惧、社会疏离等心理问题。而且元宇宙诞生后，人们可能会沉溺于虚拟世界，在这个世界中可以做任何现实世界中做不到的事，助长人们逃避现实的心理，沉迷于虚拟世界的年轻人更加不愿意交友、生育，进而影响人际关系、婚恋观、生育率等。

长时间沉迷虚拟世界，一是可能引发身份认同危机，即虚拟空间中的身份认知与现实世界存在差异的；二是人格分裂隐患，长期的虚拟体验导致对自己的想法，感觉或行为产生超脱感或不真实感，易在现实中形成幻觉，丧失个人能动性；三是共情反应，在虚拟体验结束后通过移情效应作用到现实生活中，形成不健序的共情反应，陷入痛苦和倦怠；四是认识后遗症（虚拟与现实转换），身体适应反应时间变长、认知疲劳思维差异，注意力下降、思维表象化掩盖人体本身感官，消弭人的生物主体性；五是失去社会凝聚力，因为人们对何为真何为假已没有共识。

3. 引发身体疾病

因为元宇宙属于新出现的技术形式，对于其可能对用户产生的身体上的影响尚没有长期深入的研究成果。但是，已经有许多学者研究了长时间使用屏幕或虚拟现实物品可能引起的网络病、头晕和不适。

例如赛博病，身体所接收到的信号与预期不匹配，身体调节遇到冲突，带来晕眩、身体疲劳、皮肤苍白、心率加快等不适感；平衡障碍，使用VR之后，部分人明显出现平衡障碍、手眼不协调和短时间内辨声障碍问题；视力受损，透过VR眼镜进入的元宇宙，对于视力伤害只能说是雪上加霜。元宇宙的概念对眼睛的威胁，更胜现有的手机和电脑产品，关键在于虚拟现实让眼睛离有害的蓝光更近，暴露时间更长。长时间蓝光刺激将造成现代人的视力进一步恶化。甚至观看过久会导致睫状肌及眼球不断运动，进而破坏双眼聚焦及大脑调节。

未来随着元宇宙相关技术的不断成熟，人类长时间沉迷于元宇宙世界中，现实世界的身体长时间处于静止不动状态，肢体活动减少，肢体静脉血液回流减慢或滞留，导致血管血小板聚集黏附在血管内壁，或处于高凝血状态从而形成血栓，还可能出现骨骼、肌肉萎缩等情况，引起关节疼痛、肌肉张力减弱等症状。

### 4. 产生物理伤害

随着元宇宙技术的不断成熟，虚拟世界越来越真实，人们或许分不清虚拟与现实的界限，对于更广泛的一般玩家、用户而言，元宇宙中的奇幻场景相较于当今的互联网空间显得更真实。由于未来元宇宙的高度仿真性，沉迷元宇宙世界的用户很可能无法分辨虚拟世界与真实世界，虚拟世界中的"人物击杀""从高楼一跃而下"等事件映射到现实生活中将会带来严重的后果，这也是我们必须警惕的一点。

在虚拟世界中人们可以随意穿越，甚至在真实世界不会游泳的人群，在虚拟世界也是如鱼得水，可以自由地在大壑间游动，正是由于虚拟世界过于真实，导致虚拟世界中的惯性会使得用户难以感知现实世界中的危险，渐渐失去对危险事物的感知。例如无法预判楼的高度，海的深度等，进而极有可能引发坠楼、溺水等身体上的伤害。这是一种潜移默化的影响，站在现在的高度，或许无法想象。

## 二、元宇宙面临的挑战

### （一）技术的发展与整合亟待提升

罗马不是一天建成的，要想最终实现我们所期待的元宇宙，还有一系列技术难题有待突破。目前在 AR/VR 显示领域，无论是电池续航、显示器件还是图像处理与渲染算法，尚不能完全满足元宇宙应用的技术指标要求。市面上主流的 AR/VR 显示器件（主要是光学波导片）大多存在着重量大、功耗大、解析度差、色偏严重、常伴有眩晕感等问题，要获得一款又轻又好的显示模组，需要材料学与光学的重大突破。在算力领域，从计算架构角度看，元宇宙必然是一种"云—边—端"协同的模式。然而，目前无论是云端还是终端，主流芯片的算力储备远远满足不了元宇宙应用的要求。特别是端侧算力瓶颈巨大，这是因为端侧不仅承担了部分智能感知算法，更重要的是承担了最核心的虚实融合的真实感图像渲染算法，这类算法算力要求巨大且要求超低功耗，目前主流的端侧计算芯片均不满足如此严苛的技术指标。在 5G 领域,元宇宙的核心在于无处不在、无时不在的交互,这些交互了产生大量的实时数据通信需求。目前 5G 技术是否能够完全满足如此高带宽、高并发的实时通信,依然是一个未知数,也许我们要等到 6G 甚至 7G 时代的到来才能圆满解决这些问题。只有芯片、显示器件、传感器、计算架构等"卡脖子"的关键核心技术实现重大突破后,围绕元宇宙模式的设定和应用探讨才能进一步实现。因此,推进基础数字技术研究是现阶段元宇宙重要发展目标。

另外,技术发展亟须整合。尽管人工智能的发展为文旅行业带来了新的机遇,但在新热潮发展背后,我们还需要一些冷静思考。当下的智慧文旅发展速度缓慢,元宇宙相关技术发展不均衡,发展较落后的技术制约着元宇宙整体应用水平。且孤岛现象严重,资本、企业、技术等之间存在着极高的行业壁垒,而要打破壁垒,需要不断增强技术创新能力,提高技术成熟度,将跨行业、跨领域的专业力量和高端资源整合在一起,克服木桶效应,切实推动元宇宙产业发展落地。

### (二)虚拟与现实的无缝衔接尚需突破

元宇宙并不是简单的虚拟,而是把真实世界虚拟化,让真实更真实,让虚拟更虚拟,让真实虚拟化,让虚拟真实化。从而实现现实与虚拟的无缝衔接。

看一个硬件产品的发展历程,可以给我们带来非常大的启发。比如我们看到智能手机发展前期,是从玩切西瓜、愤怒的小鸟等游戏开始的,但并不是所有人都会玩游戏,所以智能手机真正的爆发是 2012—2013 年,微博、微信这些社交工具的推广和普及,这些社交工具有人和人之间的连接作用,如果没有智能手机,就无法使用微博、微信等社交工具。一个产品从游戏到社交,到人与人的连接,这个过程往往是产品大爆发的时候。智能手机真正的爆发是社交的推动,基于人与人之间的连接服务,包括淘宝、滴滴打车、美团,这些通过人和人的连接,让我们的生活更便捷。

从这个视角来看现在的元宇宙,我们会看到一个很重要的点,在过去的两年,Facebook 的产品爆发,主要是靠玩游戏,它在整个平台上有 9000 多款应用,用户在线时长都有很大的提高。但并不是所有人都玩游戏,一个产品仅仅是玩游戏，不足以支撑这个行业的大爆发。所以只有实现虚拟与现实的无缝衔接，将"人"与"人"（虚拟人物与现实人物，现实人物与现实人物）进行连接，从社交到教育、医疗，无缝连接真实与虚拟世界，才能迎来元宇宙真正的爆发。

### （三）立法与监管的空白有待填补

当前，元宇宙尚处于发展的初期阶段，尚未形成元宇宙世界的法律体系，与此同时，元宇宙的健康发展迫切需要得到法律的有效保障，所以亟须制订与元宇宙相关的各类法律体系以保证用户的使用安全。

因为元宇宙中没有物理实物，因此也不存在现实世界中的各种地理边界，所以在元宇宙中的法律管辖权难以确立。这就使得在元宇宙中的行为很难被监管。尽管目前社交网络的监管规则已经在不断完善，但在元宇宙中的犯罪行为依然难以追责。由于技术监管和法律方面的盲区，元宇宙经济形态潜在风险已经渐显，一是虚拟资产带来的金融诈骗。不法分子进行元宇宙房地产的营销炒作，利用元宇宙热点概念渲染虚拟房地产价格上涨预期，人为营造抢购假象，引诱进场囤积买卖，或变相从事元宇宙虚拟币非法牟利，号称所发虚拟币为未来"元宇宙通行货币"，诱导公众购买投资。此类"虚拟货币"往往是不法分子自发的空气币，主要通过操纵价格、设置提现门槛等幕后手段非法获利等；[34] 二是虚拟世界带来的暴力犯罪。

面对元宇宙诸多潜在风险与市场乱象，亟须监管创新，科普层面需加速知识传播，法律层面需加快立法步伐。建立有效的科技监管方法体系，既能为元宇宙的健康发展留出空间，又能切实有效防范各类元宇宙的潜在风险。

# 第六章　元宇宙创造文旅行业新未来

当前，全球新冠疫情给文旅业造成巨大冲击，智慧旅游正面临难得机遇。文旅需求加速向线上转移，数字化、沉浸式体验成为文旅消费新常态。以创意为内核、以 IP 为引领的文旅发展模式，正在重构文化旅游的资源观、时空观、产品观，虚拟现实、人工智能等新技术在文旅领域的应用空前加快，催生了更多新产品、新业态、新场景，文旅产业数字化转型步入快车道。

国务院印发的《"十四五"旅游业发展规划》对推进智慧旅游发展做出了明确部署，要求"创新智慧旅游公共服务模式，加强旅游预约平台建设，打造一批智慧旅游城市、景区、度假区、街区、乡村，培育一批智慧旅游创新企业和示范项目，开发数字化体验产品，发展沉浸式互动体验、虚拟展示、智慧导览等新型旅游服务，推进以"互联网 +"为代表的旅游场景化建设"国家智慧旅游建设工程"专栏中，明确了"智慧旅游景区建设、智慧旅游公共服务、智慧旅游产品供给、智慧旅游场景应用"四个方面的建设内容。

元宇宙改变重资产文旅模式。元宇宙或将彻底改变文旅供给侧的超重资产模式、彻底颠覆行业的游戏规则，在重资产投资回报率难以跑赢银行利息的时代，元宇宙将会带来一种文旅变革。元宇宙文旅本质是以数字化技术开创文旅新业态，最终的落脚点是落实到促进绿色旅游发展。元宇宙文旅的内容是要用高科技手段和中国优秀的传统文化相结合，最终为文旅注入灵魂和活力。以中国梦为指导，讲好中国故事，有利于文旅产业的发展，实现 IP 变现，更有利于中国实现开放发展、和平发展、合作发展、共赢发展，那么如何对世界讲好中国故事？元宇宙文旅为我们找到了一个很好的方向。元宇宙文旅的发展，是传统和现代融合、文化和科技融合、景点和生态融合、文旅和产业融合。"元宇宙"是工具，打造新业态、塑造新样板才是我们的目标。[35]

## 第一节　元宇宙背景下文旅行业格局的突破

展望未来，数字科技能够帮助我们文旅行业、企业、政府构建新的内容、新的 IP，其次就是新连接和新阵地。未来的旅游目的地将不仅是指在地球上的某一个角落，也能包括火星、太空目前我们无法企及的地方去旅游。那些人类情感指向的不可抵达的真实世界或从未存在的虚拟世界会在元宇宙中被创造出来，成为一种全新的文旅目的地。元宇宙将扩展文旅目的地的边界，将游客带向更大的虚拟世界。元宇宙时代的来临，将打破当前文旅行业的格局，赋予文旅一些全新的体验。人工智能、区块链、大数据等成熟技术整合突破当前文化展示方式。在中国文化对外传播过程中，在数字文创领域有全新的布局。同时对于文旅景区的智慧化的管理，把已有的好传播经验和与这一轮的文旅元宇宙产品做好结合，推进文旅元宇宙的应用更加成熟。

### 一、在文旅体验领域有创新

对文旅行业而言，"元宇宙"概念，也可以看作是整合多种新技术而产生的创新性虚实共生的互联网应用的旅游形态。

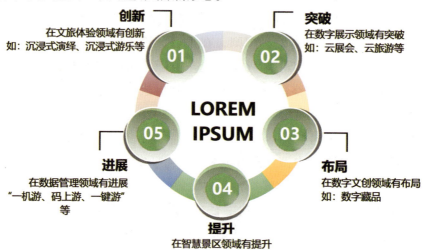

**创新**
在文旅体验领域有创新
如：沉浸式演绎、沉浸式游乐等

**突破**
在数字展示领域有突破
如：云展会、云旅游等

**布局**
在数字文创领域有布局
如：数字藏品

**提升**
在智慧景区领域有提升

**进展**
在数据管理领域有进展
"一机游、码上游、一键游"等

LOREM IPSUM

图 6-1　元宇宙对于文旅行业的创新图谱

人工智能、虚拟现实等技术的应用，能让游客在旅行前、旅行中都可以获得更有品质的体验，如云旅游、沉浸式演艺、沉浸式游乐项目等。将数字技术应用于文旅行业"吃、住、行、游、购、娱"的各个环节，给游客带来全新的文旅体验。这种依托项目既有空间形态加持沉浸式体验的模式，打开了文旅场景运营的新思路。元宇宙可以让后疫情时代困守在家中的人们沉浸式的体验全球著名景点。但是，目前元宇宙项目中的大多数旅游都还是静态和预先定制好的"单人"特色体验。在未来的元宇宙中，旅游是可以支持多人共同体验的，几个朋友可以通过远程呈现的虚拟世界一起游览某一个景点。

## 二、在数字展示领域有突破

元宇宙将构建虚拟世界和现实世界深度融合，既可以通过数字化技术复制现实世界，亦可以创造虚拟世界，与外部真实世界紧密相连，实现数字孪生、数字原生以及虚实融生，大幅提升互联网的沉浸式体验及交互体验，以及个人、社会的运转效率，拥有数字身份的人们可以在元宇宙中进行互动学习、工作、购物等，并与物理世界连接。

VR元宇宙展厅是云展会、线上展会、VR虚拟全景展厅的升级版。目前的线上展厅类型大多都是实拍全景、实拍渐进式全景、虚拟全景展厅形式，以及这三种形式结合在一起的线上展厅，观众通过链接即可随意游览线上展厅，24小时永不落幕。而虚拟元宇宙展厅则是结合了以上线上展厅的功能和优势，实现了数字孪生虚实联动，无需下载APP，网页上即可游览行走，犹如置身实景，无论你身处何处，只要你进入了VR虚拟元宇宙展厅，就可以和每个用户见面、交友、商务洽谈、商务合作。毫无疑问，在虚拟元宇宙展厅下，还会衍生出更多人性化多样化的线上展厅功能，实现真正意义上的身临其境。

## 三、在数字文创领域有布局

数字文创是利用互联网平台，依托5G、人工智能、大数据、区块链等技术，对传统文化、现代文化等进行深度融合进行加工和创意的一种形式。数字文创已成为多地把握数字经济发展机遇，加快发展数字文化的重要抓手，呈现活力足，潜力大的特点，是未来文旅数字经济的主战场。"文旅元宇宙"可以有效推动传统文化形式的创新，促进文化产业价值与商业价值"活起来"，在社交和娱乐之中持续触发数字藏品带来的新鲜体验，真正发挥数字文创的长远价值。

近年来，随着区块链、云计算、人工智能、扩展现实等技术飞速发展，数字内容的制作成本大幅度降低，并推动着硬件消费体验的升级和内容生产效率的提升，这些都为包括文物在内的文创新形态奠定了技术基础。基于区块链技术的数字藏品成为中国文创新形态的典型代表，同时也越来越成为推动文化，尤其是传统文化产业可能性边界的外移和促进文化产业价值与商业价值"活起来"的载体。以数字藏品为代表的数字文创新形态，元宇宙不仅使文化遗产在新的数字时代"活起来"，也能让它们在新时代年轻人中"火起来"，赋能文创产业高质量新发展。

## 四、在智慧景区领域有提升

景区的数字化应用可以很大程度地提升游客的体验，尤其是传统景区存在的一些景区线路引导不明确、景区排队不规范等令人诟病的问题都能得到很好的解决。实景三维数据具有全要素、可视化的特点，可以非常直观地对应用场景进行全面的分析。可应用在门禁、人员监控、人员流动等各个方面。

同时对于景区来说，安全管理、应急管理一直都是很重要的一个环节，尤其是疫情以来这一环节更是尤为重要，更完善的安保体系、视频监控等能有效消除景区的安全盲区，提高园区的服务和管理水平。景区如遇突发情况，依托于实景三维技术，可快速地对紧急情况做出响应，科学地进行应急管理。如景区暴发疫情，也可对人流流态、疫情情况、物资保障等情况进行快速掌握，提出有效的解决方案，精准抗疫，科学防控，提高防疫效率。

## 五、在数据管理领域有进展

按照"根扎实、线联通、网织好、数用活"的思路，元宇宙时代文旅大数据领域，以创新生态、创新模式、创新技术，构建智慧旅游公共服务平台，可以实现"一机游、码上游、一键游"。整合 5G、云计算、物联网、大数据、人工智能、人脸识别、小程序、微信支付等多项技术，实现旅游目的地刷脸入园、停车无感支付、智慧导览、门票分时预约、VR 全景等功能。通过全域赋能多产业端融合，为游客提供旅游目的地最齐全、最富有时效性的资讯内容、产品和导购信息。"一机游"是一种引领，是在向文旅产业的未来传递一种创新和探索的理念。

打通铁路、航空、地图导航等头部互联网平台与旅游景区、饭店、旅行社、民宿、车队等传统旅游企业的数字化链路，同时升级地方文旅通，实现区域文博场馆和旅游场所全覆盖，开通云直播、云游览和云体验等功能，打通用户身份认证体系，实现文旅场所"一码通订、一码通验、一码通行"。

## 第二节　沉浸式体验与交互方式的变革

文化和旅游部公布的《"十四五"文化和旅游发展规划》和《"十四五"文化产业发展规划》都提出了要在十四五期间完成 100 个沉浸式体验项目的目标，"沉浸式 +"似乎成了当下通用的展示方式和文旅模式。目前与文旅行业相关的市场已经出现沉浸式影院、沉浸式演艺、沉浸式娱乐、沉浸式展览、沉浸式餐厅等多样化的沉浸式体验项目。

元宇宙对于整个沉浸式文旅的带动是最明显而直接的，元宇宙所形成的具有高度沉浸感的科技手段和营造手法，能够为文旅企业提供更加专业的技术支持和创意方向，有力推动 4D 影院、多媒体、球幕、VR 等各类旅游娱乐体验产品升级、蜕变的同时，极大地促进和丰富沉浸式文旅产品业态内容。沉浸式体验结合了新型视听技术、混合现实、光影投射等高新技术和装备，极大地鼓励了人的自由想象力和创造力，把原本只能束之高阁的珍贵资源转换为高价值的文化消费服务，同时探索了人与自然、人与世界的新关系，使人类将艺术从物质中解放出来，并使之能够跨越边界。[36]

万物皆可沉浸的时代到来，只有让创意、科技、金融、人才等的有机结合，才能滋养创造沉浸式体验新内容的土壤。随着数字化多媒体的飞速发展，高科技的数字化交互创意手段越来越多的运用到展馆当中。投影显示、LCD 显示、LED 显示、触控等都只是一种数字化的技术手段，更重要的是在"展示"，展示的目的就是要让客户感觉到有吸引力和真实感，要做到这几点就要达到沉浸式的效果，我们的最终目的就是尽可能让受众的听觉和视觉被全方位的包围，尽情享受沉浸式的体验。

元宇宙就是物理世界在数字世界中的分身，物理世界的万物都可以在元宇宙中另存一个数字物种，只是这个物种的不同之处在于，他是永生的，因为数字永在。由于有一个与现实同款的数字虚拟世界存在，所以元宇宙可以给文旅行业、给旅行者带来穿梭时空的旅行体验。在人文古迹，创造与古人对话、进入古代场景，让旅行者成为三国、唐代盛世的一员；在自然名胜，帮助旅行者轻松登上雪峰高山之巅、沉入海底世界，领略身体达不到的风景；还可以创造不出门的旅行，把"读万卷书"和"行万里路"都在家中的虚拟体验中实现。

## 一、沉浸式娱乐：亲自登台的造境之举

近年来，沉浸式娱乐产业正蓬勃发展。沉浸式娱乐在心理学上，个人精神完全投注于某种活动的感觉被定义为心流，心流产生的同时会有高度的兴奋及充实感。"心流"一词听起来比较学术，"沉浸式体验"可能会更接地气。[37] 沉浸就是让人专注在当前的目标（由设计者营造）情境下感到愉悦和满足，而忘记真实世界的情境。沉浸式娱乐主要是给参与者提供完全沉浸的娱乐体验，使用户有一种置身于虚拟世界的感觉。

比如河北省石家庄市首个沉浸式城市怀旧主题街区——正太里文旅休闲街区即将亮相新华区，该街区以"重逢石门1987"为主题，真实再现80、90年代石家庄老街区怀旧影像、市井百态等，这些场景将带游客穿越这座城市的光影瞬间，成为石家庄市民再添休闲好去处。该项目位于新华区的核心区域，水上公园地铁3号线出口旁，街区设置有石家庄老火车站、大石桥、广安市场、展览馆等地标性微缩景观，通过老火车头、创意市集、演艺广场、时光隧道等经典怀旧景观，还原组成一条独具石门文化特色的步行街区。同时，街区还特别设置了怀旧生活区，还原了石家庄城市发展中具有时代特色门店小卖铺、粮油店、书店、理发店、邮局等场景，通过老照片、老物件、老交通工具、

家用电器、日常生活用品等场景模拟，勾勒出时代发展中百姓点滴生活细节。街区还在每周末举办先锋小剧场、不插电演唱会、相声曲艺表演及跳蚤市场、旧物交换市场等特色活动，将通过一系列的沉浸式主题体验，助力石家庄打造夜经济的"不夜城"，也为全体市民带来属于庄里人的特别城市记忆。

## 二、沉浸式影院：全身心的探索

沉浸式影院通过环抱式的展示方式、立体式的音箱结构、数字化的展示内容以及 AR、VR 技术的应用，使体验者拥有身临其境的观影体验，沉浸其中，忘却自我。国内外许多 5D 影院、弧幕影院、360°球幕飞行影院（TOPDOME FLYING）等，正在营造多种"沉浸式"体验，显示了未来影院的发展方向。有的甚至成为一个城市的文化地标之一，如加拿大温哥华的沉浸式电影《飞跃加拿大》，全景式展示了加拿大从太平洋到大西洋的辽阔国土，奔腾的跨境大瀑布、冰雪覆盖的落基山脉、一望无际的红枫树林、自由奔驰的草原牛仔，让观众沉浸其中，融入其中，感受到加拿大特有的空间感和加拿大人"勇敢的心"。

许多沉浸式影院应用于博物馆、科技馆、展览馆等专业场馆，以专业影片围绕特定的主题进行内容定制，生动地传达了科学的精神和探索的魅力。比如上海科技馆拥有 IMAX 立体巨幕影院、IMAX 球幕影院、IWERKS 四维影院、太空数码影院等视听空间。当巨幕影院放映《亚马逊探险》等影片时，观众可以直接面对相当于六层楼高的巨幕画面，立体效果逼真，景物有伸手可触之感；四维影院是三维立体电影与一维环境效果的创新结合，当观众欣赏《蛟龙入海》等影片时，感受到海浪奔涌、跌入陷阱、海蟹咬腿等现象，与电影情境融为一体；球幕影院具有球幕电影和天象演示双重功能，让银幕倾斜 30°，使观众身处灿烂的穹幕之下，为立体型的画面所包裹，观众在其中观看《海洋蓝色星球》，将体验到超强的悬浮感和沉浸感；太空影院是中国第一家采用视频拼接、图像处理、观众互动、电脑集成等技术综合而成的多媒体球幕影院，它提供的《宇宙大冒险》，让观众恍如乘坐宇宙飞船，享受"静坐一舟，遨游太空"的刺激和快乐。[38]

传统电影始终是隔着屏幕大小的"窗户"看世界，而未来元宇宙时代电影院不只局限于中央银幕，而是以丰富的超级沉浸式带给观众更强的视觉冲击力和逼真的观影享受，让观众感受前所未有的极致体验，在电影的世界里流连忘返。

## 三、沉浸式演艺：颠覆性的观演体验

沉浸式旅游演艺是沉浸式娱乐的一种，通过科技手段和演出元素，让观众通过"视、听、嗅、味、触"来欣赏的演艺活动。沉浸式演艺的最大特色在于观众可以不受限制地游走于戏剧场景中，和演员们进行面对面的亲密接触与互动，打破传统戏剧中老套的台上台下形式，使观众可以更近距离地接触到故事情境、舞台等更多戏剧艺术的核心要素。观众被赋予了身份成为共同完成剧目的"演员"，观众不再需要担心买不到前排的票，而是可以直接参与演艺，成为戏中人，观众可以选择扮演任何喜欢的角色，甚至可以量身定做改变经典桥段，打造独一无二的互动式演艺，自己当一回明星和主角。在元宇宙时代的演艺，利用科技技术手段、真实的演职人员和旅游演艺产品，打破了常规传统舞台剧限制，开启了开放式互动全沉浸观演模式，极大地提升了观众的体验感及参与度。利用科技手段、真实的演职人员和旅游演艺产品让参与者完成"视觉、听觉、嗅觉、味觉、情感"等全方位喜怒哀乐的体验。更可在虚拟世界里，感受快意恩仇的行侠仗义、惊心动魄的游戏大战、生离死别的唯美爱情等不同故事场景。

沉浸式戏剧既根据传统经典戏剧进行沉浸式改编的，也有直接进行沉浸式创作的原创戏剧。在传统的戏剧内容之上，科技手段的应用使沉浸式戏剧颠覆传统，迸发新的活力。沉浸式戏剧通常会利用声、光、电、特制道具等综合性科技手段来塑造故事场景，还原或者再现剧本里的经典画面。

## 四、沉浸式展览："大展览时代"的亮点

沉浸式展览通过光影、味道、装置艺术及舞蹈表演等，将特定的内容展现给观众。它利用光影与互动技术，将以往观赏为主的展览内容升级为体验度更高的经历。正如多位会展界的专家所指出，当代展览业突破了传统的展厅布陈方式，正在进入全景式、互动型、震撼式的新时代，也就是"大展览时代"。而沉浸式展览具有华丽的展示效果和全方位的感官体验，这是成为"大展览时代"最吸引眼球的展出形式之一。与传统展览相比，沉浸式展览能够

更好地传播精神、烘托主题，通过设置互动体验环节增强参观者的参与感、体验感，使其对展览内容及主题产生共鸣。

比如由绽放文创投资有限公司携手敦煌研究院举办的"神秘敦煌"文化展，以全球最大的涅槃卧佛，呈现震撼人心的感官体验，更让人叹为观止的是，在敦煌现场都未必能观赏到的 7 个极具艺术意义的 1∶1 复原石窟，在"神秘敦煌"上灿烂展出，它们有别于以往"纯平面""静止型"的观展方式，而以 360° 的动感"飞天壁画"给予参观者沉浸式的感官震撼，成为用现代科技手段演绎世界文化遗产，推动中国文化走向世界的一个成功案例。

## 五、沉浸式餐厅：美食文化的新境界

沉浸式餐厅是利用高科技手段对美食进行深度挖掘和再开发，是一种饮食文化与科技融合的典型体现。沉浸式餐厅主要运用全息投影技术营造"沉浸感"，通过大面积全范围的投影达到效果，即客人视野所见全是投影画面，从而会给用户带来极强的冲击感。沉浸式餐厅不仅能在味觉上满足客户的需求，而且将声、光、电与艺术设计完美结合，更满足了客户视觉、听觉、触觉等多方面的需求。虽然沉浸式餐厅目前还是一种较为新颖的沉浸式体验形态，成本较高，但其新鲜独特的饮食体验还是很受欢迎的。实际上，沉浸式餐厅是通过技术手段围绕食物讲述故事、宣传文化、陶冶情操等。通常而言，每道菜品都会有特定的主题，房间会加入与菜品相呼应的声音、灯光、特效等科技元素，而且效果会随着菜品的不同而不断变幻；沉浸式餐厅的席位、餐具等也都是根据食物定制的；科技的应用为食物增加了艺术感，更能达到"色香味俱全"的效果。

比如 teamLab 开发的深圳"花舞印象"艺术感官餐厅，邀集全球 400 位专家打造了 11 道暗含艺术装置的极致怀石料理。这一沉浸式餐厅通过数字影像链接食物与艺术生活，用艺术浸入美食，用色彩温暖生活，让顾客拥有一场视觉与味觉的极致体验。它运用全息投影营造出高雅的经典美食。这里的餐桌、花架、酒杯等都是可以投射光影的"隐形幕布"。并利用科技手段营造出不同的氛围，根据每道菜呈现不一样的场景。比如，当料理与器皿被放置在桌子上时，从器皿中诞生的鸟儿，会顽皮地停到树枝上；当观赏者静止不动时，鸟儿会亲昵地停到他的手上，而当环境变得嘈杂时鸟儿则会飞走；摇曳的风铃声，会催促海中花依托器皿而绽放；在这里任何被放在桌子上的物品，都会被人工智能检测到。

## 六 、沉浸式住宿：随君入梦的神奇体验

沉浸式酒店,正在以一种全新的风格进入大众的视野。不管你是想住在海底、太空，还是在满天繁星之下或者冰山雪域之中，在元宇宙时代都能做到。

沉浸式酒店利用虚拟现实、人工智能等新技术，对传统的酒店大堂、楼层走道、客房内部等空间进行改造而成。酒店大堂不再是挂几个时钟、几幅壁画，而是用全息投影来营造更为生动的氛围；走道上也不再是铺着厚重的地毯，取而代之的是有趣的地面互动投影，人从走廊走过，就能看到足下生花、鱼群四散、水波跟随等各种奇幻特效，大大增加互动性与趣味性。

酒店客房，对于消费者来说是相对更私密的空间，沉浸式的体验更为重要。入住前可以根据需求选择不同场景，原始森林、海底世界、幽深城堡、浪漫花海、都市建筑、夜空繁星等场景，都能给人带来身临其境的神奇体验。例如，在浪漫花海场景中，随着24小时时间的变换，模拟一年四季的植物生长，房间内花的种类也可以随之发生改变，早上伴随着迎春花、牡丹花的气味与团簇开启美好的一天，夜晚与昙花一同如梦，享受花海带给人们的全感官的体验，不同的酒店入住者，都能根据自己的喜好找到心满意足的房间。客房的整洁同样重要，在客房内，随手丢置的毛巾、水杯等物品会被人工智能检测到，并放到相应位置上，使客房始终保持高度整洁状态。

# 第三节　演艺内容与呈现效果的优化

随着人们对文化生活的需求日益增加，艺术活动蓬勃发展，进而促进了舞台美术设计的快速发展。当下经济的快速发展，带动了科学技术和文化的发展，舞台艺术与技术应用也在逐渐提高，对技术应用提出了新的要求。当前，信息技术、虚拟现实、人工智能等技术的创新突破，引起了舞台艺术领域的影像、装置、创作观念等方面的变革。随着舞台艺术与科学技术融合程度不断加深，

推动了文化演艺行业的转型升级，催生了演艺新产品，提升了演艺新体验。现代科技对传统艺术的改变，不断了解探索新的舞台美学、表现形式、技术技巧，敢于运用新的技术、新的手段，激发创意灵感、丰富文化内涵、表达思想情感，使文艺创作呈现更有内涵、更有潜力的新境界。

近几年，旅游演艺的表现形式从单一到复合化、多元化共用，从仅仅是演员、音响加普通的灯光就能实现，到现在对成像设备、多媒体、视觉表现技术、裸眼 3D 视觉、舞台造型、烟雾技术、监控系统、全息技术、高清屏、座席技术、触碰等技术手段的全方位调动，给游客带来更多维度的体验。

## 一、虚拟剧院，技术与艺术的融合

面对互联网技术迭代带来的新经济浪潮，传统舞台艺术正在积极地拥抱科技并进行大胆探索和创新，紧抓线上演出这一新的市场增长点的需求。网络平台让原本只有数百人观看的单场演出增长到观众过亿，使得艺术覆盖的群体更加广泛。未来，剧院必将是数字型、智慧型和体验型的场馆，充分借助移动互联、物联网、大数据及人工智能等技术手段，除实现专业演艺场馆必备的艺术交流、传播、教育等基本功能外，通过多媒体、AR、VR、AI 机器人等新兴技术，也能够对演艺场馆的建筑物及运营提供安全、可靠、有效的智慧化管理，并实现院线资源的互补及联动。[39]努力打造充分展示艺术魅力和文化活力的中国数字文化品牌。

### （一）云演艺，"互联网＋演艺"新模式

随着我国数字化、网络化、智能化的持续发展，线下线上融合、演出演播并举成为近几年演出演艺行业的发展大趋势，倒逼各大文艺院团对发展舞台艺术、开拓演出市场、增强营收能力、扩大观众规模等做出一系列新的探索和实践。"云演艺"的用户是在云端，通过科学技术把云端观众连接成片，并与舞台进行互动，能广泛被市场所接受。后疫情时代的云演艺，经过新兴技术的加持，已经升级为全流程上云，创新优化演艺活动的生产和运营全流程数据，让演艺环节拥有更多"云工具"，例如弹幕上墙、实时连线等互动功能，开始营造沉浸式体验，增强观众参与感和互动感。

## （二）虚拟舞台，永不落幕的剧场

虚拟舞台剧场是虚拟现实技术与戏剧艺术的融合，一方面是多种先进技术的结合，另一方面是关于虚拟时空对传统戏剧时空的颠覆和重构。全息舞台剧通过"虚拟场景＋真人表演"相结合的方式，在无需佩戴任何外界设备的情况下，就能带领观众进入虚拟与现实融合的双重空间，配合多媒体特效技术，将原本泾渭分明的台上台下空间彻底打破，观众可以在亦真亦假的世界里自由穿梭，原本只能在电脑后期特效画面，现在剧场内就能实时体验，可给观众带来全新的感官享受。

广东省广州大剧院总经理表示："未来数字化剧场必将是智慧型的场馆，充分运用移动互联、物联网、大数据及人工智能等技术手段，除实现专业演艺场馆必备的艺术交流、传播、教育等基本功能外，通过多媒体、AR、VR、AI 机器人等新兴技术，对演艺场馆的建筑物及人、财、物、业务行政和运营，提供安全、可靠、有效的智慧化管理，并实现院线资源的互补及联动。数字化必将在剧院的运营、管理方面，充分发挥其优势。"

## 二、虚拟偶像，元宇宙概念下的新星

在元宇宙概念以及资本方投资的加持下，虚拟偶像逐渐被看好，身份型虚拟数字人以明星形象虚拟化，人设形象虚拟化，品牌形象虚拟化形式，在增量市场创造新价值增长点，为未来的虚拟化世界提供人的核心交互中介，在增量市场创造新价值增长点；降低虚拟内容的制作门槛。

随着 AI 技术的不断发展，虚拟人如今也已不再局限于"虚拟偶像""虚拟形象"等形态，而是更多地侧重于外观、智能等方面与人的相似性。未来虚拟人将不再是简单的虚拟人物形象、游戏 NPC、虚拟主播，而是会在例如金融、旅游、传媒、搜索引擎等各个领域中大量出现。

据艾媒数据中心显示，虚拟偶像产业保持稳定增长态势。2021 年，虚拟偶像的带动市场规模和核心市场规模，分别为 1074.9 亿元和 62.2 亿元，预计2022 年将分别达到 1866.1 亿元和 120.8 亿元。据《虚拟数字人深度产业报告》预计，到 2030 年，我国虚拟数字人整体市场规模将达到 2700 亿元左右。

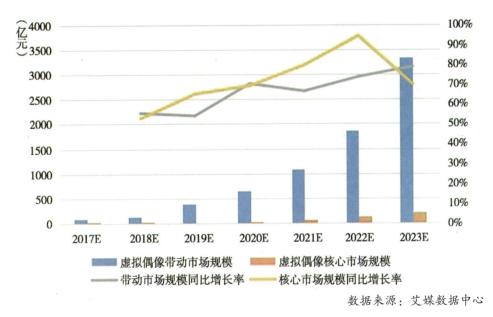

数据来源：艾媒数据中心

图 6-2　2017—2023 年中国虚拟偶像市场规模及预测分析

## （一）虚拟偶像的发展进入新历程

20 世纪 80 年代，日本超人气动画《超时空要塞》中，林明美凭借一首响彻宇宙的《可曾记得爱》，揭开了虚拟偶像时代的一角。2007 年，凭借《甩葱歌》一炮而红的初音未来，为台下 2500 个粉丝举办了世界上第一场使用全息投影技术举办的演唱会。2013 年在虚拟技术加持下，邓丽君深情款款走到台前，跨越时空和周杰伦同台献唱。

从林明美到邓丽君，虚拟偶像经过四十年的发展，完成了从 2D 到 3D 的"产业升级"，这让虚拟歌姬的形象到了以假乱真的地步。近几年来，除了在形象上不断更新，虚拟偶像的身份也开始往歌姬之外拓展。出现在屈臣氏饮料上的 IMMA，是个时尚模特；3 天涨粉 200 万的柳夜熙，自称美妆达人。经历了 3D 化、职业化之后，如今的虚拟偶像又进入了新的历程。

## （二）技术创新驱动虚拟偶像新变革

虚拟数字人是存在于数字世界的"人"，是利用信息技术与人工智能技术将人体全身及肢体动作全方位的进行数字化、可视化复制，最终达到将现实生活中的人精确的在数字世界中模拟构建出来。

近年来，得益于深度学习算法的突破，虚拟数字人技术发展迅速。通过高逼真表情光场采集系统、AI 驱动、实时交互性，通过摄像头实现对周围场景及真实用户的理解，并通过压力传感器、超声传感器、肌肉电传感器等多模态数据实现对用户意图实时精准理解。人们可以用 VR、AR、桌面、全息等多种方式实现与数字人的实时交互。借由与人的互动，可以让用户真切感受到数字人是"活生生"存在于这个世界。基于技术领域研究的突破，虚拟偶像、虚拟主播、虚拟员工等虚拟人物进入大众视野，由人工智能驱动的数字人产业渐入佳境。虚拟数字人技术是数字表演的核心支撑技术，在文化技术融合方面发挥着举足轻重的作用。

### （三）虚拟偶像掀起数字表演新浪潮

越来越多的品牌方已经意识到元宇宙时代虚拟化的趋势，纷纷展开对元宇宙的探索，虚拟人市场更是已进入白热化的阶段，虚拟人拥有巨大的影响力和营销价值，他们自身具有更高可塑性，能承载更多粉丝幻想，服务品牌，成为品牌专属。

随着 5G、AR、VR 等技术的进步，虚拟偶像将在直播带货、VR 演唱会等场景的应用中为用户提供更良好的体验；虚拟 IP 的愈趋成熟，也将提升品牌方与虚拟 IP 的联动。此外，企业还可将虚拟偶像产品化，虚拟偶像可作为虚拟助手、虚拟教师、虚拟客服等应用于更多场景，实现落地场景以及变现路径的多元化。伴随着虚拟偶像的持续火爆，尤其是元宇宙相关产业的蓬勃发展，大量资本涌入市场。元宇宙具有大量数字化资产，需要资产凭证来促进元宇宙的经济循环。非同质化代币（NFT）是元宇宙中数字化资产凭证的一种表现形式。部分新生元宇宙项目正在打造具有 NFT 属性的虚拟偶像，在各类数字媒介上展示，且 NFT 的价值与偶像的人气值挂钩。在真人直播带货审美疲劳、形式同质化的环境之下，品牌需要打造更富有创意性的内容，加深强化消费者心中的品牌认知和辨识度，引发消费者的共鸣，触发用户消费行为欲望，从而激活并满足更多消费诉求，企业线上营销活动与虚拟技术结合已成为新浪潮。

### 三、虚拟展厅，强交互高精度畅游

随着元宇宙时代的来临，从数字孪生到数字原生，3D 建模、3D 扫描、3D 仿真等，作为构建元宇宙的重要部分，都将得到极大地应用。面对元宇宙大生态海量的人、物、场景等数字孪生的实现，想要打造一个完美的线上虚拟世界，首先就要将现实生活中的人、物体、场景进行数字化，快速采集到虚拟空间。从虚拟数字产品到虚拟数字人，再到虚拟空间，一个元宇宙中的数字内容生态的搭建不仅需要强大的 AI 算法和实时渲染追踪技术，还需要顶尖的 3D 建模、3D 仿真技术做大"基建"。基于元宇宙的大发展趋势，元宇宙人、物、场的生态基础建设需要全站式 3D 数字化解决方案的助力。实现元宇宙人与物高效 3D 建模在搭建线上 3D 世界中，高精度 3D 扫描技术（实景复制技术），可将现实环境里的人和物体进行快速建模，为创建虚拟世界提供了一种高效的手段并实现在 Web、小程序、网页等前端页面流畅的 3D 效果展示。

线上数字展厅是完全基于互联网，通过 VR 虚拟现实技术和三维建模技术等多媒体技术搭建的数字化展厅，仅需一个链接便可通过 IE 浏览器加入，畅游虚拟环境，可通过手机、电脑、平板、触摸一体机同步展示，实现虚拟空间多维度的展示，为参观者营造出沉浸式的参展体验。

#### （一）VR 虚拟展厅功能

● 高质量渲染，视觉上高度逼真，细节上完美呈现；

● 私人定制，虚拟定制产品（外形、颜色、功能等）；

● VR 模式，身临其境的体验；

● 品牌展示，logo、海报、宣传片、荣誉等；

● 一键生成，海量丰富的模板，可自由编辑。

#### （二）VR 虚拟展厅优势

● 沉浸式展示产品，VR 虚拟展厅能 720° 旋转、放大、缩小等 3D 高清立体展示，自定义虚拟空间，打造身临其境、沉浸互动的体验；

- 手机上定制化的云展厅,7×24小时全网访问,随时随地都可参观的展厅;
- 用户使用率更加频繁,轻松发起数十人到上千人参展,第一时间把企业的信息发布给市场;
- 一键分享、购买,VR虚拟展厅,带给企业无限机会;
- 线上运营产品,云端维护流程简单、变动成本低。

### (三)VR虚拟展厅实践

长城是中国古代的军事防御工事,其修筑在历史上可追溯到西周时期,现长城已成为中华民族的代表性符号和中华文明的重要象征,已经融入了国家民族的血液之中。河北省作为长城国家文化公园重点建设区,其长城文化资源是中国长城保存较完整、典型的区段。河北省博物院为弘扬长城凝聚的中华民族自强不息的奋斗精神和众志成城、坚韧不屈的爱国情怀,将探索发展数字文化大众化实体体验空间,加强数字艺术、沉浸式体验等新型文化业态在公共文化场馆的应用,正积极投入长城主题博物院的建设之中。

河北省博物院联合中国联通与北京佳木青和旅游规划设计院积极探索推进长城国家文化公园,数字再现示范工程,依托重大考古成果和文化遗产内容,将深入挖掘文物背后的故事,并将文物遗产的文本图片、音视频、三维模型等数字资源有效整合,提炼展陈精髓,科技数字赋能文化,以数字再现来全景呈现中华文化,以VR虚拟展厅形式,让文物"活起来"。

# 第四节　大型娱乐活动的数字化运行

科技正在打破现实与虚拟的边界,同时也打通了演艺、娱乐、艺人、偶像的壁垒。在年轻消费者对于沉浸虚拟娱乐和数字体验消费习惯的刺激下,借着元宇宙热潮和技术的革新进步,虚拟演出行业的想象空间正在进一步打开。作为数字时代与疫情时代演出方式的新尝试,虚拟演出早已成为连接全球数字海洋中亿万观众的现象级娱乐活动,为文娱产业带来了崭新的生命力。就目前比较常见的两种虚拟演出表现形式展开讨论,探究各自特点和发展趋势。

"元宇宙＋活动"带给人们新奇丰富的感官体验，同时也传递着独具特色的品牌营销理念。品牌方正在利用元宇宙举办各类会议和活动，例如现场音乐表演、名人访谈、发布会、见面会、专辑试听会。随着技术的逐渐成熟，必然出现大量企业利用元宇宙概念进行活动、会议的营销包装，吸引用户参与。

## 一、元宇宙音乐会，引领新浪潮

近年伴随着疫情的发展，线下演出行业受到重创，由此推动了线上演出行业的迅速扩张。在这之中，将音乐与动画、VR、AR 等尖端技术相结合的虚拟演出逐渐受到市场追捧，一些头部艺人也与相关平台合作并得到积极反馈。同时，虚拟演出与社交、游戏等其他内容领域的结合空间也得到很大程度的开发。

### （一）元宇宙演唱会的新起点

2005 年，U2 开启了一轮新的全球巡演，这轮名为 Vertigo 的巡演，共演出了 110 场，总票房高达 3.9 亿美元，创下当时的新纪录。U2 在现实中巡演的同时，几位乐迷在一个叫《第二人生》（Second Life）的游戏里，也办了 U2 的巡演，在游戏中，他们把自己"打扮"成 U2 成员的样子，模仿 U2 演唱，给乐队取名为 U2inSL。如今看来，这可能是最早的"元宇宙演唱会"，至少是最接近我们现在看到的"元宇宙演唱会"——在虚拟空间里举办的艺人以数字分身形式进行表演的线上虚拟演唱会。《第二人生》也被认为是最早的"元宇宙"，《第二人生》的开发者曾强调，他做的不是一个游戏，而是一个虚拟空间，进入这个虚拟空间的用户，首先要给自己定制一个 Avatar 化身，也就是在虚拟空间里给自己创造一个新的形象。Avatar 是梵语，意思是"神的化身"，最早被游戏使用是在 1979 年。U2inSL 的成员们，用 U2 乐队的形象建构了一个独特的"声像综合体"，这个"声像综合体"可以唱歌、可以弹琴、可以做任何动作，甚至还可以跟其他"声像综合体"一起跳舞，尽管肢体略微僵硬、形象也略显粗糙，但已经能够完成真人 U2 可以完成的基本事情。只不过，这一切都发生在虚拟空间里。

## （二）元宇宙音乐人的新阵地

2020 年 4 月，美国饶舌歌手 Travis Scott 用其数字分身在游戏《堡垒之夜》里举办了一场名为 "ASTRONOMICAL" 的直播演唱会，创下 1200 万名玩家同时在线观看的纪录，收获上亿次的观看，Travis Scott 本人更是捞金 2000 万美元。相较而言，从 2018 年到 2019 年，他每场真人演出的收入大约为 100 万美元。

2021 年 11 月，加拿大歌手 Justin Bieber 与虚拟音乐会公司 Wave VR 合作，向全球歌迷献上了一场 30 分钟的元宇宙演唱会，通过科技的力量，给观众带来一场集游戏、实时动作捕捉和现场音乐表演为一体的身临其境的互动体验。

在国内，元宇宙演唱会也是方兴未艾。2021 年 12 月 25 日，中国移动咪咕公司带来系列科幻感浓厚的创意内容，以 "音乐＋冰雪＋社区" 玩法开启音乐元宇宙。此次第十五届音乐盛典咪咕汇线下主舞台美轮美奂，科技手段加上专业的舞美团队，裸眼 3D、AR 特效让演出呈现了一场虚拟与现实交互的视觉盛宴。同时，为了让观众在线上依旧有沉浸式体验，咪咕汇升级打造了全球首场 "元宇宙交互时空·云演艺音乐盛典"，集合 VR/AR/MR+5G+4K 的舞台呈现及云端交互等行业最前沿技术，并为云端用户提供 "动感地带·5G+4K 盛典视角" "全景视角" "竖屏直拍视角" "VR 云同台" "汇客厅" "X 视角" "冰雪·第二现场" 七大视角。

## （三）音乐爱好者的新主场

后疫情时代，虚拟音乐会可能是现场音乐产业的一条新出路，同时也是那些 "被憋坏了" 的音乐爱好者的 "新主场"。一方面，对于歌手来说，现场表演是一种与粉丝进行互动的方式。同时，对于许多音乐人尤其是独立音乐人来说，现场表演更是一种获得收入的主要途径，而疫情则对整个行业以及歌手个人都产生了较大影响。

另一方面，对于许多音乐爱好者来说，线下音乐表演所带来的氛围感受是异常可贵的，同时通过线下表演与喜欢的歌手进行互动更是许多人所向往与热衷的。如果在微博上搜索"音乐节疫情"相关词条，可以看到不少人强烈表达了对去现场参加音乐节的渴望与无奈。

相较于当下常见的直播形式，音乐元宇宙的优势不仅在于突破时空限制，带来实时表演，还在于沉浸式体验以及强互动感，独特的虚拟化身、写实的建筑和场景以及酷炫的舞台都充分体现了趣味性和娱乐性，用户也更加有身临其境之感。此外，对于举办方来讲，也不需要考虑场地、物料和现场安保等传统现场表演的痛点，同时还能容纳大量观众，不用担心安全事故的发生。

### （四）虚拟演出释放新消费

在过去两年，演出行业受到重创，虚拟演出作为独立演出场景的需求得到充分释放，韩国 Beyond Live、国内 TME Live 等在线演出品牌应运而生。2021 年虚拟演出行业得到进一步的发展，对于线上演出的探索并未止步于将线下演出原样搬至线上，而是结合 3D 虚拟形象、VR、AR 等技术，把虚拟演出作为线上演出的重要拓展方向。

如今，线上及虚拟演出已经不再是传统线下演出的附属与复制，而是成为新科技背景下的全新用户消费场景，已经成为音乐消费的独立赛道，"虚拟演出"借助更多创新场景打造的全新内容宣发模式，将进一步扩展音乐娱乐服务的边界，同时为音乐人和优质作品提供更多舞台。率先在 5G 时代，抓住用户多元、沉浸的音乐体验需求，积极拓展音乐消费场景的机会对于各音娱公司来说至关重要，音乐行业也将在音乐娱乐消费场景的创新与变革中迎来全新的市场格局。

#### 1. 高科技赋能搭建数字化舞美

科技赋能舞美，一方面可以改变舞台面貌；另一方面还将广泛应用于创作、演出、演播的全过程。如：5G 技术的运用使"零时差"传输成为可能，4K/8K 超高清影像技术使画质更加清晰，先进的收音设备能够将声音清晰还原，并传输给全国甚至全世界的观众。借助于网络的低时延能力，音乐在云端互动、数字内容交互体验上实现了更好的发展。裸眼 3D、全息影像、AR 技术、VR 技术、透视屏幕等科技手段为线上演出提供了更多可能。演出、演播手段的更新迭代为舞台向"云上"发展提供了基础条件。

2. 打破时空简直突破观看极限

一场线下演出，即使在鸟巢体育场这样的大型场馆，9 万人就是一场演出的上限。而虚拟演出则可以通过互联网把全世界的人聚在一起，不受时空的限制。

3. 赋予上帝视角 360° 随意掌控

在元宇宙里看演唱会，即使你没有买到前排 VIP 观众席，演出现场在你手里只不过是一个小玻璃球，你可以任意调整它的角度，从全景视角、VR 云同台视角、后台 X 视角等多个维度任意切换观看，获得掌控感爆棚的体验。

## 二、云楼会议室，线上会议天花板

在元宇宙时代，视频会议已经升级为更具交互性、沉浸感和协作性的体验。通过数字孪生形象，人们可以在云楼虚拟三维空间中进行会议，在云楼会议室中，现实世界的事物都将被数字化"复制"，让远程工作员工的体验与办公室员工的体验相一致成为可能。

采用 VR 技术，它允许用户在 VR 环境里举行会议，跟 Zoom 那种把参会者放在一个个视频格子中的标准网络会议模式相比，云楼会议室以更具沉浸感的方式让参会者聚集在一起。通过 VR 技术协同的头盔体验，运用空间音频和手部追踪等功能，让人们更真切地感觉到处于真实的物理房间内，创造一个身临其境的、虚拟的、面对面的、有仪式感的在线活动体验。

### （一）虚拟世界也可以"面对面"

在云楼中，大家可以以一个自己喜爱的形象进入会议室，哪怕是在不同地方的同事，也能达到身临其境的效果。内置于系统的虚拟角色，基于"有灵虚拟人"的 AI 捏脸技术，用户可以通过自己上传的照片快速生成与其形象相似的虚拟角色，专属的虚拟形象在很大程度上加强了参会用户的沉浸感与参与感。在科技技术的支持下，完成虚拟人动画迁移的功能，用户仅仅使用普通单目摄像头，就可以实现真人表情动作实时驱动 3D 虚拟数字人的效果。五官表情、肢体动作甚至一些特定手势都能追踪，例如上图展示的"耶""OK""比心"等手势都可以轻松实现。而且这个能力具备稳定性和抗干扰性，一旦用户开始迁移，身后即便有人路过，或者有新的用户进入视频框内，也不会影响前一个人的动画迁移效果，达到近乎"面对面"的效果。

### （二）会议室也可以个性化定制

在云楼会议室中，有多种不同元宇宙会议场景，可以根据企业需求去进行选择，每一个会议室场景都可以自定义布置符合会议主题的氛围，无论是宽敞明亮的大型会议室，还是不拘一格的会议室风格，25人到500人，都可以完成。会议室主题可以根据需要切换沉浸式年会、招聘活动、线上峰会、学术会议等新模式，以及艺术品展览、虚拟线上拍卖、线上线下混合活动等多种新业态场景。

### （三）工作场景可以真实还原

当进入云楼会议室，人们可以在虚拟世界里完成所有现实工作会议的事情，如培训、头脑风暴、演示等，以更具沉浸感的方式，与客户沟通和建立业务。让人们更真切地感受到处于真实的物理房间内。楼会议室元宇宙的核心使命是把传统的线下会议或视频会议效率大幅度提升，实现元宇宙场景沉浸式沟通，满足当下疫情不确定的集中、远程、隔离等不同场景的混合环境会议需求，云楼会议室元宇宙将成为企业数字化会议室进程中必不可少的支持力量。

# 第七章　元宇宙助力文旅重构新样板

　　元宇宙是"融合于现实世界的数字世界"，辅助人们更好生活的数字服务体系。文旅元宇宙具有普适性与普世性，通过流量裂变、"元"赋能、"元"传播、"元"体验、"元"运营的产业赋能模式，颠覆了传统文旅产业的投建结构、经营方式与运营管理方式，实现数字智慧运营与全民营销，让沉浸式夜游实现由亮化到美化，再到文化，最后实现智慧化的业态转型。

　　"元宇宙10条"扶持的范围涵盖应用示范、技术创新、人才引流、知识产权保护、基金支持、交流合作等十个方面，目前重点培育的行业有数字虚拟人、工业元宇宙、数字艺术品交易等。体现元宇宙发展趋势的重点领域，推动数字经济高质量发展。未来，元宇宙或许能实现虚拟与真实的结合，让消费者可以同自己的偶像同台演艺，也可以在徐霞客的引导和讲解下去爬山徒步，甚至可以穿越时空，与历史人物完成一场跨越时空的交谈，这都让文旅看到了更多消费变现的空间。

## 第一节　非物质文化遗产保护方式的重构

　　非物质文化遗产是一个国家和民族历史文化成就的重要标志，是优秀传统文化的重要组成部分，既需要薪火相传、代代守护，也需要与时俱进、推陈出新，以非物质文化遗产为内容载体，构建全民共享的"非遗元宇宙"，不仅丰富元宇宙的内容层面与精神层面，也推动元宇宙向更加长远的方向发展。不错的创意加上科学技术，使文创从静态走向"活态"，也从实物走向了数字化、动态化，元宇宙需要非遗，非遗保护也需要元宇宙。

## 一、元宇宙引领中国非遗"出圈"

目前，数字藏品在文博领域非常火热，元宇宙催生了一种文创新形态。艾瑞咨询发布的报告显示，2021 年，中国娱乐技能社交用户中，35 岁以下用户占比达 74.7%，其中 30 岁以下占比达 45.9%。值得关注的是，80 后、90 后的年轻人，正成为短视频平台非遗传承的主力军，创作者中 80 后占 35%，90 后占 26%。2022 年 6 月 11 日抖音发布的《2022 非遗数据报告》显示，过去一年，抖音上国家级非遗项目相关视频播放总数达 3726 亿，获赞总数为 94 亿，抖音视频覆盖的国家级非遗项目达 99.74%。过去一年，抖音非遗项目直播场次同比增长 642%，获直播打赏的非遗主播人数同比增长 427%，濒危非遗视频播放量同比增长 60%。

### （一）数字档案，历史建筑"活化"之路

广州非遗街区打破物理空间界限，成为全国首创元宇宙非遗街区。以北京路骑楼为原型搭建的虚拟公共文化空间——广州非遗街区（元宇宙）设置体验区，市民戴上 VR 眼镜，即"穿梭"进入非遗街区元宇宙世界实现沉浸式体验。元宇宙街区呈现广府特色非遗集市，包含广彩、广绣、榄雕、箫笛、通草画、象牙微雕、岭南古琴、西关打铜八大项目，每个项目均挑选了代表性的精品进行 3D 数字建模，结合 5G 云计算、AR/VR 等技术，高精度全方位地展示产品细节，带领大众领略非遗工艺的精妙之处。现场还有基于"联通 5G+ 北斗"的无人零售车，人们可在 5G 无人零售车完成扫码以及非遗产品的支付购买，全面体验集文化、场景、消费为一体的非遗新模式。

作为全国首条线上线下融合交互的非遗街区，广州非遗街区（元宇宙）打破地域与空间的限制，让虚拟世界回归现实生活。探索元宇宙在非遗行业中的应用场景，让非遗更好地融入现代生活，找到传统文化和现代生活的连接点。数字化手段的加入，不仅使非遗展示更加丰富，而且有效地破解了实体展览参与受时间空间限制的难题，还能使文化遗产保护工作共享元宇宙发展新机遇。未来街区还将进一步提供数字化建模服务，携手众多非遗企业和传承人，打造和发行属于自己的数字藏品，以科技连接现代生活，让非遗绽

放迷人光彩。

### （二）数字藏品，文物"数字重生"之路

数字藏品作为一种新型文创商品形态，既赋能传统文化，也迸发出新的商业化能量。现阶段，文物数字藏品更接近于数字化的文创产品，本质上我们可以把它当成是文创产品。数字藏品作为一种文创新形态，把文物背后的历史文化以更年轻化的方式传递出来，有利于推动中国优秀传统文化创造性转化和创新性发展，数字藏品的流行，给文化艺术生态注入更多可能性。

文物数字藏品，是文物 IP 的创意作品基于区块链技术确权，并通过数字化手段实现网上共享传播的产品，其不可篡改、永久保存的特性让文物找到了"活下去"的新方式，或将成为年轻一代新的文化生活体验方式。

数字藏品正在成为文博行业探索的新业态，其积极作用主要体现在三个方面。一是促进文化传播。文物借助数字藏品"走出"博物馆，通过线上平台的展示与售卖，缩短了文物与社会大众，特别是青少年群体之间的距离感，更大地激发了他们对于文物及其相关历史文化的兴趣；二是培育新业态。创意借助文物数字藏品再次隆重进入文博领域，创意使文物焕发出新的生机，文物使创意展现出新的动能，二者有机融合，被社会聚焦、网络透视、行业认可，促进了文化创意产业的转型升级，催生了文化产业的新思路、新业态；三是催生新消费。文物数字藏品作为新生事物，将文博行业引进互联网经济中，激发了文物爱好者等不同群体的消费需求和购买欲望，同时又通过"创意激发"带动文博行业实体经济发展，构建文博领域消费新模式。

## 二、非遗为元宇宙提供丰富的内容素材

元宇宙时代已经不可逆的来临，而当我们津津乐道主角形象、视觉冲击与故事情节之时，往往忽略了电影作品背后所要表达、传递的内容，如世界观、人生观、价值观等。正如元宇宙的发展一样，当我们沉浸在扩展现实技术给我们带来的便捷与真实互动体验感的同时，应该更多地关注元宇宙在技术层面、法律层面、社会规范层面的建设与完善。

我们必须深刻地认识到，现实是虚拟的基础，是元宇宙的基础。"非遗元宇宙"

以优秀传统文化、非物质文化遗产作为现实基础,实现虚拟现实互动;非物质文化遗产作为中华民族世代相传的传统文化结晶及文化遗产重要组成部分,必将为元宇宙带来大众喜闻乐见的优良内容与现实承载,为元宇宙赋予优秀传统文化灵魂,营造带有中华民族烙印的网络公序良俗与道德规范。

### (一)传统文化,创新"现代演绎"之路

中国目前已经研发多个将朗诵、演唱、古典舞、西安鼓乐、飞花令跟诗歌巧妙融合的项目,沉浸式现代音乐+传统戏曲、古今对话情景演绎+穿越歌舞、唐诗精粹、古代传说、诗画意境,在这里完美融合。陕西传统戏曲与现代流行音乐,在这里交相辉映,"陕西腔调"代表的中国优秀传统文化,正穿越古今,定义今天新的流行。在陕西西安,基于唐朝历史文化背景建设的中国第一个元宇宙文旅项目《大唐·开元》白天是旅游景点,晚上配合声光电技术,成为时空隧道,通过环境及氛围的营造,让游客沉浸于盛唐之中。

### (二)非遗主题IP,大胆创新赋能"新生"

非遗文化是民间智慧的结晶,具有强烈的民族属性和地域特色。打造非遗文化品牌并融入当前数字化发展热潮,不仅能为中国非遗文化的发展奠定更好的物质基础,还能让非遗文化以更新颖的形式走进大众日常生活,"盘活文化",利用IP理念,培育"非遗+",通过对非遗的产业化开发达到延续和传承非遗的最终目的。通过文化的保护,让非遗活起来,实现"文化资源"向"文化资产"的转化,从而得到长远的发展。

## 三、元宇宙为非遗保护破局开路

5G推进数字经济蓬勃发展,元宇宙大大拓宽了文博领域的表达方式,以数字化的形式呈现历史,对文化遗产的传播提供了支撑,为中国非遗保护赋予了更多的想象。

目前我国非物质文化遗产出现后继乏人的现象,非遗需要社会化传承,需要更多的人参与,需要年轻群体、Z世代关注。而"非遗元宇宙"为传统非遗保护提供了更加便捷的手段、途径且更加适宜在年轻人之间传播的载体,为非

遗融入时代语境提供了可行路径。

从《中华人民共和国非物质文化遗产法》诞生至今，社会各界对非遗的"需求"从量到质明显提升，非遗进校园、非遗进社区工作如火如荼，非遗文创、非遗国潮等热词不断，非遗传承人应接不暇，非遗"供给"日渐不足、略显乏力，而虚拟人物的诞生可以使传承人"分身有术"，虚拟现实与现实增强等技术可以为非遗传承带来更加真实的互动体验感，为非遗保护提供新的支撑。

非物质文化遗产需要融入人民、融入时代、融入生活进行保护。如何在全球经济一体化、城市更新等多重时代背景下，实现非遗区域性整体保护？构建文化生态保护区是可行之策，而元宇宙为都市、街区形态的文化生态保护区构建提供了虚拟现实交互形态的可研对象、可行方案，具有前瞻性、示范性。同时数字孪生技术，颠覆过去对"物"保存的概念，将要素保存下来，为中国非遗的发展、传播提供新的思路。

### （一）元宇宙带来非遗传承形式的多元化

传统采集非遗产品数据的方法主要是文字记录和影像拍摄等，由于技术本身的限制，获得的数据信息十分片面，同时其数据文件容易损坏，不易保存。[40]元宇宙时代，借助用户使用分析、数字孪生等多项技术的支持，将为中国非遗文化的传播提供全新的视角，将文化互动、文化包装、文化传播、文化生态建设等在互联网上建立一个完整的体系链，使人们对非遗产生文化认同，使中国非遗文化认同成为生活常态甚至成为一种潮流。

### （二）元宇宙推动非遗文化产品的创新

中国拥有非遗文化产品门类众多，但能够经过市场检验且受众面较广的非遗文创产品却少之又少，许多产品还停留在原始阶段，缺少商业化的包装、定价过高、实用性较弱、不符合大众审美趋势等方面是主要原因。在元宇宙时代，要让中国非遗真正活化，使得非遗文化产品能够走进千家万户。《中国文博文创消费调研报告》显示，文创消费年轻化趋势明显，其中"95后"占比达30%，他们更注重文博文创产品的体验感与个性化。以当下生活环境为基础，以大数据分析调研当下市场消费者的偏好，开发市场人群喜好的文创产品，助力中国文化 IP 研发和搭建。非遗产品已经从单一的、初级的手工艺品、表演节目、民俗活动演变为"全过程"产品，如体验课件、沉浸式体验项目、非遗民俗、非遗游学线路等，而元宇宙恰恰可以充分满足"全过程"非遗产品的设计、互动、传播等方面需求。

# 第二节　文旅产品创新方式重构

当前文旅类元宇宙产品在现行的法律监管体系下大致分为四大类，现状文旅资源本身电子化或数字化的部分、旅游文创产品、游戏、电商平台。元宇宙的新技术、新模式、新业态将会重构文旅的边界和定义，以集成技术和创新文化，达成内容和体验赋能，打造实数融合的文旅新场景，构建文旅商务购物消费新型一体化。在文创产品上的运用创意、设计、体验、消费等方式延长旅游产业链，给文旅产业发展注入新动力。

## 一、元宇宙让"诗"可触摸，让"远方"在身边

元宇宙与文旅产业有着天生的、完美的结合，"场景＋体验"将成为文旅元宇宙中的重要消费方式。在元宇宙中，人们对空间的感知建立在 VR、AR、MR 等技术所生成的实时动态三维图像之上，立体逼真的画面和全景自由的视域范围会带来高度的沉浸感，让人产生身临其境的数字化空间感知。让"远方"在身边，让"诗"可以触摸。元宇宙复制了现实的美景，为人们提供了逃离现实空间的"旅居生活"，让大家一起共创、共建梦想的家园，实现跨越时空的身心体验，进而支持人类思想和意识上的"永生"。

文旅目的地的扩展会在虚拟世界和现实世界同时实现。旅游目的地将不仅仅指代地球上的某个角落，人们也能更容易地去火星或伊甸园旅游。那些人类情感指向的不可抵达的真实世界或从未存在的虚拟世界会在元宇宙中被创造出来，成为一种全新的文旅目的地。元宇宙将扩展文旅目的地的边界，将游客带向更大的虚拟世界。原本只能依靠文学、影视或游戏描述的场景、人物和情节，在元宇宙中具备了接近真实感官体验的全新接触方式。在元宇

宙时代，游客既可以实地旅游，也可以虚拟旅游，365 天，天天不重样，人能去的地方你能去，人不能去的地方你照样可以去。只要你想，你就可以随时随地领略一下北极的寒冷，接着又能体验一下巴厘岛的阳光，感觉真的呼吸到湿润又清新的空气，触摸到细白又温暖的沙滩。虚拟世界的游览时间、地点、甚至气候都可以自选，还能随时更改，如果你有胆、有钱且身体健壮，可以去体验登月旅行，摆脱地球引力的颠簸。未来文旅的本质是超越现实之上的精神活动，无论是从体验角度还是商业角度，元宇宙都给文旅行业带来更大的想象空间。

## （一）"非凡英国"项目

"非凡英国"旅游项目，倾听安妮·海瑟薇小屋（AnneHathaway's Cottage）内老爷钟的钟声，悠闲地漫步于杜德尔门（Durdle Door）的海滩，或是欣赏罗斯林教堂（Rosslyn Chapel）的合唱。现在，诸如此类种种美好，不再是来到英国后才能感受的体验，海外游客甚至在到达前就可以提前享受。英国旅游局已打造了一系列 360°沉浸式体验，以便让海外游客足不出户就能进入英国最受喜爱的景点。英国旅游局这项活动是政府已取得巨大成功的"非凡英国"旅游项目的一部分，旨在吸引更多海外游客游览英国各地。这些沉浸式体验不仅能让潜在游客在来英国之前领略英国最非凡的旅游景点，还能激发出更多人前往英国旅游的欲望。

## （二）未来"华夏元宇宙"

试畅想 2025 年，你闲暇无事，穿上一身带有触感反馈系统的特质服装，戴上 VR 头盔，进入由某互联网头部公司打造的"华夏元宇宙"系统。你落脚在陕西关中平原，想一览"奋蹄青骏腾沧海，昂首绯驹跃翠川"的壮阔，在那里，你发现有很多外籍角色，用半生不熟的英语和他们交流得知，他们是前来游玩的外国友人，扎克伯格已将其 Meta 平台接入到"华夏元宇宙"中，这些外国友人也邀请你到他们的虚拟中世纪城堡去转一转。元宇宙中虽然没有国界之分，但各国都将自己的技术力量和文化力量投射进来，你曾经前往卢浮宫虚拟博物馆亲手触摸大卫而不用担心其磨损，也守卫过圣索菲亚大教堂,近距离见证君士坦丁堡被攻陷的历史冲击感,甚至跳进秦兵马俑二号坑,挑选自己喜欢的秦兵马俑,为它们复原彩绘,只要交付了费用,后期就可以在现实中收到一模一样的纪念品。[41]

## 二、元宇宙促进文旅地产高质量发展

文旅地产与元宇宙联动,将促进文旅产业高质发展,带来更丰富的人文体验。今年文旅地产与元宇宙结合的热潮初显,已有多家相关景区、主题公园、艺术中心等进行了文旅元宇宙的探索和尝试。

风语筑与上海奉贤新城公司计划打造上海奉贤新城元宇宙城市会客厅。曲江文旅旗下大唐不夜城与太一集团联合打造的全球首个唐朝历史文化背景的元宇宙项目"大唐·开元"立项启动。迪士尼公布了"元宇宙"战略,已经开始探索如何在迪士尼乐园游乐项目组合中解锁元宇宙技术。由深圳童话爸爸文旅科技有限公司开发的国内首家元宇宙主题乐园深圳冒险小王子元宇宙主题乐园将落地深圳光明小镇。海昌海洋公园与SoulApp携手打造"海底奇幻万圣季——打开年轻社交元宇宙"主题活动。北京的环球度假区、张家湾、大运河景区等都将引入元宇宙应用场景,希望借助全球最大环球影城产业资源,联合周边文旅地产,共同打造体验式、沉浸式商业,形成顶级商圈。

而北京城市副中心出台了《关于加快北京城市副中心元宇宙创新引领发展的八条措施》,规定在元宇宙应用创新中新注册并租赁自用办公场地的重点企业,可获得50%、70%、100%三个档位的补贴,这一举措体现了政府对元宇宙在产业应用中的支持和重视,也表现了元宇宙重要的应用价值。

表7-1 文旅元宇宙中国常识一览表

| 主体 | 元宇宙应用 |
| --- | --- |
| 风语筑、上海奉贤新城公司 | 百度希壤元宇宙平台内,打造成上海奉贤新城元宇宙城市会客厅,推动虚拟公共服务建设。 |

| 主体 | 元宇宙应用 |
|---|---|
| 曲江文旅旗下大唐不夜城、太一集团、西安数字光年软件开发有限公司 | 打造元宇宙项目"大唐·开元"，此项目将打造大唐不夜城的"镜像虚拟世界"，游客可以通过端口登录，运用电子设备就能在完美复原的唐朝街道上游览、购物，享受和现实世界一样的商家折扣，甚至可以邀请异地的朋友一起逛街，就如在现实生活中一样。由大唐不夜城与西安数字光年软件开发有限公司联合打造的"大唐·开源"系列数字藏品上线，此为西安首个 3D 建筑模型的数字藏品。 |
| 张家界景区 | 张家界元宇宙研究中心设置在张家界市武陵源区旅游高质量发展数字化转型工作领导小组办公室，元宇宙研究将成为武陵源区数字化转型的重要研究内容。 |
| 迪士尼 | 迪士尼前数字业务执行副总裁 Tilak Mandadi 于 2020 年在领英上写道，要创建一个元宇宙主题公园，通过可穿戴设备、智能手机和数字接入点，将"现实世界和数字世界汇聚在一起"。 |
| 奥雅设计、绽放文创 | 聚焦于尝试体现元宇宙六大支撑技术中的"交互技术"、通过全息影像、VR、AR、MR 以及传感技术等，为观众提供一个面向未来科技与生活方式的"全沉浸、低延时、强交互"的元宇宙空间体验场景。致力于将项目打造为世界级的前沿数字艺术打卡圣地及元宇宙体验空间。 |
| 深圳童话爸爸文旅科技有限公司 | 基于国内童话 IP 成立全球首家元宇宙主题乐园，以《冒险小王子》原创主题形象和牵动人心的故事为灵魂，形成区别于其他乐园的亮点与唯一性。园区内各游乐设备结合时下最先进的 AR、VR 和全息投影技术，增强互动性和体验感，让孩子在身临其境的真实体验中玩乐、学习和成长。 |

## 三、元宇宙将创造未来文旅消费"重头戏"

不同时代的人由于成长环境的差异会呈现出不同的价值观和消费观，其中 Z 世代因为是在移动互联网环境中成长起来的，因此 Z 世代消费主体思想前卫、观念开放、喜欢新潮和猎奇。随着年轻的 Z 世代们逐步迈入社会，围绕于 Z 世代的商业机遇便不断涌现。作为新消费人群的 Z 世代们消费能力毫不逊色，成了社会各界关注的焦点。[42] 由于 Z 世代独特的价值观和消费观催生更加个性化、多元化的消费需求，其对生产的调整和消费升级具有"风向标"

价值。

Z 世代情感、精神需求高，深受科技发展塑造的社群关系和社圈文化影响，喜爱线上、个性化、潮玩消费。为进一步契合 Z 世代消费需求，打开新消费人群市场，文旅消费产品的开发向着符合 Z 世代群体的偏好的方向发展。

2020 年起，Tiger Street Food 美食节以线上虚拟的形式举办，结合数字孪生体的身体指标长期监测数据，为用户量身定制个性化营养餐。

图 7-1 文旅偏好关键词

2021 年 10 月，现代汽车开发趣味互动元宇宙游戏"现代出行探险"，让用户以数字化方式体验相关出行服务产品。

2021 年 12 月，全国首家线下元宇宙主题商业项目"BOM 嘻番里"开启内测，打造以体验、艺术、创造为主，社交、购物、消费、娱乐等多种业态并存的新零售商业综合体。

2022 年 5 月，当红齐天与首钢集团合作开发全球首个以 VR、AR 和工业遗存相结合的国际文化科技乐园"首钢一号高炉·元宇宙乐园"。

2022 年 5 月，重庆首个元宇宙生态项目"灵境重庆"正式发布，将完全按照重庆母城真实比例复建，用户可以选择不同的虚拟人物角色在开放世界中进行游玩，并参与场景中的各项互动活动。

2022 年 6 月，国内首家元宇宙酒店亮相，远洲旅业旗下高端连锁酒店品牌入驻 ADG 投资、探针科技建设的分形者元宇宙，将核心区域"分形岛"水岸边的大型虚拟建筑物收入囊中。

# 第三节　文旅服务领域数字化重构

随着元宇宙概念的普及和完善，除了给游客留下深刻印象的身临其境的体验外，它还将文旅出行中的交通、住宿、餐饮、门票等方面进行了个性化的优化整合，将是"元宇宙"的重要体现。具体包括景区通过智慧管理实现客流监控门禁系统、景区无人驾驶等更好的服务体验，降低运营成本。近几年，区块链技术与元宇宙概念持续火热，为文旅数字化提供了发展空间，文旅项目纷纷小试身手，探索文旅元宇宙的搭建与应用。"吃、住、行、游、购、娱"等旅游活动的六大方面，均受到文旅元宇宙的深远影响。

## 一、元宇宙拓展文旅服务新空间

元宇宙是物理时空、社会时空、数字时空的融合，最关键的应用场景就是产业场景。文旅产业是最早应用 VR、AR 技术的领域，在很多景区，云旅游、云观展已经相当普及，这些成果都很接近元宇宙的场景应用。随着文旅场景时空体验不断延展，文旅产业体验式升级成为主要方向，元宇宙无疑是实现文旅产业转型发展的更好平台和文旅景区数字化的最终形态。元宇宙的时空拓展性、人机融生性、经济增值性将重构文旅应用，形成标准化的应用场景。

元宇宙对于优化文旅产品供给，拓展沉浸式文旅场景应用，引导和培育网络消费、体验消费、智能消费等新模式的作用，备受关注。而目前文旅行业面临的消费模式转型、数字化建设与实体服务深度融合、线上场景大量衍生等现状，使其具备了元宇宙落地应用的基础需求。

## 二、元宇宙重构旅游要素的"人、物、场"

### （一）人的重构：身份映射实现旅游主体身份异构化

元宇宙从本质上来看，是一个独立于现实世界之外的虚拟平行世界。在元宇宙中，每个个体的身份是有别于现实世界的真实身份而独立存在。通过身份映射，每个个体得以在元宇宙中体验与现实生活不一样的人生，实现身份异构化。[43] 元宇宙所传递出的"通过身份映射实现身份异构化"的理念，与当下旅游业发展中的一些现象相契合。旅游的意义不仅在于看到不一样的风景，更在于体验不一样的生活，从日复一日的生活中抽离出来，到陌生的环境中感受不一样的人生，这是旅游的意义所在，作为游客的个体所追求的也是身份异构化。

从近年来大热的剧本杀可见一斑，这股热潮已经延伸到了旅游行业，比如江西上饶望仙谷景区的剧本杀体验项目《我就是药神》、成都青城山旅游区结合民宿场景打造的实景沉浸式探案馆"壹点探案"等成功案例。"剧本杀＋旅游"这一新组合已成为旅游行业的新风潮，究其原因，剧本杀构建了一个游离于日常生活之外的游戏空间，人们在这一空间中获得全新的身份，通过角色扮演体验百味人生，将"人生如戏"诠释得淋漓尽致。在这个"游戏空间"中，身份的异构化让人们获得了全新的体验，在此基础上叠加社交属性，进而实现基于身份的映射的互动。

### （二）物的重构：价值共创助推旅游资源永续化

某些旅游资源作为旅游吸引物，其不可再生性是核心价值所在，而不可再生性也就意味着其作为旅游吸引物的价值是有限的，一旦开发过度或遭到人为破坏，所造成的损失将无法挽回。值得庆幸的是，现代科技可以有效助力解决这一问题。比如，数字化让文化遗产重新焕发生机，敦煌莫高窟的"数字供养人"项目让千年敦煌壁画在互联网时代迎来"数字新生"。

此外，疫情催生的"云旅游"、虚拟旅游也受到市场的关注。互联网时代的数字版权保护是虚拟旅游价值转化过程中不可避免的痛点。对于这一痛点，元宇宙依托 NFT（非同质化凭证）解决了数字版权问题，去中心化的特性使得个体都能够参与到价值共创过程中，形成独一无二的数字资产，进而完成确权、流转、溯源等全流程。在这一领域，西安曲江大唐不夜城已进行了积极有益的尝试，其联手太一集团打造的元宇宙项目《大唐·开元》，立足唐朝历史文化背景，探索旅游行业的元宇宙。在此基础上，其联合西安数字光年共同对外发售的"大唐开元·小雁塔"和"大唐开元·钟楼"数字藏品也为商业变现提供了可行性路径参考。

诚然，元宇宙尚处于概念阶段，但元宇宙的视角，为旅游"人、场、物"的重构带来了积极有益的启迪。元宇宙被认为是后互联网时代的新纪元，也必将推动旅游业进入全新的时代。

### （三）场的重构：交互体验营造沉浸化旅游场景

从本质上看，旅游的异地性是最为凸显的一个特征。"生活在别处"是旅游动机的真实写照。人们之所以选择旅游，是为了感受充满文化印记的风土人情，体验独具地缘特色的生活方式。"走马观花、打卡拍照"已无法充分满足大众需求，人们更加注重旅游体验，更希望融入当地居民的生活，呈现出游客"本地化"的特点。

基于这一诉求，注重沉浸式体验的旅游产品已成为游客的上佳之选。中国首部实景 360° 全沉浸互动演出《南京喜事》，将六朝古都南京独特的文化底蕴融入其中，围绕"人生八喜"的故事线，让游客换上传统服装，在高度还原的南京古宅中身临其境地体验金陵故事。

除了传统的舞美置景、氛围营造之外，虚拟现实(VR)、增强现实(AR)技术的应用在沉浸式体验打造中也起到了积极作用。特别是对于以历史文化为主题的旅游景区及文化展馆，游客仅凭遗址遗迹难以完整了解其全部内涵，而通过VR、AR以及多媒体交互技术的生动再现，游客可以获得更为全面更为直观的感受与体验。例如，中国大运河博物馆《运河上的舟楫》展览，通过复原古代"沙飞船"，生动展现了古代舟楫在运河穿行的历史画卷，回溯千年，营造"人在画中游"的沉浸式体验。沉浸式体验是元宇宙的基本特征之一，VR、AR、MR等作为构建元宇宙的技术基石，为构建虚拟世界提供了可能，也为旅游场景的拓展重构开创了新思路。

## 三、数字化创新旅游服务的"吃、住、行、游、购、娱"

文化旅游产业与元宇宙的联系甚是紧密，元宇宙也将为文旅产业的发展带来前所未有的机遇。吃、住、行、游、购、娱是旅游活动的六大要素，这些方面均将受到元宇宙的深远影响，数字化为旅游活动六要素提供了创新的温床。现有的文旅要素"吃、住、行、游、购、娱"也将形成由色、声、味、触等多重感官深度融合的全方位交互，成为虚实结合的关键点，使受众获得真实的体验感。

## （一）吃 —— 更新奇的饮食特色

元宇宙可以为人们提供更多元的饮食环境、更新奇的饮食特色、更健康的饮食结构。特色饮食环境，比如宇宙飞船环境、非洲草原环境、宫廷环境等一系列虚拟背景环境，让顾客在品尝美食的过程中收获非同寻常的体验。虚拟美食发展，比如 Tiger Street Food 美食节就选择以线上虚拟的形式举办，用户只需到网站设计一个 3D 人物形象就能进入这个虚拟世界。个性化定制营养套餐，通过打造个体的数字孪生体，结合个体长期身体指标的监测数据，模拟和预测个体未来的身体状况，并结合个体近期的饮食数据，量身定制个性化营养餐。

## （二）住 —— 超现实的住宿

元宇宙可以为人们提供超现实的住宿体验。在元宇宙所强调的场景营销中，酒店、民宿从业者要围绕为用户提供超越期待的体验为核心，发挥想象力，才有可能赢得市场先机。围绕场景这一核心，实现主动连接和匹配，在凭借流量赋能商业的同时，也借助营销实现流量的留存，并最终构成生生不息的循环生态。实际上，民宿行业已经开展了相关实践，在木鸟民宿、电竞民宿、滑梯民宿、婚纱民宿等平台上都拥有大量忠实客户，住宿的场景化消费逐渐形成趋势。

## （三）行 —— 超特色的出行

元宇宙将深刻影响交通运输业、汽车行业的服务质量。法拉利在《堡垒之夜》推出了第一款虚幻引擎汽车。韩国现代汽车公司开发了名为"现代出行探险"的趣味互动元宇宙游戏，可在在线娱乐平台 Roblox 上播放，用户可以通过数字化方式体验现代汽车的出行服务产品，数字孪生交通更是可以覆盖交通管理、交通运输监管、交通运输服务等领域，为人们出行提供决策依据。

## （四）游 —— 更沉浸的游览

元宇宙为游览提供更多的资源、更多样化的体验。2021 年 11 月，张家界成为全国首个设立元宇宙研究中心的景区，西安大唐不夜城景区宣布正在打造全球首个基于唐朝历史文化背景的元宇宙项目——《大唐·开元》，该项目像一个通往数字虚拟世界的工具,让游客不管身在何处都可以在线上"大唐不夜城"游览娱乐。[44]

### （五）购 —— 更便捷的方式

元宇宙为购物提供更加便捷多样的方式。Facebook 推出的"虚拟试衣间",对人的孪生模型进行试装，以呈现尺寸大小、颜色搭配等试装效果。"Digital Light Canvas"是新加坡滨海湾金沙购物中心打造的大型交互式装置，能为顾客提供实时互动体验空间，在地面布设一个直径 15 米的圆形 LED 屏，该 LED 屏幕具有感应功能，当人们进入地面 LED 互动区域时，脚下的行进轨迹便生成为水墨笔迹，形成与参与者的实时互动。位于阿里巴巴旗下的杭州新零售亲橙里购物中心的天猫精灵 X-SPACE 空间，则通过投影技术在墙壁上映射超现实的影像，并布设交互体验场景和环节，创造了一个虚拟的沉浸式购物体验空间。

### （六）娱 —— 更多样的选择

元宇宙为娱乐体验提供更多样的选择。迪士尼乐园计划用人工智能、虚拟现实、机器人、物联网等技术，将虚实共生的园区内外整体体验向更高层级的沉浸感和个性化推进。环球影城的虚拟现实体验项目一定程度上折射出元宇宙虚拟体验的初步形态。Roblox 积极布局 VR 领域，早在 2016 年就开放了 VR 功能，并逐步实现了 VR 游戏的跨平台、跨设备适配，玩家们可以通过电脑、手机、Xbox、Oculus 等终端设备体验 VR 游戏。

## 第四节　旅游管理系统的重构

信息化时代呼唤智慧旅游，文旅资源展示、文旅融合、文旅管理工作都离不开智慧旅游。《"十四五"旅游业发展规划》中提到，坚持创新驱动发展，推进智慧旅游发展，打造一批智慧旅游城市、旅游景区、度假区、旅游街区，培育一批智慧旅游创新企业和重点项目，开发数字化体验产品，发展沉浸式互动体验、虚拟展示、智慧导览等新型旅游服务，以科技创新提升旅游业发展水平。

《"十四五"旅游业发展规划》中提出七项重点任务。一是坚持创新驱动发展，深化"互联网＋旅游"，推进智慧旅游发展；二是优化旅游空间布局，促进城乡、区域协调发展，建设一批旅游城市和特色旅游目的地；三是构建科学保护利用体系，保护传承好人文资源，保护利用好自然资源；四是完善旅游产品供给体系，激发旅游市场主体活力，推动"旅游＋"和"＋旅游"，形成多产业融合发展新局面；五是拓展大众旅游消费体系，提升旅游消费服务，更好满足人民群众多层次、多样化需求；六是建立现代旅游治理体系，加强旅游信用体系建设，推进文明旅游；七是完善旅游开放合作体系，加强政策储备，持续推进旅游交流合作。

## 一、未来智慧旅游系统

智慧旅游是利用云计算、物联网等新技术，通过互联网，借助便携的终端设备，以数字化、网络化、智能化为特征，把物联网、云计算、5G 等技术引进旅游体验、产业发展以及服务管理等环节，以提升旅游服务、改善旅游体验、创新旅游管理、优化旅游资源利用为目标，增强旅游企业竞争力、提高旅游行业管理水平、扩大行业规模的现代化功能，从而满足老百姓日益增长的物质文化需求，推进旅游治理体系与治理能力的现代化。

未来的智慧旅游的发展核心在于高质量的服务，信息化的智慧技术已经为游客的旅游提供了吃、住、行、游、购、娱的各种便利，但高精尖技术终究要顺应市场的需求来实际"落地"，避免进入被技术、金钱和传统理念所绑架的误区。另外，满足游客日益增长个性化需求会进一步促进旅游产业的完善与成熟。智慧旅游将在更大范围拓展和更深层次延伸上寻求突破，未来将会呈现更加理性务实。

未来智慧旅游将更加全面物联智能传感器设备将旅游点、文物古迹、城市公共设施联网，对旅游产业链上下游运行的系统实时感测。未来智慧旅游将更加充分整合实现景区、景点、酒店、交通等设施的物联网与互联网系统完全连接和融合，将数据整合为旅游资源核心数据库，提供智慧的旅游服务基础设施。[45]

简单来说，依据河北省文化和旅游厅官网中《河北省文化和旅游科技创新"十四五"规划》解读提到的"上云用数赋智"即为智慧旅游最贴切的解释。"上云"是指全省文化产业和旅游业信息完成数字化和网络化，通过"上云"将产业管理过程中的数据积累下来；"用数"是指通过数据分析、挖掘、建模，及时监测全省文化和旅游管理的运行状态和发现管理决策中的关键规律；"赋智"是指在掌握状态和发现规律之后，可以通过智能化改造采取针对性的优化策略，促进全省文化和旅游的高质量发展。

## 二、"上云"实现数字化转型平台

搭建智慧化云平台，丰富虚拟人、VR、AR、MR、全息沉浸式技术、数字文博等元宇宙产品与内容。内容生态上，加强数字基建，促进平台、内容、终端、渠道多维度的深入融合，打造特色数字文旅 IP，制定行业标准。资本投入上，积极扶持新业态，通过 5G、AI、云计算、区块链等前沿应用的投入，将虚拟世界与现实世界的城市、景区无缝连接。[46]通过这些大战略思想实现新网络、新要素、新业态、新平台、新应用的平台，助力中国旅游真正实现智慧化。

2020 年 4 月 20 日，国家发改委首次明确新型基础设施的范围，由"新基建"引领的数字化和科技化必将给文旅行业释放巨大的经济势能。因此，景区数字导览、商旅文联动将成为未来景区的标配服务之一。景区 AR 游戏化服务运用 AR、VR、ML 等前沿技术，打造新一代智慧景区，提升游客体验价值。游客只需通过景区的微信 AR 小程序，即可实现雷达导航，实物讲解，趣味游戏，集宝活动，实现景区商旅文联动等丰富功能。同时，打造景区全方位智慧安防体系，可实现远程指挥、信息智能发布、及时调度的景区智能应急管理。

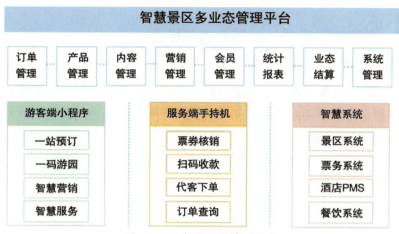

图 7-2 一机游运营管理平台

## 三、"用数"旅游大数据平台

旅游大数据平台是景区信息化建设的基础支撑，等同于"智慧景区大脑"。智慧景区大数据中心分为：客流量监控与预测、旅游数据基础分析、游客画像分析、精准营销分析，外部数据获取四大模块，拥有 7 个维度 39 个元素的数据画像，并通过管理分析、运营预测、客源分析、运营分析、营销分析、舆情分析六大功能搭建起旅游数据平台构架，识别游客需求，判断重点客源市场，分析景区游客画像，提升游客满意度，助力景区运用数据进行决策分析。

旅游大数据平台是景区信息化建设的基础支撑。"智慧景区大脑"数据中心助力景区运营、管理、营销决策分析能力。

图 7-3 旅游大数据平台

## 四、"赋智"形成一批新业态新模式

目前,我国 5G 等新技术的成熟,也助推了智慧文旅的发展。中国联通全力探索 5G 网络及应用在众多旅游景区、消费街区、城市公园等场所落地。目前,智慧文旅服务的对象也不再仅仅局限于景区,开始向游客、个人转变,满足游客的个性化需求。未来,通过推动景区、博物馆等发展线上数字化体验产品,让文化和旅游资源借助数字技术"活起来",培育云旅游、云演艺、云娱乐、云直播、云展览等新业态,打造沉浸式旅游体验新场景,丰富游客的消费选择。

未来随着元宇宙等新兴概念和技术的应用,实现虚拟和现实融合发展,进一步增强沉浸式体验,打造文旅消费新场景、拓展文旅消费新空间,通过 AR 沉浸式体验,让周边文创产品与商业实体参与联动。

# 第八章　文旅元宇宙发展路线

元宇宙的主要特点就是临场感、智慧化，而这正是旅游业新的发展方向之一，元宇宙所构建的虚拟空间、多维时间线以及沉浸式体验即与数字化时代下文旅产业发展的方向不谋而合。一方面，元宇宙将会打破时空限制，极大地增强各地旅游景区的趣味性和沉浸感，因此，元宇宙的应用有望改变文旅场景单一的观览过程，游客能够在体验的过程运用虚拟技术带入自身与周围互动，加强人与景融合的交互深度，获得高沉浸的旅游体验。另一方面，元宇宙的高度智慧化可以实现全自动、一体化的线上监测，为文旅领域的管理带来新的模式。文旅元宇宙带来的全新变革，有望打破疫情影响下文旅产业发展僵局，带来新的经济增长点。

在系列政策和网络通信、虚拟现实、云计算等技术的支持下，数字文旅正逐步成为文旅行业转型发展的主要方向。元宇宙是一个虚拟和现实高度融合的世界，必然需要高速移动互联网、物联网、移动智能终端来承载，可以理解为5G文化旅游场景化即为文旅元宇宙的底层逻辑。基于高效的通信基础，利用最新的数字化技术打造文化旅游新业态，挖掘中华传统文化之"核"，传承华夏文明之"魂"，通过虚拟现实、数字孪生等新兴技术重新定义文旅体验，让文化更轻盈，让旅行更美好，为文化强国、文化自信和美丽中国的建设贡献力量，让璀璨的中华文明生生不息。

## 第一节　文旅元宇宙的发展路径

文旅元宇宙是现代文明的起点，是人类生活方式的根本性变革。1995年的第一次互联网革命，创造了PC端的只读互联网Web1.0时代。Web1.0时代用户只能收集、浏览和读取信息，网络的编辑管理权限掌握在开发者手中，用户只能被动获取信息。2010 年的第二次互联网革命，将人类带入可读写的交互互联网 Web2.0 时代。Web2.0 时代用户不仅可以读取信息，还可以自己创建文字、图片和视频以及转发、分享、评论、互动，Web2.0 实现了用户与用户之间的双向互动，让每一位用户不再仅仅是互联网的读者，同时也成为互联网的作者。

元宇宙的孕育产生自互联网，从混沌初开的 ARPA 网，演化到全球覆盖的 Web 互联网，进而演化出 3D 时空互联网，自此互联网逐渐走出蒙昧状态，真正步入元宇宙的发展进程。而元宇宙与文旅行业的融合，极大地改变了传统文旅行业的发展模式，促进了文旅行业多元化的发展趋势，文旅元宇宙的发展是循序渐进、逐步完善的过程，伴随着网络通信、虚拟现实、区块链、数字孪生等技术的发展与融合，未来文旅元宇宙的发展，可以大致分为 Web 2.5、Web 3.0、Web 4.0 这三个阶段。

**Web 2.5 时代**
**沉浸式旅游"目的地"**　　　**Web 3.0 时代**
**线上旅游全感知**　　　**Web 4.0 时代**
**"穿越时空"多人游**

图 8-1　元宇宙发展的三大阶段

## 一、Web 2.5 时代，沉浸式旅游"目的地"

在 Web2.5 阶段，一方面互联网的迅猛发展提升了游客获取信息的渠道，单一的、平面的景区已然不能满足游客日益增长的体验化、个性化需求，另一方面以虚拟现实等技术为代表的高科技手段为营造多元化的体验氛围提供了技术支持。随着互联网技术的崛起，高科技的应用，文旅行业迎来了体验化的时代，即通过全景式的视、触、听、嗅觉交互体验，使游客有一种"身临其境"的感觉。借助先进的科技，沉浸式体验改变了传统的时空关系，它打破了白天和夜晚、当下和穿越、室内和室外、真实和虚拟的界限，让游客身临其境，获得不同的娱乐体验。

虚拟世界的营造，可以让游客拥有穿越时空的体验，把文化加之在此类技术上，从而让游客更能直观的体验文化带来的影响，这比起空头的讲解会好很多。以古村落旅游为例，Web2.5 阶段的沉浸式的旅游体验不再是传统意义上让游客去古村落游玩一次，而是以历史文化为核心，以地方精神人文故事为灵魂，融合声、光、电、水、火、雾等特效技术，植入尖叫点、泪点、笑点、亮点、感动点等心理情感元素，让游客真切感受到自己仿佛生活在古村落。

因此，在 Web2.5 阶段的旅游中强调的是游客的"参与性""沉浸感"，游客的体验主要从叙事深度、互动深度、五感融合深度这几个维度开展，例如沉浸式旅游、剧本杀、密室逃脱等沉浸式项目，以及类似迪士尼推出的《星球大战》酒店＋乐园项目，三天两晚超长时间的深度沉浸体验。

## 二、Web 3.0 时代，线上旅游全感知

在 Web 3.0 阶段，随着技术的逐步成熟，加速了文旅元宇宙的发展，虚拟和现实的边界开始变得模糊，文旅元宇宙逐渐扩展边界，促进了文旅行业新业态的升级，使云旅游、云观展、云追星成为现实。视觉模拟配合触觉、嗅觉等交互方式，用户可以在元宇宙场景中进行更贴近现实的交互操作，进一步增加沉浸感。如果用户不想在旅途中奔波劳累，待在家里面利用 VR 来一次"云旅游"饱饱眼福，也是一件颇有意思的事。例如，用户在家就可以进入元宇宙世界，体验山中远足，享受在森林中漫步的放松状态，甚至可以感受森林中的清新空气和静谧环境。更真实的模拟和沉浸式感受可以让用户在家中体验森林康养，这将在 Web 3.0 时代成为现实。

传统的旅游，是在特定时空下的文化与感官体验，而 Web3.0 时代元宇宙中的旅游，将完美契合数字化时代下文旅行业所追求的发展目标，即虚实结合、高频即时、沉浸体验。在该阶段，以沉浸式虚拟现实，也就是"云旅游"为主旋律。用户在虚拟世界中产生的视觉、听觉、触觉等感官刺激都可以通过 VR 装置和体感设备转化为现实世界真实的感官体验，而不再受传统物理条件的限制和约束。[47] 在 Web 3.0 时代，利用虚拟现实技术构建的文旅元宇宙，可以将线下旅游场景 1：1 还原到虚拟世界之中，人们借助工具在家就可以实现线上旅行，去到想去的空间，全感官体验实地出行的乐趣。例如，人们在家就可以去到中国的最北端漠河，感受漠河 –30℃的气温，寒风嗖嗖地从脸颊划过，我们裹着厚厚的衣物，头顶是晴朗的蓝天白云，冬天的阳光洒下，拉长我们的影子。在

Web 3.0 阶段的文旅元宇宙，增添了文旅行业的新业态，重塑了人们传统的旅游方式。

### 三、Web 4.0 时代，"穿越时空"多人游

在 Web4.0 阶段，已经实现了元宇宙的终极形态，也就是虚拟与现实共生，这一阶段，将打破时间与空间的限制，更真实、交互的体验文旅元宇宙场景。借助脑机接口将彻底打破现实与虚拟之间的壁垒，人们不再需要佩戴体外成像装备，而是可以直接在脑部植入芯片，通过模拟神经信号就可以接入虚拟世界，用户可使用意念自由控制虚拟身体各个部位，随心所欲地与虚拟世界进行交互，获得全方位观感的沉浸式体验。同时脑机接口的双向传输功能，可以将多种感官的反馈通过脑信号传递给用户，获得与现实世界相同的感官体验，实现人与虚拟世界的融合。另外，借助区块链技术既可建立现实空间与虚拟空间的经济联系，又能实现虚拟价值和真实价值的统一。这一阶段将彻底实现现实身份与虚拟身份、现实世界与虚拟世界的融合。[47]

Web4.0 阶段与 Web3.0 阶段最大的不同就是，Web4.0 阶段不再是"单人模式"，而是可以与远方的朋友交互体验，一起聊天互动，甚至可以共同去三亚旅游以及参加偶像明星的演唱会。这一阶段已经彻底实现了虚拟与现实的完全融合，人们将不再拘泥于现场和瞬时，彻底摆脱时间与空间的限制。在文旅元宇宙构建的虚拟世界中，人们的旅行不再需要考虑天气、交通等因素的影响，避免了风吹日晒和严寒酷暑，以及人流拥挤和长途劳顿，一键实现时光的流转，足不出户便可以瞬间"位移"穿越时空与周游世界。在这里游客可以自主选择观赏视角，从 360° 任意视角体验游览的乐趣，人与人之间也将摆脱空间的限制，人们可以与异地的朋友共同参加演唱会，也可以一起去喜欢的地方旅行，这就是最终的文旅元宇宙的虚实共生阶段。

## 第二节　基础设施与技术体系建设先行

一千个人心中有一千个哈姆雷特，一千个人心中也有一千个元宇宙，当

下，没有比元宇宙更宏大，也更模糊的概念，不同的人对它有着不同的解读，有人认为它是下一代互联网的终极形态，有人认为是与现实世界平行同构的虚拟世界。

但不管元宇宙的内涵、定义怎样演化，它都不是虚幻的，不同于封神演义或者古希腊神话，它需要庞大的基础设施与技术体系作为支撑。没有顺畅的通信网络来支持高效的连接，就无法打通物理世界和数字世界，元宇宙就会"掉线"。所以，"连接"是元宇宙在发展和演进过程中的基础性问题，也是最核心的问题。

因此，应大力推进 5G 网络布局与建设，扩大通信网络覆盖率，为文旅元宇宙的发展奠定基础。与此同时，构建以 5G 技术为核心的技术框架，循序开展技术的融合发展，为文旅元宇宙的发展保驾护航。

## 一、扩大通信网络覆盖率

文旅元宇宙要求高同步低延迟的网络，可以为用户提供实时、流畅的完美旅行体验，而现实和虚拟世界之间的镜像或孪生也需要通过网络通信技术实现，以上场景的实现对网络通信技术提出较高要求，只有在高性能网络通信技术的加持下，才能提升虚拟空间中的社交、娱乐、购物等场景体验。5G 技术，似乎已经成为"为元宇宙而生"的技术，其满足的大部分场景正是文旅元宇宙规划的未来场景。

2021 年，中国 5G 发展取得了优异成绩。工业和信息化部数据显示，5G 网络已覆盖全国所有的地市级城市，以及 95% 以上的县城城区和 35% 的乡镇镇区。随着 5G 的普及与推广，5G 产业规模将进一步扩大，5G 基础设施建设将持续完善，5G 与各行业的融合将逐渐步入深水区，5G 发展将成为推动数字中国发展的重要引擎。

在未来，构建 5G 基础设施建设，主要从以下两个方面进行布局，以加快通信网络布局建设，提升通信网络覆盖率，为文旅元宇宙的发展奠定底层基础。一方面是 5G 基站建设逐步从宏基站向小基站下沉。5G 网络频率高、波长短、衍射能力弱，在遇到有障碍物的地方，辐射衰减明显，5G 宏基站信号覆盖范围会随之变小，导致现有 5G 网络容量不够、覆盖不足等问题。相比之下，5G 小基站具备精准补充覆盖的优势，也是最有效的频率重用扩容方式，5G 网络对小基站的需求日愈迫切，需要通过大规模部署小基站，采取"宏小结合"的方式解决 5G 网络覆盖和容量扩展等一系列问题，5G 小基站将在 5G 密集异构网络中起到越来越重要的作用。另一方面是 5G 网络逐步从城市深度覆盖向乡镇广度覆盖延伸。中国 5G 网络建设已进入规模部署阶段，2020 年就已实现所有地级以上城市 5G 网络全覆盖，随着 5G 基站建设的持续推进，5G 网络在加快城市深度覆盖的基础上，将逐步向有条件的乡镇延伸，实现更广范围的覆盖。不同于城市的 5G 频段，乡镇采用 700MHz 组网，可使用较少的基站数量达到信号全覆盖，单站最远覆盖距离达 3 千米，连片覆盖优化后下行速率超 200Mbps，上行速率超 100Mbps。同时，乡镇 5G 网络通过 700MHz 网络与 2.6GHz 网络双频混合组网，在覆盖与容量上互补。[48]

网络通信设施是实现人机物互联的网络基础设施。在元宇宙中，实时顺畅的沉浸式体验对网络质量的要求非常高，这就势必要对互联网和技术进行大规模的、划时代的更新迭代。这个时候超高速的网络通信技术显得尤为重要，5G 技术带来的超低的延时率，能够降低时间的滞后感，给人们带来更加真实的虚拟体验，巨大的连接数，可以让海量用户在线互动，比如一场几十万人的演唱会或狂欢节，是未来支撑文旅元宇宙发展的关键。

## 二、搭建元宇宙技术架构

元宇宙至今仍然处于探索发展阶段，支撑元宇宙愿景实现的硬件软件、算法算力、内容生态相关的一系列底层技术仍然处于瓶颈期。元宇宙是物理世界和虚拟世界的交互，是极为复杂的概念，其融合了几乎所有的高新技术。在元宇宙的构建中，主要包括起到超高速连接的网络通信技术、打开虚拟世界大门，打破虚拟与现实屏障的仿真交互技术、把物体与网络相连接的物联网技术、去中心化的区块链技术、拥有超强数据处理能力的算力技术，以及让物理世界数字化的数字孪生技术这六大核心技术。

以上六大核心技术可以分为核心层、内容延展层以及基础设施层。一是以 5G 网络通信技术作为元宇宙的核心层，物联网、区块链等技术离不开低延迟的连接，是元宇宙发展的基本保障，主要负责数据的实时传输与内容分发；二是由仿真交互技术和数字孪生技术共同构成的内容延展层，是进入元宇宙世界的关键接口，是构建元宇宙的基本单元，主要负责元宇宙终端入口、时空生成、交互体验等内容；三是由算力算法技术、物联网技术、区块链技术共同支撑的基础设施层，是元宇宙搭建、架构、管理等关系元宇宙运行的底层基础设施，主要负责数据的存储计算与处理、挖掘与分析决策、安全保障等内容。

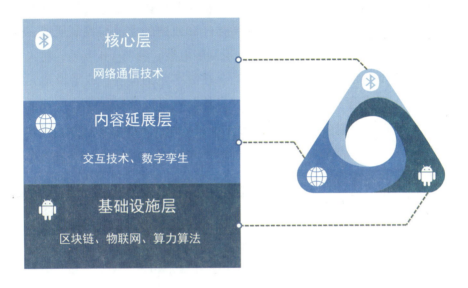

图 8-2　元宇宙技术架构

元宇宙的核心是共享的数据、共享的计算和共享的带宽，核心层的 5G 提供了使数字世界正常运行的速度和能力，来支持元宇宙的持续发展。内容延展层的终端入口包含接入元宇宙的各类终端以及这些终端所需的基础软硬件。时空生成包含将真实物体数字化所需的技术工具，交互体验包含元宇宙中的各类交互技术，以增强虚拟世界的真实体验。基础设施层是构筑数字世界的基石，元宇宙这一新型数字环境的构建，不仅需要超强算力的支撑，而且需要一种新的信任和协作机制，为元宇宙世界保驾护航。

## 三、元宇宙未来发展态势

2021 年，作为各国公认的元宇宙元年，网络通信、虚拟现实、区块链等技术蓬勃发展，文旅元宇宙已初现雏形，沉浸式的旅游体验、高度自由的游戏世界逐渐成熟，甚至打破了传统的由平台掌握数据的中心化机制，颠覆了传统的互联网形态。

在未来，脑机接口将为元宇宙带来革命性的改变。脑机接口技术（Brain Computer Interface，简称 BCI）的发展已经成熟，并投入生产应用之中，有时也称作"大脑端口"或者"脑机融合感知"。它可以在人或动物脑（或者脑细胞的培养物）与外部设备间建立直接连接通路，也就是在大脑与外部环境之间，建立一种全新的、不依赖于外周神经和肌肉的交流与控制通道，进而实现大脑与外部设备的直接交互。通过识别脑电波，参与 VR 互动，将人类的意识抽离物理世界的"身体"，并将意念在数字化的世界，或者说是元宇宙中呈现出来，用意念控制虚拟世界的"身体"，可以实现高度自由的操作，凭借自己的意念自由地活动身体的每一个部位，摆脱掉预设动作的"枷锁"，多种感官的反馈将通过脑信号的双向传输成为可能，用户可以随心所欲的开展与虚拟世界的交互。

脑机接口包含两个方面。第一方面是单向脑机接口，可以发送脑部信号到计算机，或者接收计算机发送到脑的命令，但不能同时发送和接收信号，就是通过检测人的大脑信号并解码其中的含义，再用这个含义去控制机器，这里所说的机器可以是 VR 模拟的虚拟世界中的虚拟人物，也可以是机械臂、电脑等。但是从广义上讲，还包括另一个方面就是双向脑机接口，双向脑机接口允许脑和外部设备间的双向信息交换，我们可以不只是被动地接收大脑信号，还可以把电、磁、声等信号传入大脑，来刺激或者调控神经回路的活动，可以与虚拟现实技术结合，无需外设操控设备，就可以直接通过思维来控制游戏中的角色，并体验虚拟世界人物、花草、阳光等外在因素带给我们的感受，以获得更加沉浸的虚拟世界的娱乐体验。在双向脑机接口的元宇宙中，当你触摸一块石头时，你能感受到石头的纹路、温度；当你把它拾起来，你甚至能感受到它的重量。这样，脑机接口将彻底打破现实与虚拟之间的壁垒，人们可以用自己的眼睛去"看"、用自己的手去"触摸"、用自己的耳朵去"听"。这种时候人类真正地居住在虚拟世界也将成为可能。

通过对当下、甚至未来技术的分析，已经可以展望不久的将来互联网的终极形态——元宇宙，将彻底摆脱必须依靠手机才能上网的束缚，实现虚拟与现实的无缝连接，重塑一个超真实的虚拟生活空间，是虚拟与现实完全融合的高度自由、深度沉浸的世界。马斯克还设想，人们能通过脑机接口把自己的"记忆""意识"直接导出，或许有一天我们可以用 U 盘、存储卡来储存自己的"灵魂"，实现人的"意识永生"。[49]

在元宇宙的终极未来，真实与虚幻、线下与线上、现实与梦境的界线将不再泾渭分明。元宇宙也将不再只是一个产品、一个空间，甚至将不再成为一种生活方式。最终元宇宙将和人们的物理世界分庭抗礼、并驾齐驱，甚至相互纠缠而成为一种混合的"新现实"。人们可以自由地进出元宇宙世界，在新的世界建造新的文明，而人们建造的新文明，将比人们现有的更加瑰丽、更加繁荣。

## 第三节　创新应用支撑重点领域率先突破

突如其来的新冠疫情席卷全球，犹如一场世界大战，深刻地改变了世界。在疫情期间，我国的文旅行业遭遇重创，但是另一方面，数字文旅产业却在"战疫"中异军突起、逆势崛起。由此可见，文旅行业的转型迫在眉睫。在 VR、5G 等技术的加持下，文旅行业已经出现了非常广阔的应用场景，比如，博物馆可以发展线上数字化体验产品，用户可以云旅游、云直播、云展览、线上演播等，景区可以定制智慧化管理等创新型应用。综合分析文旅行业日益丰富的创新型应用，目前发展的较成熟主要是沉浸式娱乐体验、实景化舞台演绎、虚拟空间娱乐、智慧文旅管理四类新型旅游应用，实现文旅元宇宙重点领域的率先突破。

### 一、沉浸式娱乐"新体验"

#### （一）北京环球度假区

北京环球影城主题公园让游客有机会置身于哈利·波特、变形金刚、好莱坞、侏罗纪公园、功夫熊猫、小黄人等电影世界之中，电影中的众多人物和经典场景得以真实再现，感受真实的电影世界，在故事中为游客提供欢乐、刺激、美的感受和沉浸式体验。

例如，在变形金刚基地主题园区的"霸天虎过山车"这一项目中，过山车会在 4.5 秒内，从静止状态急速加速至时速 104 千米，让游客可以充分感受速度的激情和刺激。除了物理速度带来的高速体验，也少不了运用特效技术所打造的沉浸式体验。在好莱坞景区的人气项目"灯光，摄像，开拍！"中，游客有机会走上舞台，亲自体验由特效技术打造的电影世界，疾风骤雨、电闪雷鸣、由远及近的巨轮。这样一个由光、影、音联合打造的虚拟娱乐世界，给游客带来了格外真实的沉浸式体验。

### （二）四川崇州街子古镇大型剧本杀

街子古镇位于四川崇州，大部分房屋仍保留着明清时期的风格，成都的九门文化将古镇内的味江景区打造成了充满江湖气息的武侠小镇，武侠小镇内剧本杀分为不同时长的轻、中度体验和两天一夜的深入沉浸式体验。这里的小镇有客栈山庄，也有酒坊、镖局、茶楼、衙门等，游客可以穿上汉服走进武侠小镇，沉浸在游戏中扮演的"侠士们"，感受江湖的快意恩仇，进入场景中的游客可以根据剧情走向以及 NPC（非玩家角色）指引，换取"银两"及"丹药"，获得"武器""秘籍"等通关线索及装备，以完成故事情节中的"门派任务"。与 NPC 扮演的铁匠、饭店掌柜、当铺伙计、小镇恶霸、茶馆说书人等同台飙戏，仿佛穿越到了一个江湖世界之中。

## 二、实景化舞台"新演绎"

### （一）《印象刘三姐》

《印象刘三姐》体现了一种淋漓尽致的豪华气派，利用国内最大规模的环境艺术灯光工程及独特的烟雾效果工程，创造出如诗如梦的视觉效果。传统演出是在剧院有限的空间里进行，这场演出则以自然造化为实景舞台，放眼望去，漓江的水，桂林的山，化为中心的舞台，给人宽广的视野和超然的感受。传统的舞台演出是人的创作，而"山水实景演出"是人与上帝共同的创作。在《印象刘三姐》中，山峰的隐现、水镜的倒影、烟雨的点缀、竹林的轻吟、月光的披洒随时都会进入演出，成为美妙的插曲。

《印象刘三姐》的灯光、音响系统均采用隐蔽式设计，与环境融为一体，水上舞台全部采用竹排搭建，不演出时可以全部拆散、隐蔽，对漓江水体及河床不造成影响。观众席也是依地势而建，由绿色梯田造型构成，可给游客180°全景视觉的同时考虑了环境协调。[50]

### （二）《只有河南·戏剧幻城》

《只有河南·戏剧幻城》位于郑开大道的中段，是建业集团联袂王潮歌导演打造的全景式全沉浸戏剧主题公园，项目占地 622 亩，总投资金额 60 亿。开业仅 10 天就 7 次登陆央视，是中国最大的戏剧聚落群。

《只有河南·戏剧幻城》项目文化与科技深度融合，经过大量的创新实验寻求最佳视觉表达。其中"声""光""电""画"等高度集成化与智能数字系统发挥了巨大作用。8 个升降台，5 个旋转升降台为主要载体的遗址剧场，勾勒出"幻城"独特的建筑形态；车站剧场智能翻板配合 56 道机械麦穗吊杆，通过智能控制呈现波澜壮阔的滚滚麦浪。[51]

在这里，56 个格子空间，56 个不同世界，从时间到空间，从静态到动态，从景观到戏剧，全部的灯光设计通过多维度思考与创作，多次跨专业协调与融合，映射岁月在土地上的沉淀，带给大家沉浸式的光感体验以创造立体观感的戏剧效果。《只有河南·戏剧幻城》改变了传统的观演关系，沉浸式、立体化的演绎形式表现出的宏伟磅礴的气势，让观众更直观地认识河南。

## 三、虚拟空间"新娱乐"

美国著名歌手贾斯汀·比伯（Justin Bieber）在虚拟音乐平台 Wave 举办了一场约 30 分钟的元宇宙演唱会，虚拟形象的贾斯汀·比伯献唱了自己的最新专辑《Justice》。

Wave 平台利用先进的广播技术和实时图像引擎让歌手实时转换为数字形象，为歌手打造一个虚拟形象，并将这个虚拟形象投影到虚拟舞台上，然后采用惯性动作捕捉系统，与光学动作系统相比，对场地和空间的限制更小，能够在较大空间范围移动，不受光照、背景等外界环境的限制，捕捉贾斯汀·比伯的表演动作，让虚拟形象与本体同步表演，展现给线上观众。除了场景的更新，虚拟演唱会具备了独特的观众互动性。本次演唱会粉丝可以通过 Wave 平台观看演唱会，也可以在比伯官方 YouTube 账号观看实时直播，在观看直播的同时，观众可以根据场景向比伯发送流动的金光，草地会生长出红、黄、蓝三种不同颜色的花丛。

## 四、文旅管理"新赋智"

### （一）"智游张家口"

张家口市文化广电和旅游局布局实施了智慧旅游平台建设。该平台可为游客提供出行服务、酒店预订、美食订购、线上购物、景区预约、景区门票预订、景区导览导航、文化艺术欣赏、精品线路推荐等功能，满足了游客吃、住、行、游、购、娱六大方面的个性化需求和文化旅游新体验，打造了一种全面、智慧、便捷的旅游生态模式。让游客实现"一部手机游张垣"，有效提升游客在张家口的智慧旅行体验。

平台还为游客提供了"冬奥""首都两区""可再生能源示范区""京张体育文化旅游带""文化"等方面的专题展示，让游客真切感受"大好河山张家口"的无限魅力。

目前在"智游张家口"游客服务平台可实现全市1500余家酒店、50余家景区、1000余种美食和100种土特产品的线上预订功能。并实现与"幸福张家口"App的对接，为游客和广大市民提供便捷的出游服务。让更多游客和广大市民通过"智游张家口"微信小程序或"幸福张家口"App实现智慧旅游，增加消费转化。

### （二）普陀山"一码通"

普陀山是中国四大佛教名山，也是旅游胜地。为提升旅游体验，助力景区发展，利用物联网、云计算、大数据、人工智能等技术，为普陀山打造一个智慧、健康、便利的旅游生态平台。该平台广泛接入普陀山全域泛文旅产品资源和体验服务，包括门票车票、酒店民宿、美食餐饮、文创商品、导游导览等，全面覆盖游前、游中、游后的主要文旅消费场景。通过这个平台，游客可以提前了解旅游目的地、获取语音讲解、路线规划、查找厕所、线上购买纪念品、在线订机票、酒店等，能够尽情享受沉浸式智能旅游体验。景区智慧管理项目搭载"浙里办"官方政务 App 和微信、支付宝小程序，为游客提供360° 全方位文旅服务，形成"一码通行、一码消费、一码支付"的一码通服务场景，实现决策一屏掌控、政令一键智达、服务一网通办、体验一机畅游的"普陀山一码通"体验。通过高标建设、精心打磨，搭建的旅游大数据平台，为景区实现数字化、智慧化运营服务。

## 第四节　多样产品辅助中国文化"走出去"

中华上下五千年的历史，九百六十万平方千米的辽阔，三百万平方千米的澎湃，吸引了全球各地的旅游爱好者，让人忍不住想要奔赴心中的"诗和远方"。

承载着历史底蕴的文化遗迹，沉压在岁月变迁的斑驳历史中，似乎距离我们越来越远，如何"唤醒"遥远的沉睡的记忆，将宝贵的历史文化传扬下去，是留给这个时代的思考。传统文化的延续，离不开全新的表达方式，它需要通过纵向和横向传递，如果说横向是人与人之间的传承，那么从纵向来看，文化传承还有赖于科技的支持。随着多媒体技术、虚拟现实技术、增强现实技术等新科技的涌现与应用，将表演艺术、视觉艺术制造出新的花样，打造出观众体验的沉浸环境，在传统文化的传承与发扬中，实现数字传播和数字媒体的有效融合，使得三维技术得到创新发展，让传统文化的展现形式也变得越来越多元化，给传统文化的传承与发扬开辟新道路。

随着 5G、VR、人工智能等技术的发展，"3D 互联网"逐渐成熟，文旅元宇宙的早期应用已初现雏形，如将年代久远难以直观感知历史信息与艺术精华的《清明上河图》画卷，复刻于动态化的长卷展厅，将千年前大宋繁华的风采，再现于现代舞台与场馆之中。利用大数据、物联网等科技赋能，不仅让物质文化遗产变得可观、可感，也让非物质文化遗产"生活化"，文化遗产"活起来"，进一步辅助中华文化遗产对外输出。

# 一、物质文化遗产"活起来"

## （一）巨幅全息动态长卷体验艺术魅力

在故宫的186万件文物中，《清明上河图》有着不可替代的国宝级地位，是世界上认知度最高的中国历史画作。为了让文物"活起来"，2018年凤凰卫视与故宫博物院打造了高科技互动艺术展演《清明上河图3.0》。

《清明上河图3.0》科技艺术沉浸特展，在展馆内展示有巨幅全息AI动态长卷，画中展现仇英笔下苏州城的昼夜生活场景，观众可以通过高清动态的长卷世界，研究舟船楼宇的精妙结构，看清每个宋代先辈的细微表情，零距离观摩五百年前苏州人的生活，感受当时汴京的先进与发达。项目采用VR、AI、全息互动投影等科技手段展示中国传统艺术，从视觉、听觉全方位感知与了解传统文化艺术的魅力，深入剖析艺术品的传承价值，这一展览深入挖掘长卷原作的艺术神韵、文化内涵与历史风貌，融合8K超高清数字互动技术、4D动感影像，以及各种艺术形态，实现观众与作品的多层次交互沉浸体验，让人们在新颖的感受中领略传统文化的生命力，由衷产生传统文化自豪感，沉浸体验艺术魅力。[52]

## （二）多维空间全面感知文化生命力

《中国大运河博物馆》采用全息投影、互动投影、虚拟现实、三维立体等多种方式，让观众置身于虚拟的"真实场景"中，运用"三维版画"数字媒体技术复原古代城市场景，以多视角递进的方式营造出"人在画中游"的沉浸式体验，赋予传统文化新生。

博物馆将文物融入主题性环境，以互动体验赋能文物，共同向观众讲述文化故事。不使用常规展柜单独陈列，而是打通空间，创造"百舸争流"的运河船运盛况。观众步入舟楫构筑的空间，感受千帆竞发的蓬勃场景。在仿古还原的舟楫展品中，再现真实的舟楫行于运河的动态场景。在720°环幕互动空间内，伴随着水滴落的声音，一圈圈水波随着观众的脚步荡漾开来。观众自由地穿梭游览，感受水的千姿百态，徜徉于水、运、诗、画的流动剧场。除此以外，博物馆还设计"知识展示 + 密室逃脱"的互动体验，让观众在游戏的乐趣中获得个性化的文化教育；打造360°多媒体循环剧场，让观众在多维的空间中全面感知文化生命力。

## 二、非物质文化遗产"剧情化"

### （一）虚实结合"观"盛唐美世

《唐宫夜宴》运用"5G+AR"技术，让虚拟场景和现实舞台紧密结合，将歌舞放进了博物馆场景，让场景与舞台有了更纵深和多维度的视觉效果。自然顺畅地实现场景转换，营造出了时空对话的穿越感，浮现于眼前的唐朝代表文物唐三彩、国家宝藏莲鹤方壶、《簪花仕女图》等给人一种沉浸式的观看体验，使得作品和舞台都"鲜活"起来。

《唐宫夜宴》把人们脑海中的大唐盛世搬到了现实。14 位体态丰腴，表情憨态可掬、俏皮可爱的"唐朝少女"，时而嬉戏打闹，时而梳妆打扮，从准备、整理妆容到参加夜宴演奏，整个过程如梦如幻。加之场景的变换，从仕女图到泼墨山水画，再到最后拔地而起的辉煌宫墙，让人置身其中，震撼又痴迷。短短 5 分多钟的时间，仿佛让人梦回千年，观众此时此刻并不会觉得是在观赏画中人，反而置身于画卷当中，与千年之前的"少女们"感同身受，共处盛唐美世，同享一场别开生面的宫廷盛宴。节目间又穿插了妇好鸮尊、莲鹤方壶、贾湖骨笛、捣练图、簪花仕女图、备骑出行图、千里江山图等七大国宝，又宛如总导演所说的"唐朝少女的博物馆奇妙夜之旅，华美得像一场梦境"，让人们看得到历史的痕迹，却又仿佛近在眼前。随着场景的切换，这支舞蹈完美融入历史当中，少女们的舞姿在恢宏的画卷中既不失大气，又有环境营造的文化底蕴衬托，将盛唐风貌展露无遗。[53]

### （二）深度沉浸"享"盛唐之旅

"长安十二时辰"主题街区位于西安曼蒂广场，其将《长安十二时辰》剧中场景重现眼前，现实世界与光影场景重叠，影视 IP 与商业 IP 融合，多元业态与沉浸式体验结合，打造了中国首个沉浸式唐风市井文化体验地，满足人们

对唐文化体验的新需求。

　　"长安十二时辰"主题街区以"唐食嗨吃、换装推本、唐风雅集、微缩长安、情景演艺、文化盛宴"等六大沉浸场景为核心，让市民游客能够在"长安十二时辰"充分享受到"观一场唐风唐艺、听一段唐音唐乐、演一出唐人唐剧、品一口唐食唐味、玩一回唐俗唐趣、购一次唐物唐礼"的一秒入唐体验。进入大门的那一刻，顷刻便进入唐朝时空，宛如穿越至1500年前的长安。鼓声阵阵、市旗招展，大唐开市的场景扑面而来。戏馆、踏歌台、乐游园等唐风建筑，杏仁酪、上元油锤、五香饮等长安饮食，投壶、双陆、傩戏等唐风娱乐活动。在这里，游客可以全方位、全体验、全身心、沉浸深度地进行一场酣畅淋漓的唐朝之旅。

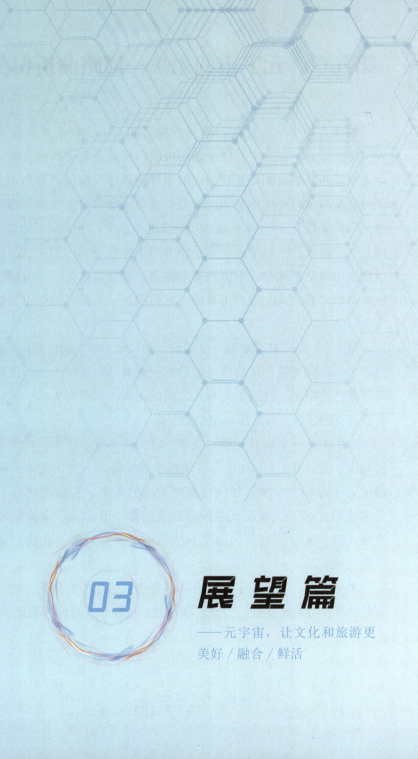

03 展望篇

——元宇宙，让文化和旅游更
美好 / 融合 / 鲜活

# 第九章　元宇宙的未来：道路曲折但前途光明

纵观人类千年发展史，早在战国时期，庄子就于《齐物论》中提出了庄周梦蝶的概念。在其中，庄子运用浪漫的想象力和美妙的文笔，通过对梦中变化为蝴蝶和梦醒后蝴蝶复化为己的事件的描述与探讨，提出了人不可能确切的区分真实与虚幻和生死物化的观点，这与元宇宙对于虚拟与现实的描述高度契合。后钱学森于1990年就给虚拟现实这个抽象的概念取了个极具有中国风的名词——"灵境"。如果元宇宙是西方对于虚拟现实的定义，那么"灵境"就显示出中国科学家独有的东方色彩的浪漫。钱学森认为，"灵境技术是继计算机技术革命之后的又一项技术革命。它将引发一系列震撼全世界的变革，一定是人类历史中的大事。"

概念上，从"庄周梦蝶""灵境"到"元宇宙"的衍变；工具上，从马匹、汽车、火车到飞机；从信件、电话到视频通话的进步，人类逐渐突破了空间距离对自己的限制，拉近了人与人之间的距离。如果有人问，下一次可以使人类突破自我的场景，我想那一定是元宇宙。

元宇宙是一个极其开放、复杂、巨大的系统。目前，区块链、人工智能、物联网、云计算、5G、6G等科学技术的发展，一次次把不可能变为现实，已经使元宇宙触手可及。相信在目之所及的未来，在脑机接口、数字孪生等底层架构的支撑下，以及政府保障政策的带领下，元宇宙将朝着大融合的方向发展，科学家早期幻想的虚实共生将逐渐成为现实，让我们做好准备迎接元宇宙的到来。

展望未来，关于元宇宙又有哪些猜想？衍生的文旅元宇宙，又将带来哪些新的故事？带着这些疑问，开启本章的"征程"，带你探索元宇宙的未来！

# 第一节　元宇宙未来发展四大趋势

元宇宙作为一种新兴概念，目前尚处于发展的起步阶段，对于元宇宙的未来发展走势还无法准确地推断。元宇宙的产品生命周期是10—20年，元宇宙相关产品从构思到成熟是一个十分漫长的过程，实现一个随处可见元宇宙的时代可能是2040年左右。现在，元宇宙庞大的上下游超级产业链，至少需要5—7年发展出雏形。北京佳木青和旅游规划院院长于晓剑认为，元宇宙底层基础是一个全真的数字孪生空间，元宇宙的终极形态接近于沙盒游戏加大型多人在线游戏的集合体，可以多人在开放度极高的虚拟世界里编辑和创造内容，同时也可以享受和消费他人生产的内容。结合目前元宇宙与人工智能、大数据、云计算、区块链等技术紧密结合的特点来看，未来元宇宙一定是趋向于多元化的，包括现实世界虚拟化、实体经济数字化、线上线下同光化数字与现实身份融合化。站在时代的转折点，我们前进的方向和所做的选择都将深刻影响我们的生活。预测到2040—2060年，也许全世界大部分人都会通过设备接入元宇宙，大部分企业、政府、个人均会参与到元宇宙中，因此元宇宙的讨论在接下来的发展过程中会逐渐变得严肃，元宇宙的发展也会衍生出数字主权、数字法律法规、数字监管、数字伦理等内容。

图 9-1　元宇宙时代的四大发展趋势图

## 一、现实世界虚拟化

现实世界可以理解为物理世界，虚拟世界可以理解为数字世界，元宇宙将数字世界和物理世界完美融合，为人类建设一个工作、学习、娱乐、社交的新空间，这将是未来生活方式的主要载体，更是一个人人都会参与的数字新世界。简略地说，元宇宙是虚实融合的世界，或者说是现实世界虚拟化的表现形式。

在产品形态上，开放世界游戏可以被视作元宇宙"虚拟世界"的雏形。游戏作为人们基于现实的想象而构建的虚拟世界，在过去十年中，大型开放世界游戏逐步成为电子娱乐产业发展的重点，在开放世界游戏中，玩家在游戏设定的框架与规则内拥有充分的自由度，玩家可以在游戏提供的虚拟世界中工作、娱乐、社交，这类游戏在营造了一个具有的同时，还提供了很强的交互性，使得玩家可以操纵角色在游戏场景中自由移动及交互，产生较强的沉浸感，每个玩家都可以在这些游戏中找到自己个性化的游玩方式。在大型开放世界游戏中，游戏仅仅是一个背景，玩家可以充分自主地找到属于自己的独特经历，这与元宇宙带给用户的体验殊途同归。

和大型开放世界游戏相比，元宇宙虚拟空间的一个新的重要特点是具备"永续性"，这也就意味着，这个平行世界永远存在，不会受到某个企业、某个国家的变动而影响，并逐步演化出更高阶的形态。元宇宙是完全基于"去中心化"理念开发的虚拟世界，进一步提升用户的所有权和选择权，减弱少数科技巨头对于接入、信息、个人数据和应用的限制，无论是元宇宙自身，还是用户在数字空间拥有的数据和资产，都将基于分布式存储体系实现永续保存，不会被随意地修改或者删除。

元宇宙是现实世界的虚拟化。在这个与真实的人类社会平行的虚拟世界里，人们不仅可以移动，还能进行娱乐、社交、购物等几乎一切与现实世界相同的行为，甚至在虚拟的世界中工作赚钱并可以将之兑换为现实世界的货币。元宇宙将实现虚拟世界与现实世界的高度融合，不仅能够为用户提供专属多维度的场景选择，满足人们同时生活在多个不同风格世界里的个性化需求，而且能够让现实中遥远的亲人朋友在虚拟世界中相聚，获得超越时间与空间的满足感。元宇宙的诞生改变了现实世界传统的信息传播方式，为线上举办大型活动、异地视频会议、现场教学实验等提供可能。

## 二、实体经济数字化

让元宇宙成为人们可信的平行世界，需要具备完备的经济系统，才能支撑这个世界的运作，但发展元宇宙绝不是脱离现实，而是数字经济与实体经济的一种融合，完成经济系统的全面升级——元宇宙经济。

元宇宙经济，是数字经济与实体经济的深度融合，我们初期称之为数字经济形态，具有始终在线、全方位运行、高频活动等特征。从商业交易方向来看，正常运转的元宇宙经济体系由四个基本要素组成：一是商品，现实世界商品在元宇宙中的数字化呈现和虚拟世界创造的商品；二是市场，元宇宙中商品和服务交易场所的虚实交换；三是交易模式，元宇宙特有的去中心化金融（De-Fi）、非同质化代币（NFT）等多种共存的交易模式与现实社会的构建；四是安全，保障交易真实性与唯一性的明确认定，合法、规范、有序的交易环境。国内元宇宙经济，现在主要还是体现在数字藏品方向，可以说是元宇宙经济的最初级应用。

在元宇宙中，数字经济与实体经济的全面融合，需要金融服务全面实现数字化，不仅仅是形式上的数字化，更要实现数字化真正意义上的普惠化，让每个人都能低成本、高效率地使用数字金融服务。DeFi 领域的一系列创新实践可能是构建元宇宙时代数字金融体系的探索尝试。DeFi 不仅能够让资产所有者自己掌控资产，还能实现高度安全、透明且可信的自动化交易。未来，DeFi 可能将前沿技术、智能商业、开放组织、数字交易等创新模式整合起来，实现业务载体、分配模式、组织形态和产业关系等方面的变革，引领金融业迈向数字化和智能化的新时代。

在元宇宙时代，"万物互联"将逐步走向"万物互信"，再到"万物交易"和"万物协作"。在这个过程中，交易不仅在人与人之间发生，人与机器、机器与机器之间的交易也会频繁发生，到那个时候，产业必须整体升级，每个环节都必须实现完全的数字化。比如，每个智能硬件需要有自己的数字 ID，交易机制必须完全实现自动化，交易媒介必须是可编程的，支付方式应该是实时清算的。数字化技术给产业带来的变化绝非简单的技术升级，而是底层商业模式和产业链条的革新。元宇宙时代会有与现在完全不一样的产业图景和商业形态，数字经济与实体经济将深度融合。[54]

## 三、线上与线下同步化

在元宇宙数字世界中，试错成本极低，每个人都能把自己的奇思妙想进行实践，从而打破现实条件的约束，尝试过上梦想中的人生。元宇宙的数字世界是为所有人打开"平行世界"的一道传送门，每个人都可以充分利用数字世界的优势，尽情发挥想象力，探索这个世界的无限可能，这将是满足人们对美好生活热切向往的重要方式。

在未来的元宇宙时代，线上与线下将完全融合，人类的生活将逐渐向虚拟世界迁移，最终实现线上与线下的同步生活。展望未来，对于初创公司的老板来说，元宇宙创造的高度沉浸的虚拟办公空间，可以让人们的化身无障碍交流，从而使员工实现居家办公，并最终将公司的租金减少到零。元宇宙还将打破教育的时间和空间边界，实现传统教育模式的升级，促进教学资源的平衡，让终身学习、跨学科学习、循环学习以及人机互相学习成为可能，最终成为承载未来教育想象的"大课堂"。当医疗和元宇宙相结合，医疗将突破"时"与"空"的场景束缚，元宇宙沉浸式的视觉效果、多元化的社交互动、去中心化及分布式组织结构的特征均会让医疗行业有机会不断发现和挖掘医疗创新场景，为行业带来新的机遇与价值。例如病重的患者可以在家附近的院区，接受世界各地顶级专家的治疗。元宇宙还将打破人与人之间传统的交流方式，现在的"吃鸡"游戏、视频通话就是元宇宙时代社交方式的雏形，未来更加真实的体验页面，使人与人之间可以像现实世界一样近距离沟通交友。元宇宙的发展，使线上办公、线上教育、线上医疗、线上社交等场景成为可能，线上与线下的同步生活，拉近了我们与新世界的距离，提升了我们的生活品质，人们可以穿梭于现实与虚拟之中，享受平行世界带来的别样体验。

## 四、数字与现实身份融合化

元宇宙是数字身份与现实身份融合为一体的世界。数字形象与区块链上的身份标识共同组成元宇宙中的数字身份。基于区块链的数字身份，可以在多方利用个人数据的过程中增强对数据的保护，从而实现最小化信息披露，不仅可以确保身份由所有者完全掌控，而且可以确保身份安全，从而提升数字身份的可信程度，避免伪造、冒用、盗窃身份等行为的发生。在"区块链 + 隐私计算"所搭建的生态体系里，每个人都可以基于数字身份拥有自己的数据权益，将身份、资产、数据统一，全部数字资产基于数字身份管理，可以有效确保资产安全。在保护个人隐私的同时充分释放数据价值，构建元宇宙中的数字信用。

数字形象是元宇宙中数字身份的外在表现形态。在现实世界中，很多人会通过服饰、发型、奢侈品等形式来展现自己的品位和实力，这其实是一种现实身份的对外表达方式。在虚拟世界中，每个人都会拥有自己的数字形象，并用这个形象参与元宇宙中的各种活动。数字形象综合反映了一个人的兴趣、审美、情怀、梦想等诸多心理因素，这比现实世界中的实际样貌更能反映一个人的真实自我，因为一个人的样貌是与生俱来的，而根据自己的兴趣、审美等因素打造的数字形象是自己真实心理的一种投射。例如，以 NFT 形式存在的艺术品、收藏品将会成为数字身份的外在表现，一些头像 NFT 虽然看起来就是电子图片，但实际上却是持有者通过 NFC 来展现自我认知的媒介。在元宇宙世界，数字身份不可或缺。数字身份与现实身份可实现融合统一。数字身份是元宇宙中一切数字活动的基石，每个人都将拥有一个具有通用性、独立性、隐私性的数字身份。数字身份可打通身份、数据、信用和资产体系并逐步与现实身份融合，从而保障我们在元宇宙中的美好生活。[55]

# 第二节　在元宇宙未来展望十大猜想

元宇宙势必是一个"无限游戏"，进而具备多个无限特征，或者说没有无限特征就很难称之为元宇宙。元宇宙的出现扩展了人类的体验边界，让人们对未来产生了更丰富的想象，想象力是推动社会进步的第一生产力，对元宇宙未来的畅想，也将促进元宇宙世界走向高阶，将想象变成现实。

当我们通过元宇宙的发展趋势，了解其数据和 AI 联动驱动逻辑之后，可以对其未来的极致场景提出大胆的想象，只要你愿意大开脑洞，这里面就永远有一个想象不到的空间和聊不尽的话题，也许某些猜想现在看起来不切实际，但背后的逻辑却值得我们深思，接下来，我们通过交通、娱乐、社交、交易、工作这五大视角展开对元宇宙未来的展望。在未来，相信随着 5G、云计算、数字孪生等科技的不断发展，这些大胆的猜想或将一一成为现实。

图 9-2　关于元宇宙时代猜想的五大视角

## 一、猜想 1：元宇宙将打破传统的旅游模式

文旅元宇宙将突破传统旅游"时"与"空"的局限，让用户拥有高度的参与感，更有补偿感的社交体验。元宇宙所构建的虚拟空间以及基本特征沉浸式体验与当下文旅产业发展的方向不谋而合，文旅产业向数字化转型是大势所趋。随着文旅场景时空体验的不断延展，文旅产业体验式的转型升级成为主要方向，元宇宙无疑是实现数字文旅转型更好的平台。

"元宇宙＋文旅"的未来可能还会超出我们的想象。如同 30 年前人们无法相信手机会成为人类身体延伸的一部分，未来，交互设备和交互平台将有可能也会成为我们身体的另外一个更强大的延伸。[56]

## 二、猜想 2：元宇宙将提供全新的生活空间

元宇宙是现实世界的数字孪生，但远比现实世界更丰富、更广阔。随着现实与虚拟的不断融合，元宇宙逐渐将生活、娱乐、艺术、科技融于一体，长期来看甚至可以整合全社会的资源并分配利用，实现资源利用最优解。在元宇宙的世界里，我们将通过数字孪生技术搭建城市模型，并制定相应的法律和制度，元宇宙的建设就像是一次"创世纪"，是我们在脱离现实世界的"平行时空"创建的新家园。

### 三、猜想 3：元宇宙将改变信息的传播方式

高级媒介的出现会颠覆一切，那将是一种媒介对另一种媒介的"降维打击"。在人类的发展历程中，信息的传播进化可以划分为"口语传播""文字传播""印刷传播""电子传播"四个阶段，但这些传播媒介基本上只能同时借助人类的一种或两种感官：听觉与视觉。但是在元宇宙时代，人类身处"具身化互联网"，全身感官都将成为"信息源"，随之而来，信息的传播方式也将迎来全面的升级，在元宇宙里"身临其境"的同时，嗅觉、触觉等感官都将不断接收、输送信息，从而达到一种全新的超感官的信息传播模式。

元宇宙时代，人们将可以和遥远的亲人、朋友、同事、客户之间面对面交流，可以实现瞬间位移，减少交通出行时间，随时和想聊天的朋友在虚拟世界中真实接触，减少沟通成本，到那时，尽管我们和家人、朋友们在现实中天各一方，却也能体验近在咫尺的快乐。

### 四、猜想 4：元宇宙将提供更沉浸的社交体验

元宇宙概念的出现正在改变传统的社交方式，传统的社交也将迎来重大变革，线上新型社交也越来越重视数智化的升级改造，而作为现实世界和虚拟世界的连接——元宇宙，无疑为社交打开了基于虚拟空间的新路径。

随着 5G 时代的到来，科学技术越发成熟，元宇宙将线上社交与线下社交的优点进行整合，依托交互传感技术，搭建一个真实的、可以感知的第二平行世界，相比传统的社交媒体，元宇宙将改变人与人之间交流沟通的方式，为用户提供更好的社交体验，人们在现实世界中难以实现的幻想也将在这个虚拟世界中成为"现实"。

### 五、猜想 5：元宇宙将创建人类与机器人共存的世界

随着元宇宙世界的到来，当大量用户在虚拟与现实世界平行存在的时候，自然就会出现"智能机器人社区"。在元宇宙世界中智能机器人与人类用户的ID 身份没有任何区别，这将会是元宇宙和互联网在社区机制上的本质差别。甚至随着虚拟现实的完全融合，智能机器人或将走出虚拟空间，走向现实的物理

世界，他们拥有与人类同样的高等智慧，并且可以与人类和谐相处。这也意味着人类与智能机器人共生、共创、共同进化的时代已经到来。

## 六、猜想6：元宇宙将建立"星际特区会"

在互联网时代，人类还没有大规模开始星际探索，但在元宇宙时代，星际文明的到来或将成为可能。而且，元宇宙时代本身就是伴随着探索火星等星际探索计划展开的，所以在元宇宙社区中，存在代表空间站、月球、火星等星际社区的可能性很大。也许在未来的3—5年，也许需要更久的时间，伴随着火星登陆等大事件，"星际特区会"将在元宇宙中大量出现，也许未来元宇宙是人类移居多个星球后的主要交流方式。

## 七、猜想7：元宇宙将迭代现有的办公模式

在疫情的影响下，人们的工作和生活模式正在经历前所未有的变化，加速催生企业对工作形态新一轮的思考和探索。

在元宇宙时代，员工完全可以通过网络通信、虚拟现实、数字孪生等技术获得更舒适的工作环境，更宽敞的环绕屏幕空间，更精准的办公信息，更智能的人机交互，甚至可以实现足不出户居家办公，在虚拟世界中完成工作，参加会议，面见客户……例如美国的求职者找到合适的工作在中国，求职者也不必千里迢迢赶赴中国，在家就可异地办公，元宇宙打破了地域限制，使全球的人才可以在世界各地找到合适的岗位。由于打破了传统藩篱，来自不同地区、行业、年龄等维度的人才可以在新的价值标准下进行工作，最大程度发挥个人价值。

## 八、猜想8：元宇宙将创建"虚拟交易所"

元宇宙创造大量新知识的同时，客观上也会催生很多新的文明形态，这些文明形态在现实世界中是以知识产权等方式存在，受到现实社会法律与制度的保护。在元宇宙虚拟现实世界中，也拥有类似的文明形态存在，包括开发者创造的社区，或者虚拟世界的生活方式创新的知识产权，也包括智能资产、数字藏品等多种虚拟资产，这些都可以在"虚拟交易所"中进行交易。

### 九、猜想 9：元宇宙将迎来全新的消费模式

因为疫情的影响，线下的实体经济受到严重影响，虽然线下实体经济不太景气，但是线上的数字藏品却异常火爆，各大平台的销售额也是屡创新高。数字藏品将特定作品、艺术品以及商品与区块链技术相结合，包括但不限于数字画作、图片、音乐、视频、3D 模型等各种形式。每个数字藏品都映射着特定区块链上的唯一序列号，不可篡改、不可分割，也不能互相替代。[57] 具有更高的安全性、去中心化、透明度等优势。数字藏品作为元宇宙中已经落地的小分支，正在潜移默化地改变着人们的消费模式，在元宇宙时代真正到来之时，人们的消费模式一定会发生翻天覆地的改变。

### 十、猜想 10：元宇宙将更迭传统的出行方式

元宇宙时代，信号灯的概念将彻底消失，司机这个名词也将不复存在，将不再有火车飞机这类交通工具，取而代之的是新型的交通工具，它可以适配每一位乘客，全自动的驾驶模式，配合大数据的计算分析，将完全避免交通拥堵、交通事故等情况的发生，也会大大提高人们的出行速度，准时准点的将乘客运送到指定地点。

关于对未来交通的构想远不止于此，先进的技术将会给人类带来完全不一样交通体验，人类的出行方式将彻底被改变。在未来，随便坐上一辆专属定制的"汽车"，然后喝一杯咖啡、读一篇文章就可以轻松到达目的地。

## 第三节　文旅元宇宙顶层构想

元宇宙与文旅行业的融合，具有天然的亲和性。2021 年元宇宙的概念引爆后，有不少的景区、博物馆、主题乐园、酒店、文旅小镇跟进元宇宙的方向，主要是结合 AR、VR、数字孪生技术，为用户提供沉浸式的旅行体验。随着技术发展，元宇宙概念的普及完善，除了游客容易留下印象的沉浸式体验，让旅游出行上的交通、住宿、餐饮、门票等平台更智能化、个性化，也将是元宇宙

的重要体现。文化旅游产业与元宇宙的联系甚是紧密，元宇宙未来将影响到旅游活动的吃、住、行、游、购、娱几个核心要素。元宇宙中文旅行业的重要消费方式也必将体现在场景消费和体验消费中。

具体来说，文旅元宇宙是重构文化旅游的人、物、场和革新文旅的吃、住、行、游、购、娱。推进文旅元宇宙快速发展，提出文旅元宇宙建设的顶层架构，即以满足人民多元体验的追求为中心，以科技、内容、场景三元动力结构为支撑，将区块链、交互技术、人工智能、物联网等新一代信息技术嵌入行业发展之中，构建未来文旅的展览、服务、主题公园、景区、小镇、综合体六大场景的创新，打造一个个新兴的文旅功能单元，用科技手段进一步创造多元化的旅游体验。

图 9-3　文旅元宇宙建设的顶层架构图

## 一、围绕一大中心

文旅元宇宙涵盖物理现实世界和数字虚拟世界，以及互为映射的虚实融合世界，且具有高度沉浸感、可体验经济属性及自主创造等特点已成为共识。文旅元宇宙围绕满足消费者多元体验的核心需求，搭建文旅数据仓建设，在文化和旅游数据仓基础上，建设"文旅大脑"，以元宇宙赋能文化旅游产业高质量发展。

## 二、构建三元动力结构

### （一）科技

文旅元宇宙必须要建立在先进的科学技术基础之上，科技赋能是旅游业创新的关键。近年来，以虚拟现实、增强现实、数字孪生为代表的视觉沉浸技术，以及以游戏、娱乐、社交、创作为代表的现实应用功能，正不断从资源获取、管理组织和系统平台等方面重塑旅游行业。未来在脑机接口等科学技术的带领下，将充分发挥人脑的优势，绕过人体自身器官，大脑直接与外界装备进行高效互动，这将彻底打破物理世界与数字世界之间的壁垒，在旅游、展览、娱乐等领域创造多种新的文旅业态。

### （二）内容

由科技推动的文旅元宇宙的开发与应用，将重塑传统文旅行业的内容表现形式。将数字技术与艺术、文化等内容结合在一起，将创造出以沉浸式演绎、线上数字藏品等为代表的全新的内容表现形式。如文化领域，中华五千年文明，留下了数量众多、异彩纷呈的物质和非物质文化遗产，元宇宙通过科技推动文化，促进文化产业价值和商业价值"活起来"，把文化以更年轻的体验方式传递出来。艺术领域，以科技和艺术融合的表现手法，将众多的小说、电影、游戏等经典科幻 IP 内容融入文旅场景之中，创造出更多全新的"沉浸式互动体验"内容，为文旅元宇宙的升级提供新的入口。

### （三）场景

在数字科技的加持下，文旅元宇宙有关的时空体验场景得以不断延展。数字空间与物理空间的深度融合让人们得以换一种方式模拟、感知、体验现实世界，形成"元宇宙+"的新型文旅体验场景。以全感知、零距离、深融合、高交互等为代表的沉浸式体验场景，将实现虚拟与现实的互通互联、内容高频率远程互动，使游客产生"身临其境"的感觉，拉近人与人、人与物、人与场之间的距离，从而创造出更多全新的"沉浸式互动体验"产品，为文旅元宇宙的发展开启了一扇新的大门。人类将进入"时空的穿梭"和"虚拟世界"时代，文旅行业也将迎来不同体验场景的新时代。

## 三、聚焦六大场景

如何把握当前文化和旅游消费需求的新特点、新趋势，用好新技术、新模式，推动文旅产业迈向新高度、实现新突破？文旅部产业发展司给出建议：要注重运用新技术发掘和弘扬中华优秀传统文化，如加强超高清无人机技术在文旅领域的应用，来丰富虚拟体验内容，把蕴含的价值内容与新技术、新形式、新要素结合，实现创造性转化、创新性发展。要推进文旅元宇宙快速发展，要在扩展城市空间、城市综合体、文化场馆、景区街区等文旅场景的应用，与互联网旅游、智慧旅游等新模式联动发展，不断创造新的消费场景，满足消费需求。目前，元宇宙赋能文旅主要体现在沉浸式文旅项目上，比如沉浸式博物馆、沉浸式演艺、沉浸式展览等。未来，元宇宙时代的文旅将革新文化展览场景、酒店服务场景、主题公园场景、文旅景区、文旅综合体及文旅小镇的场景，为河北省乃至中国的文化和旅游行业高质量发展提供新的路径。

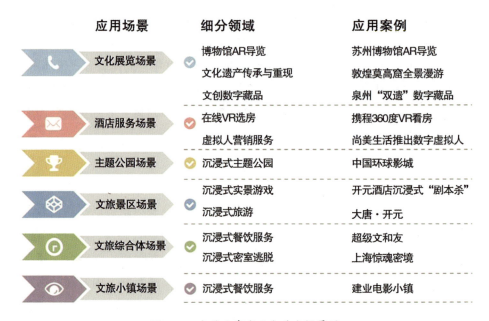

图 9-4　文旅元宇宙六大重点场景图

### （一）文化展览场景

目前，越来越多的博物馆通过新技术展示历史文化，如全息投影、互动投影、虚拟现实、三维立体等，给参观者营造一种视听觉上的全新体验。以中国大运河博物馆为案例，重塑大型沉浸式古代场景，让观众回溯千年的历史。设计"知识展示＋密室逃脱"的互动体验，让观众在游戏的乐趣中获得个性化的文化教育体验，打造360°多媒体循环剧场，让观众在多维的空间中全面感知文化生命力，使博物馆的文化教育和娱乐体验达到最佳融合。

文旅元宇宙时代沉浸式艺术展也应运而生，成为大众的艺术形式。艺术家在特定空间内，采用声、光、电等元素，为观众营造一个有别于现实的场景，从而使观众在获得感官体验的同时与作品产生互动，进而引发共鸣。如韩国规模最大的沉浸式新媒体艺术体验馆 ART MUSEUM。整个艺术展览占地4600平方米，最高高度达10米，通过声音和视觉的混合，为观展人带来10多个全新的丰富多彩的新媒体艺术作品。该艺术展的所有作品都围绕"超越时空的自然"主题而创作，以不同自然空间和内容为素材，以此致敬地球的大自然。展览以其震撼的视觉效果、感性的声音、优雅的香味提供了完美的身临其境的体验。

### （二）酒店服务场景

元宇宙时代文旅酒店不再是以短期住所为目的，而是以为人们提供可定制化的临时私密空间为主要服务。未来酒店，一定是多元化综合性个性化按需服务的行业，利用虚拟时间的高度自由，将现实世界中无法实现的元素展现出来。虚拟数字人可以作为解答者的角色与客人直接对话，从而提升客人在使用酒店产品过程中出现的问题，提升服务价值。同时，模式化的餐饮已不适合年轻消费者的口味，元宇宙时代餐饮场景——沉浸式餐厅或许就是突破口。沉浸式餐厅主要通过借鉴影视、艺术、科学、技术和设计领域的元素，创造出戏剧性的感官体验，运用科技技术帮助餐饮掌握流量密码。

● 沉浸式体验开场，用虚拟世界给顾客仪式感；

● 一餐体验多种场景，雪山、大海任顾客遨游；

● 人机交互，制造话题，让顾客自主传播；

● 裸眼 5D 点餐，虚拟服务员互动，科技感满满。

畅想一下，未来元宇宙时代你的用餐过程，除了是一场美味之旅，还是一场风景穿越，一会是皑皑白雪瑀瑀独行，一会又到非洲大草原看动物迁徙，一会又是迷人的海岸线。通过交互技术满足消费者多样化的个性化服务需求。

### （三）主题公园场景

元宇宙时代，主题公园运营商通过不断挖掘独特的 IP 资源，丰富沉浸式体验的内容，融合 VR、AR 等技术，营造虚拟的沉浸世界。

如法国狂人国主题乐园前身创立于 1977 年，以一场演艺秀起家，并不断发展至今，成为拥有 17 个表演项目、4 个古代村庄、22 家主题餐厅和 5 家主题酒店的大型沉浸式主题乐园。主要通过丰富且优质的演艺项目和凸显主题文化元素的场景营造文化沉浸感。在演艺活动方面，将法国的历史人文和民间故事等元素融入演艺项目中，同时将多元化舞台技术、新科技元素植入。整体演艺项目互动感强、参与感强。在场景感营造方面，主题乐园贯彻"游客将忘记 21 世纪"这一核心设计理念，在原有历史建筑的基础上打造出多个具有不同时代氛围的村落，建筑、餐厅与酒店凸显文化情调。

### （四）文旅景区场景

在国内，元宇宙同样被应用于景区的探索。2021 年 11 月 18 日，张家界元宇宙研究中心成立，成为全国首个设立元宇宙研究中心的景区。张家界元宇宙研究中心主要研究和探索文旅与元宇宙的融合发展，以"技术创新"驱动"应用创新"和"产业创新"，培育文旅产业新的产品形态、生产方式和消费模式。

西安数字光年软件有限公司与大唐不夜城在 2021 年国庆期间联合宣布，全球首个基于唐朝历史文化背景的元宇宙项目——《大唐·开元》正式立项启动。大唐不夜城位于陕西省西安市大雁塔，是全国三大步行街之一，日人流量达到 20 万人，一年人流量达到近亿人次，并孵化了许多网红 IP，在抖音等短视频平台有极高的传播量。目前，该元宇宙项目已经初步落地未来将利用 NFT

和区块链技术，打造一个有百万居民的古代长安城，让大唐盛世在元宇宙里再次呈现。

### （五）文旅综合体场景

目前，不少文旅综合体的休闲娱乐业态形式单一，缺乏互动性。而随着VR、AR、虚拟投影等高科技元素的出现，室内剧本杀一种带有情感化的文创产品纷纷被研发，以此来满足未来消费者多元化的消费需求。

如上海惊魂密境是一个多元化沉浸式剧情体验主题娱乐场馆，同时是亚洲首家也是全球第10家惊魂密境景点，由惊魂密境英国原班团队和中国创意专家团队为上海城市联袂打造。不同于"密室"或者"鬼屋"这类恐怖类场馆，惊魂密境主打"奇趣惊魂"的剧情体验，通过紧张生动的剧情演绎及滑稽风趣的游客互动打造出适合不同年龄段游玩的娱乐体验。上海惊魂密境场馆历时四年打造完成，场馆以老上海为核心时代背景，在主题造景、剧情和角色设置、互动体验上都带有很强的本土特色。整段惊魂密境旅程在一条贯穿的剧情主线下发展，游客可以在这个主线下进入到不同时代的老上海传说与故事中。[58]

### （六）文旅小镇场景

国内众多文旅小镇景色优美，但缺少文化内核。文旅小镇需要做的是消费者进入到情境中能够真正被感染，忘记自己本来的身份去体验每个小镇带来的感觉。要做到这一点，需要情景衬托，而更多是以沉浸式的故事线为主打，让所有的消费者能够有更深层次体验。

如建业电影小镇《一路有戏》，2020年元旦，建业·华谊兄弟电影小镇推出"一路有戏·喷空狂欢节"活动，此次活动除电影小镇经典夜游节目《一路有戏》重新开演外，还以老传统换新颜的奇思构想，对传统文化喷空、戏曲加以"改良"，园区处处皆舞台，当家花旦环绕身侧，喷空大师演绎绝活，为广大游客带来全新的沉浸式、互动式演出体验。建业·华谊兄弟电影小镇是中原首家电影情境文化旅游小镇，作为中原地区知名的沉浸式电影潮玩地，小镇通过"演、玩、吃、住、购"创新运营模式，培育新型业态，推出全方位的文旅体验，让人们在旅游中受到电影文化和中原文化的熏陶。目前郑州电影小镇正逐步成长为城市夜经济发展的有力动机和河南文化旅游的新名片。

## 第四节　文旅元宇宙实现路径

元宇宙能给人们带来沉浸式无延迟的社交体验，能超越物理空间，用户有着高度的参与感，可以获得现实世界难以得到的感受。"元宇宙＋文旅"的未来可期，可能还会超出我们的想象。文旅元宇宙将超越传统的数字文旅，未来文旅得元宇宙者得天下。元宇宙将打破时间空间的限制，实现随时随地的文旅体验。VR、AR、区块链技术（NFT）会扮演重要角色，使得体验变得极大的丰富，内容和创意至关重要。目前，虚拟景区、数字文博、VR游乐园目前基本成熟，手机游戏、实景游戏、VR视频、AR增强现实、全息投影、虚拟数字人、非真实演出、元宇宙剧本杀等领域的元宇宙应用加快加剧，文旅行业，有可能是最先、最好、最接近元宇宙的。"元宇宙"是国家战略新兴产业。国家政府起到主导作用，加强科学技术的定向引导，优化升级数字基础设施，建立对元宇宙相关领域的监管治理体系，为确保"元宇宙"全面落实提供了根本保障。科学、全面、可行、详细的规划方案是"元宇宙"合理布局的生命线。

随着"元宇宙"概念的爆火，现下各大企业已积极投入"元宇宙"的布局之中，其发展呈现"遍地开花"的发展态势，但其相互之间却未形成资源的共享，而"元宇宙"的特点之一便是空间、时间等要素交互、融合作用下的产物，不相互衔接、协调、统一的问题若不解决，"元宇宙"将盲目、无序的野蛮发展。因此现下亟须建立一个大型的数字孪生"城市"，统一的虚拟空间体系，以解决领域、空间上的交叉重叠问题，便于各领域、各地区的相互促进、良性互动。那么构建庞大、复杂的"元宇宙"发展体系，国家政府无疑是最合适的主体。以国家为主导，构建一张全国视角下的"超级蓝图"，建立统一的"元宇宙"发展规划体系，制定标准化的发展政策，为"元宇宙"

的发展布局定下基调，这将为"元宇宙"全面落实提供根本保障。

## 一、制定科学的发展规划

### （一）打造一个高端研究平台

元宇宙时代必定会诞生很多新兴的产业业态，推动科研院所和企业联合打造元宇宙应用平台，推动三维数字空间、虚拟数字人、NFT数字资产在城市管理、民生服务等领域的开发应用，遴选一批优秀元宇宙应用方案，形成可复制推广的应用平台。元宇宙时代，也会诞生很多新兴的职业，例如元宇宙架构师、元宇宙编程工程师、元宇宙艺术家、元宇宙安全运营维护工程师、元宇宙硬件工程师、元宇宙数据分析师等。不管是新兴职业这种以任务或者劳务为目标，还是内容与设计这种以知识产权为载体的，都需要一个高端的行业大平台。

### （二）发一批特色应用场景

针对文旅元宇宙构架中文化展览场景、酒店服务场景、主题公园场景、文旅景区、文旅综合体及文旅小镇六个方面的应用场景，打造城市名片。支持科研院所和企业在各领域打造具有中国特色元素的元宇宙应用场景，打造一批会展、旅游、体育、商业等领域的特色场景示范案例。

### （三）培育一批优质企业

在国内筛选并跟踪服务一批元宇宙相关产品和技术研发高精尖企业，组建元宇宙产业联盟，支持企业联合开展元宇宙技术应用研究，推动成果落地转化，培育一批小巨人企业、专精特新企业。加大对国内外元宇宙领军企业的招引力度，谋划一批重大产业招商项目。围绕硬件、平台、智能芯片、NFT、VR、AR等重点领域设立专门的总部、研发中心、创新平台、孵化基地等。举办"元宇宙数字文明与生态大会""元宇宙创业项目大赛"等一批特色活动，鼓励国内外元宇宙领军企业在我市组织开展创新大赛、技术峰会等有影响力的活动，促进项目、人才、技术和资本有效对接和转移转化。

### （四）培养一批创新人才

依托高层次人才、领军人才等人才政策措施，引进一批国内外元宇宙领域高精尖人才和技能型人才，支持元宇宙领域高层次人才创新创业。鼓励清华大学、中国科学院大学、北京理工大学等知名高校优化人工智能、动漫、数字经济等专业的招生计划和培养方案，开设元宇宙相关课程或专业，加快元宇宙教学体系建设和师资队伍培养，培养一批优秀创新人才。鼓励高校和骨干企业、培训机构等联合创办产教融合基地。

### （五）组建一个产业联盟

围绕国家双循环新战略格局，对国内传统产业数字化转型、供给侧改革、产城产镇融合、农旅文旅融合、产教融合、科教融合和企业发展元宇宙经济融合，开展系统调查研究、元宇宙产业链与供应链下的项目定位、咨询策划、战略规划、系统设计、专家顾问指导等；或联合开发建设或联合招商或项目投资孵化等；为经济部门、产业园区和其他社会单位、企业及各类组织，积极提供高端智能数字治理人才培训，并提供元宇宙人力资源治理开发和专家技术支持。

以满足人民日益增长的美好生活需要为根本目的，实施文化产业数字化战略，加快发展新型文化企业、文化业态、文化消费模式，健全现代文化产业体系，推进文化产业"上云用数赋智"，推动线上线下融合，扩大优质数字文化产品供给，促进消费升级。

## 二、编制三年行动计划

高度重视元宇宙给文化旅游产业带来的机遇和挑战，积极应变把握好元宇宙发展红利抢抓元宇宙产业发展机遇，积极布局，进一步推动技术和服务的提质增效。编制三年行动计划，推动元宇宙产业的应用创新和产业发展。

### （一）发展目标

确定未来三年初步形成文旅元宇宙产业生态雏形，引入培育一批掌握关键技术、营收上亿元的元宇宙企业，元宇宙技术研发和应用推广取得明显进展，在中国对政府治理、民生服务、产业转型升级的带动作用进一步增强。

## （二）主要任务

元宇宙指向人类全新的生产生活空间，其影响力在一定程度上将从技术和产业领域向社会治理领域延伸，有望颠覆当前经济规则，重塑政府治理理念，丰富既有文化形态。元宇宙或将彻底改变文旅供给侧的超重资产模式、彻底颠覆行业的游戏规则。虽然从相关技术成熟度来看，元宇宙真正落地仍需数十年甚至更长时间的积淀，但当前瞄准行业痛点及需求、按元宇宙及其关联技术发展阶段进行有效应用，从而分三个阶段梯次实现行业赋能的价值巨大。

1. 第一阶段——建科研，重宣传

组建科研机构。作业新兴技术，元宇宙的发展离不开科研的力量。鼓励支持高校、科研机构和骨干企业，围绕元宇宙产业发展的关键环节和薄弱环节，组建元宇宙产业新型科研机构。加大元宇宙相关产业的科研创新、产品定型、场景应用、产业金融、市场推广、领军人才的培育。吸引一批国内外产业链核心环节代表性企业落地，对进入成长速度快、竞争优势明显、辐射带动力强的骨干企业加强扶持，不断完善金融、科技、人才等产业要素，持续优化地方元宇宙产业发展环境。

占领舆论高地。建设中国元宇宙展示中心，打造元宇宙产业科技引领展示与发布场景，利用国际传媒优势地位，以元宇宙优势应用技术与产品为基础，向全球发布中国元宇宙产业"十四五"行动计划，占领元宇宙产业科技与产品、产业发展与商业应用场景舆论高点，打造元宇宙产业试点，拔得国内元宇宙产业头筹。

2. 第二阶段——研产品，多应用

利用元宇宙成熟的技术，实现对文旅行业巨头场景的重塑，打造文旅元宇宙新型应用场景。借助元宇宙展示中心，通过现实和虚拟场景共同展示，迅速提升元宇宙产业地位，占领元宇宙产业产品应用场景先机，展现元宇宙产业发展方向与未来。同时，紧抓目前国家推进的文化产业数字化转型的契机，联合文旅企事业单位，共同打造文旅元宇宙小镇，展现中国特色传播中国文化引领国际数字文旅产业创新方向，拓展升级文旅产业发展模式。

3. 第三阶段——建生态，构集群

在元宇宙产业链生态基本搭建的前提下，引导生态链企业聚集发展，增强产业关联性、集成性，形成在国内外有较强竞争优势的若干元宇宙应用方向产业集群。将元宇宙产业进一步融入数字文旅、数字商业、数字会展、数字科普、数字教育、数字资产等业态，形成协作关联、相互赋能的产业生态，从而改变人们的生产生活方式，推动元宇宙产业高质量发展。

# 第十章 元宇宙赋能文旅行业的对策建议

元宇宙发展会给人类的生产生活带来更多的便利，将有无数的新产品出现，人们的生活方式将被极大改变，这种改变是大数据时代的改变所不能比拟的。

伴随着5G、区块链等基础设施的完善、智能终端的普及，以及虚拟现实、增强现实、扩展现实、云计算以及数字孪生等新技术的相继成熟，"元宇宙"发展的条件已然满足，我们即将迎来"元宇宙"，甚至可以说我们现在就生活在"元宇宙"的雏形当中。每当站在时代更替的关键时刻，每当处在历史的十字路口，时代更替所带来的红利是我们不能不关注的。文化旅游产业与"元宇宙"的联系甚是紧密，"元宇宙"也将为文旅产业的发展带来前所未有的机遇，这个关键时刻，也是文化旅游产业顺应时代发展，快速调整自我和发展自我的关键时刻。

## 第一节 元宇宙助推文旅行业高质量发展的对策

随着"数字中国"的加快建设，国家"东数西算"工程的实施，5G、VR、AR、MR、区块链、数字孪生等技术的发展与成熟，以及《"十四五"数字经济发展规划》《关于深化"互联网 + 旅游"推动旅游业高质量发展的意见》《"十四五"文化和旅游科技创新规划》《"十四五"旅游业发展规划》等政策导向，为"元宇宙 + 文旅"的未来带来更多可能性。虽然"元宇宙"是一个才走进大众视野的"新概念"。但实际上，元宇宙的"碎片"却早已遍布于我们的生活——随着数字时代的不断发展，虚拟现实、人工智能、区块链、大数据、5G通信、可穿戴设备等底层技术的应用已经日渐成熟。目前，已有多家旅游景区、主题公园、博物馆等进行了文旅元宇宙的探索，通过数字化发展，促进文旅行业高质量发展。文旅作为元宇宙在具体领域的应用入口，背后的底层技术代码以及交互接口将来带来的颠覆性变革。[59]针对文旅产业如何获取"元宇宙"发展红利这一问题，应该从多方面着手。

## 一、认识元宇宙在文旅领域的应用需要

元宇宙正成为文旅产业数字化的最终完成体，随着文旅场景时空体验的不断延展，文旅产业运营的价值也将会更加多元，将来更多的文旅产品在深挖文化内涵的同时，也将充分利用先进的科学技术，为人们提供超越期待的文旅体验。

文旅元宇宙项目落地，并不是简单的技术加应用的结合，需要整合官产学研资源的平台去推动。从文旅产业过去的经验教训看，一些新生事物往往会快速形成泡沫，造成大量烂尾工程。在拓展元宇宙过程中，要深挖具有技术应用替代性、服务全面提档性等效应的"元宇宙"应用场景。未来所有行业都需要在具有空间性、人机性、经济增值性的"元宇宙"当中重新进入赛道。先行投资"元宇宙"可能帮助政府、企业成为未来这一重要数字空间的规则确立者、标准制定者、行业领导者，并主导新的分工体系。要狠抓文化旅游产业的数字化转型，加大力度支持科研院校和龙头企业加强关键核心技术的研发突破、前沿技术的创新探索，超前布局。积极扶持中小微科技企业加快"元宇宙"相关场景的创新和应用实践，抢占先机。[60]

## 二、推进元宇宙赋能文旅产品设计开发

数字化时代越来越呈现出一种趋势，那就是谁掌握技术，谁将更具主动权。要有针对性地选拔、培育文化旅游产业领域的科技人才，重点关注文旅产业数字化再现、交互领域，尤其是 VR、AR、游戏、社交等领域技术人才的发掘和培育。要针对文化旅游产业人才就业、人才创业、人才技能提升等给予积极的政策支持。目前，在 VR 交互领域仍然存在较大的人才缺口，关注人才孵化、培育是"元宇宙"发展过程中文化旅游产业的重要任务。

洞察市场发展新需求，加速培养专业人才，推动元宇宙应用顺利落地。短期内，着眼于物联网、大数据、人工智能、虚拟现实等技术在元宇宙中的深度融合，为社交娱乐、文旅教育、商贸服务等领域用户提供沉浸式体验服务；中期时，聚焦于各领域研发设计、仿真模拟技术和元宇宙深度融合应用，为装备制造、航空航天、生物医药、新材料、新能源等领域技术攻关提供虚实结合的仿真平台；

长期看，致力于经济社会各类数字化平台与元宇宙系统的互联互通和信息共享，为生命、物质、海洋、地球与空间、信息等科学领域的探索提供更加完善的模拟环境，为人类研究自身、物质、宇宙和未来提供广阔平台。

未来，元宇宙能实现并不需要游客亲自到景区就能"身临其境"的虚拟旅游，能看到同样真实美丽的风景，感受鸟语花香，甚至虚拟旅游还能实现"拉帮结派"有社交属性的旅游，比如全家人、三五好友、情侣虚拟旅游。中国首本元宇宙科幻图书《元宇宙2046》中就畅想了20年后情侣在虚拟游览黄果树瀑布的情景：虚拟门票是实体门票的十分之一，两人拉着手在室内的运动毯上走，无人机就以同样速度前进，摄像头就是人的眼睛，数字导游随时讲解并且给二人拍照，他们沿途买了些东西，这些东西会被快递到家，他们想看彩虹，天上马上就出现彩虹，他们可以从各个角度观看瀑布，甚至钻到瀑布里面戏水。这看起来很遥远，但是可能三五年后雏形就实现了。未来的文旅，实体门票和现实中的"游、娱、购"和"吃、住、行"收入可能都会降低，大部分的消费可能会转移到虚拟世界中。

元宇宙时代，旅行趋向于线上，那么文旅行业在元宇宙的收入可能会有哪些呢？门票或演出票、拍照或录像服务、陪游或导游服务、景区纪念品或衍生品，大量穿插在景区或演出中的内容（内幕花絮 / 粉丝打赏）。景区一棵杧果树上的杧果都可以售卖，同样的道理，你想从泰山山脚直接上升到山顶，可能也会需要虚拟的缆车或直升机服务。

## 三、针对不同场景树立文旅产品新标杆

随着元宇宙发展，文化和旅游创意产品开发的思路、方式将更具灵活性。全方位梳理元宇宙技术和应用场景，瞄准目的地推广、产品营销、服务质量监控、资源数字化转型、旅游场景设计、智慧旅游服务等六个重要的旅游消费场景和游戏、短视频、社交媒体、文化资源的保护、文创产品等五个文化消费场景打造元宇宙时代文旅产品的新标杆。

元宇宙拥有广阔的未来前景，而对于文旅行业来说，元宇宙是打破旅游时空观的媒介，更像是主题文化的虚拟体验地，一方面可以帮助景区更好地将主题文化根植在用户心里，进而转化为文化产品；另一方面，也会激发和衍生出更多意想不到的作品，来满足客户多元化的需求。[61] 人工智能、虚拟现实、

NFT 数字收藏品、全息投影、实时互动、3D 渲染等技术的应用，能让游客在旅行前和旅行中都可以获得更有品质的体验，将数字技术应用于文旅行业吃、住、行、游、购、娱的各个环节，给游客带来沉浸式的体验。

筹备出台《元宇宙推进文旅产业高质量发展实施方案》与《元宇宙推进文旅产业高质量发展三年行动计划》等文件，充分发挥想象力，深挖文化内涵，运用多样化、个性化的组织形式，创新、创造出更加符合受众需求的文化和旅游虚拟创意产品。要以动漫、游戏、电竞、潮玩等作为 IP 的载体或展现形式，积极打造元宇宙文旅 IP。

## 四、探索元宇宙在文旅重点领域新应用

作为虚拟世界和现实世界融合的载体，元宇宙蕴含着场景变革的巨大机遇，科技赋能新文旅，创意引领新生活，文旅行业也进入元宇宙时代。以大场景地图为切入点，在数字终端上实现景区空间的数字孪生构建，创建智能化场景体验的文化旅游新模式，能够推动 5G 融合新场景应用，挖掘数字经济消费潜力，实现"科技 + 商业 + 文化"的完美融合，有效提升"中国式新生活体验"。

### （一）赋能旅游景区

元宇宙作为真实宇宙的模拟和预览，可以用来促进对真实世界的探索，而旅游作为一种对远方真实世界的探索方式是不可替代的。随着 5G、人工智能、AR、VR 等技术的运用，旅游场景不再单一，旅游产业的数字化转型已是大势所趋，自我代入和沉浸式、无延迟的社交体验正成为游客的新型消费选择。元宇宙的"临场感"特性在数字化时代可以更好地在旅游业发展中得到应用，一方面，可以利用元宇宙、虚拟现实技术推广和营销旅游目的地，提升旅游的交互性、沉浸感和趣味性，从而优化旅游目的地的营销效果；另一方面，通过元宇宙技术，旅游企业可以让消费者更加逼真地预览式体验，激发其旅游的需求和欲望。元宇宙对于沉浸式景区具有较强的示范意义，元宇宙通过场景营造和数字设备为人们提供丰富地体验产品，能够提供虚拟场景体验和生理性的情感反应，使中国传统的文旅产品从"单向输出"向"寓教于乐"转变，使游客从"旁观者"转变为"参与者"，从而更加生动、有效地讲好"中国故事"。

## （二）赋能重点博物院（馆）等文化遗产

元宇宙在对现实世界的虚拟化、数字化过程中，需要大量来源于实体世界的物质标本和精神世界的文化元素，以建构与真实社会体系融合的数字生活空间。而现实世界里同时拥有丰富物质标本和文化元素的最佳场所，非博物馆莫属。同时，数字资源的开放共享日益成为全球博物馆普遍认同的行为准则。博物馆作为公共文化服务机构，应增强藏品资源特别是数字资源开放共享的意识，树立合作共赢的理念，让有限的资源在元宇宙中创造无限的可能。[62]利用元宇宙来一次真正的转型升级，让文物"智"起来、"活"起来、"动"起来，让中华文化更"活"更火。元宇宙核心抓手文化数字化，是让文化更"活"更火的重要途径，是通过创造性转化、创新性发展使文化产品让老百姓"百看不厌""惊喜不断"，实施国家文化数字化战略，将丰富我们未来的文化生活。

## （三）赋能国家文化公园

在国家文化公园重点领域推进文旅元宇宙应用。国家文化公园是以保护、传承和弘扬具有国家或国际意义的文化资源、文化精神或价值观为主要目的的特定区域，包括大运河、长城、长征、黄河四大文化公园。国家文化公园是中华文化和中华民族精神的典型代表。元宇宙是整合多种新技术而产生的新型虚实相融的互联网应用和社会形态，两者结合，让最悠久的文明与最现代的科技技术在传承千年文明、复兴中华文化的场景中相遇，既有利于中国国家公园旅游产品的丰富和创新，又有利于国家公园文化意蕴的创造和多样化表达，助力建设国家文化公园。

# 第二节　旅游业元宇宙化的建议

"元宇宙"作为新兴概念，在高速发展的过程中，未来道路的探索还存在不足，为了建设高质量、和谐有序的发展方向，政府应对元宇宙的布局开展建设性的引导，以促进这一新兴领域朝着健康有序的方向发展。

近年多家主题公园、艺术中心、相关景区等纷纷进行了文旅元宇宙的探索和尝试。北京的环球度假区、张家湾、大运河景区等都将引入元宇宙应用场景，希望借助全球最大环球影城产业资源，联合周边文旅地产，共同打造体验式、沉浸式商业。但随着我国对元宇宙的探索与尝试，部分问题也渐渐显现，如底层技术、知名度、行为规范等方面的问题，为了更快的发展文旅元宇宙，建议加快元宇宙的底层技术布局，确保元宇宙技术的先进性，做好宣传举措，提升品牌知名度，为了建设更加健康的元宇宙平台，应加快制定元宇宙监管政策，建立平台监控措施，完善元宇宙的标准体系，为元宇宙健康有序地发展保驾护航。

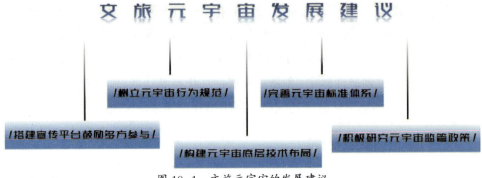

图 10-1　文旅元宇宙的发展建议

## 一、构建元宇宙底层技术布局

元宇宙的发展需要一系列底层技术的支撑。网络通信、虚拟现实、区块链等技术深度互动和融合，组成了未来的元宇宙。有必要加快这些底层技术布局与研发资源投入，确保元宇宙技术的先进性。

### （一）大力推进网络通信建设

加快 5G 独立组网（SA）规模化部署，逐步构建多频段协同发展的 5G 网络体系，适时开展 5G 毫米波网络建设。加快拓展 5G 网络覆盖范围，优化城区室内 5G 网络覆盖，重点加强交通枢纽、大型体育场馆、景点等流量密集区域深度覆盖，推进 5G 网络向乡镇和农村延伸。深入推进电信基础设施共建共享，支持 5G 接入网共建共享，推进 5G 异网漫游，逐步形成热点地区多网并存、边远地区一网托底的移动通信网络格局。加快 2G、3G 网络退网，统筹 4G 与 5G 网络协同发展，满足高速率、低时延联网需求。[63]

### （二）加快虚拟现实技术升级

加强虚拟现实核心技术和产业链的建设，设立重大专项、创新创业人才引进计划，推动 VR 整体技术和产业的升级；此外，加大研发机构建设，实现核心技术突破，有针对性地引进一些大院大所，在光学终端设计、算力以及内容制作平台软件上形成本土优势与特色。同时，加强 VR 企业与科研院所的合作，发挥科研院所的科研人才优势。[64] 不论是怎样的场景，超强的仿真系统，都可以给我们带来很多新鲜有趣的体验。

### （三）全面保障区块链稳健发展

元宇宙经济长足稳健发展，要从数字经济运行的秩序基础建设着手。想要高效、稳定且可迭代地搭建起数字世界的底层秩序基础，区块链技术将是很好的解决方案，一方面大力推进区块链作为数字经济发展的新基础设施建设，加快明确区块链技术在数字经济发展中的功能定位，制定区块链技术发展规划，构建促进区块链技术发展的良好政策环境，加快制定规范区块链技术发展的法律法规，保障区块链技术发展行稳致远；另一方面加强对于区块链技术的标准建设及创新人才培养。加强区块链基础理论研究与技术研发工作，大力布局区块链技术标准建设。加大专业型和复合型人才培养力度，尤其要加大同时熟悉区块链技术和文旅行业应用场景的复合型人才培养力度。总体而言，区块链技术的成熟将构建完整的信任机制。

## 二、搭建宣传平台鼓励多方参与

为有效开展基础工作布局，推动元宇宙创造实际价值，加快元宇宙建设，政府应加强在元宇宙宣传方面的投入，积极实施元宇宙创新举措。通过多方面的宣传举措，提升元宇宙的知名度，加强对用户、企业、资本等受众的吸引力，鼓励多方平台参与到元宇宙的发展与建设中来，并以推动技术发展、防控底线风险、包容元宇宙概念、支持元宇宙研究、消解元宇宙炒作为原则，引导社会资源参与元宇宙领域，鼓励更多的文化和旅游主体对文旅元宇宙进行探索，以助力文旅元宇宙行业未来，抢占未来发展制高点。

### （一）打造独特 NFT 品牌

2021 年之后，数字藏品发售平台如雨后春笋般出现，数字藏品产业链也吸引了许多人投资和购买，因此打造独特的 NFT 数字藏品可以提升城市的知名度。NFT 数字藏品是吸引 Z 世代年轻群体的一种方式，可通过盲盒带货、拼团、秒杀、刮刮卡、短视频、直播、礼品卡等方式，发售预售 NFT 数字藏品，可以提升用户的参与度和忠诚度，基于 NFT 的唯一性、不可分割性、公开透明性，来打造联名产品，赋予 IP 独一无二的意义，扩大宣传的营销空间。

### （二）元宇宙平台开展大型活动

在元宇宙平台开展会议、演出等大型活动，使人们主动参与其中，提升用户黏性，加强元宇宙的影响力。例如在元宇宙平台开展元宇宙相关内容的宣讲会，定向吸引元宇宙领域的名人与企业，或者邀请知名偶像在元宇宙演出，吸引大批粉丝进入元宇宙活动平台，提升平台知名度。

### （三）开发娱乐体验类特色产品

沉浸式旅游产品带来的身临其境的、全方位的刺激体验将吸引越来越多的年轻人，因此需要加快打造城市的独特文旅 IP，定制互动性强、代入感高的沉浸式体验类产品，以及探索新型有效的沉浸式项目运营模式，以吸引 Z 世代的年轻人。

## 三、积极研究元宇宙监管政策

从互联网发展历程来看，网络虚拟社会的舆情治理、交易监管、个人隐私保护乃至国家主权维护历来都是严峻的挑战，目前也仍在不断探索和完善中。元宇宙作为互联网的升级，前述问题对其带来的挑战更大巨大。例如元宇宙发展过程中涉及数据安全、资金风险、信息保护、暴力骚扰等问题，所以应加快推进相关法律法规、监管规范的制度体系建设，使生活在虚拟世界的"居民"们能够和谐相处，在享受自由的前提下，也要对法律心存敬畏，以引导元宇宙这一新兴领域朝着健康有序的方向发展。

### （一）技术手段保障数据财产安全

为防范数据泄露，保护财产资金，元宇宙的发展应加强技术方面的研发，利用技术手段构建可信生态系统，降低技术转移转化过程中的风险，例如财产的交易，需要通过财产持有者（自己）、发行者（银行）、验证者（区块链加持的平台）共同验证，构成可信任的三角，在持有人授权的前提下，三方通过复杂互动来最终检验资金是不是真的由持有者所发、信息有没有被恶意篡改过，并保留浏览痕迹追踪溯源功能，以保障元宇宙居民的数据财产安全。

### （二）法律规范管制暴力骚扰

为避免暴力骚扰的侵犯，充分发挥政府管理力度，根据现实世界的管理制度，并充分思考元宇宙的独特性，结合实际情况，加快制定出台保障元宇宙健康发展的相关法律和政策规范，防止个别人钻政策法律的"空子"，损害广大人民的利益。通过法律的约束与限制，以减少违法乱纪行为的发生。

## 四、树立元宇宙行为规范

未来随着人们对元宇宙的依赖逐步增加，元宇宙将彻底改变人类的互动、社交、学习、娱乐等方式，并与现实形成深度的相互影响，人们几乎可以在元宇宙中做任何事情，其中部分甚至将超出物理世界的行为准则和社会道德约束，如沉迷元宇宙、缺乏道德品质等行为，传统的管理方式对此显得力有未逮。有鉴于此，在热切憧憬元宇宙广阔未来的同时，人们还应当全面思考，及时洞察元宇宙的黑暗面，做好前瞻性管理，树立元宇宙行为规范。在坚持法律底线和红线的基础上，加紧制定相应的准则和道德行为规范。

### （一）控制时长解决沉迷问题

元宇宙超强的沉浸感，在带给人们欢乐的同时，也会有部分约束力弱的人就此沉迷于虚拟世界，靠个人的力量无法摆脱，那么建立健全的激励约束机制就显得尤为重要。制定元宇宙运营监管的信息化建设，提升对元宇宙的监管能力，利用技术手段对用户进行监管，自动检测超时长在线的用户，给予警告并执行强制下线功能。建立健全的平台监管系统，才能实现元宇宙的健康发展。

## （二）"软法"约束人物行为

无论是现实世界还是元宇宙中，道德准则对人类的约束永远是法律的最低标准，对于现实世界缺乏道德品质的人，可以唾弃可以远离。但元宇宙中由于时空对人类的限制过低，社交范围过广，所以大部分新认识的元宇宙居民不了解此人的品质，因此可以利用技术制定"软法"，对于不道德的行为进行标记，实时规范人们的行为，加强元宇宙发展过程中行为规范的建设。

# 五、完善元宇宙标准体系

元宇宙是整合多种新技术而产生的新型虚实相融的互联网应用和社会形态。一方面从货币系统、经济秩序、社会规则、管理制度、文化体系构建等方面元宇宙生态标准体系；另一方面加快构建元宇宙总体标准、技术标准、数据标准、业务标准、管理标准、服务标准；最后，加快推进元宇宙产业规范化标准修订和完善，确保元宇宙产业涉及的技术、基础设施、经济体系、安全与保障标准等建立健全。伴随着应用场景的不断成熟，未来元宇宙将演化成为一个超大规模、极致开放、动态优化的复杂系统。这一系统将由多个领域的建设者共同构建，涵盖了网络空间、硬件终端、各类厂商和广大用户，保障虚拟现实应用场景的广泛连接，并展现为超大型数字应用生态的外在形式。元宇宙强调的"开放"需要"有序"来加持。否则会因缺乏有效治理而使元宇宙变成"暗"宇宙，因此需要制定完善的规则体系，保证元宇宙可持续。具体主要包括5类标准。

## （一）技术体系标准

作为一种多项数字技术的综合应用，元宇宙技术体系将呈现显著的集成化特征。一方面，元宇宙运行的技术体系，包括了扩展现实、数字孪生、区块链、人工智能等单项技术应用的深度融合，以技术合力实现元宇宙场景的正常运转；另一方面，元宇宙将与生产活动具有更加紧密的关联性，因此元宇宙技术体系将接入更多不同的产业技术，产业技术将成为元宇宙技术体系的重要组成部分。

因此元宇宙技术体系的标准主要包括术语、分类、代码标识、参考架构等基础技术标准；分布式网络、智能计算、数据流动、信息安全和隐私保护等技术和平台类标准；以及元宇宙在政府公共服务、社会治理、社交娱乐、展览、教育、医疗、文化旅游、工业制造等产业的应用和服务类标准，对应用方法和系统功能、性能、可靠性和服务能力等提出要求。

### （二）连接体系标准

随着新一代信息技术的持续深入，社会发展将日益网络化，元宇宙的连接体系拓展过程正好与社会网络化这一趋势相遇。元宇宙的连接体系主要包括内部连接和外部连接两部分。内部连接，即多元宇宙及内部不同应用生态之间的连接；外部连接，即元宇宙与现实世界的连接。

元宇宙的连接体系标准主要规范元数据、数据共享和流动、人机交互、系统兼容和互操作、跨平台身份互认等活动。

### （三）内容体系标准

元宇宙的内容体系主要涵盖了两大类型：一类是娱乐、商业、服务等传统网络内容的立体化呈现；另一类是文化和创意产业将在元宇宙中进一步融合，衍生出一系列全新内容，即虚拟世界的创造物。元宇宙的内容体系标准主要规范内容创作工具和方法、虚拟数字呈现引擎、内容生命周期管理等。

### （四）经济体系标准

元宇宙经济是实体经济和虚拟经济深度融合的新型数字经济形态，具有始终在线、完整运行、高频发生等特征。元宇宙的经济体系标准主要规范数字资产标识、资产生命周期管理、资产交换和流通等。

### （五）治理体系标准

只有在有效的治理和监管体系下，才能够避免和有效解决元宇宙这一新生事物可能引发的各种问题，有效推进其健康发展。[65] 元宇宙治理和监管体系标准主要包括系统和服务能力测评、数字版权保护、数字身份认证、内容监管、数字资产合规、科技伦理等内容。

# 附　　录

## 一、国家对元宇宙扶持政策汇总梳理

　　元宇宙是通过数字技术对于现实的物理世界镜像构建的虚拟世界，当前，人们对元宇宙的关注可谓相当火热。近几年来，国内政策上对于元宇宙相关技术的支持十分明显，下文列出相关政策的汇总梳理。

| 时间 | 政策名称 | 内容 |
|---|---|---|
| 2022 年1 月 | 《"十四五"数字经济发展规划》 | 创新发展"云生活"服务，深化人工智能、虚拟现实、8K 高清视频等技术的融合，拓展社交、购物、娱乐、展览等领域的应用，促进生活消费品质升级。 |
| 2022 年1 月 | 工业和信息化部召开的中小企业发展情况发布会 | 工信部表示，要特别注重培养一批深耕专业领域工业互联网、工业软件、网络与数据安全、智能传感器等方面的"小巨人"企业，培育一批进军元宇宙、区块链、人工智能等新兴领域的创新型中小企业。 |
| 2022 年1 月 | 中国信息通信研究院安全研究所组织召开元宇宙安全研讨会 | 与会专家普遍认为：一是元宇宙是一种全新的互联网交互模式，将带来开放协作的经济形态和商业模式；二是元宇宙是一种极度复杂、高度数字化、虚实结合的互联网形态，既面临高传统的数据安全、网络安全和内容安全等风险，也面临新型网络攻击和伦理风险等挑战；三是元宇宙仍处于行业发展的初级阶段，但发展空间巨大，应当提前部署风险应对措施。 |
| 2022 年1 月 | 《金融科技发展规划(2022—2025 年)》 | 搭建多元融通的服务渠道。以线下为基础，依托 5G 高带宽、低延时特性将增强现实 (AR)、混合现实 (MR) 等视觉技术与银行场景深度融合，推动实体网点向多模态、沉浸式、交互型智慧网点升级。 |

| 时间 | 政策名称 | 内容 |
|------|----------|------|
| 2021年12月 | 国务院《"十四五"数字经济发展规划》 | 创新发展"云生活"服务,深化人工智能、虚拟现实、8K高清视频等技术的融合,拓展社交、购物、娱乐、展览等领域的应用,促进生活消费品质升级。 |
| 2021年12月 | 《元宇宙如何改写人类社会生活》 | "理性看待元宇宙带来的新一轮技术革命和对社会的影响,不低估5—10年的机会,也不高估1—2年的演进变化。" |
| 2021年11月 | 《中华人民共和国个人信息保护法》 | 囊括了加强生物识别等敏感个人信息的保护、通过有限度的可携带权的设定加强个人对个人信息的控制及打破平台数据垄断、对不同规模企业区别设置义务责任等热点问题,为控制元宇宙爆火引发的信息安全风险提供了可行的立法思路。 |
| 2021年5月 | 《关于开展出版业科技与标准创新示范项目试点工作的通知》 | 重点聚焦大数据、人工智能、区块链、云计算、物联网、虚拟现实和增强现实等新技术在出版领域的创新研究。 |
| 2021年4月 | 《"十四五"文化和旅游发展规划》 | 以沉浸式体验加快发展新型文化业态。顺应数字产业化和产业数字化发展趋势,深度应用5G、大数据、云计算、人工智能、超高清、物联网、虚拟现实、增强现实等技术,推动数字文化产业高质量发展,培育壮大线上演播、数字创意、数字艺术、数字娱乐、沉浸式体验等新型文化业态。<br>支持文化文物单位、景区景点、主题公园、园区街区等运用文化资源开发100个以上沉浸式体验项目,丰富体验内容,提升创意水平,发展沉浸式演艺、沉浸式展览、沉浸式娱乐体验等业态,鼓励沉浸式体验与城市综合体、公共空间、旅游景区等相结合。<br>加快虚拟现实、增强现实、全息成像、超高清、可穿戴设备、智能硬件、沉浸式体验平台等核心技术装备创新发展。 |
| 2021年3月 | 《中华人民共和国国民经济和社会发展第十四个五年规划和2035年远景目标纲要》 | 聚焦高端芯片、操作系统、人工智能关键算法、传感器等关键领域,加快推进基础理论、基础算法、装备材料等研发突破与迭代应用。培育壮大人工智能、大数据、区块链、云计算、网络安全等新兴数字产业,提升通信设备、核心电子元器件、关键软件等产业水平。 |

| 时间 | 政策名称 | 内容 |
|---|---|---|
| 2021 年 3 月 | 《关于开展全国供应链创新与应用示范创建工作的通知》 | 加快物联网、大数据、边缘计算、区块链、5G、人工智能、增强现实、虚拟现实等供应链新技术集成应用,推进数学化供应链加速发展。 |
| 2021 年 3 月 | 《"双千兆"网络协同发展行动计划(2021—2023 年》 | 增强现实、虚拟现实(AR/VR)、超高清视频等高带宽应用进一步融入生产生活,典型行业千兆应用模式形成示范。 |
| 2021 年 1 月 | 《基础电子元器件产业发展行动计划(2021—2023 年)》 | 引导国内软件企业开发各类电子元器件仿真设计教件,鼓励使用虚拟现实、数字孪生等先进技术开展工业设计,提高企业设计水平。 |
| 2020 年 12 月 | 《关于推动公共实训基地共建共享的指导意见》 | 鼓励在公共实训基地开展新产业、新技术、新业态培训,推动虚拟现实(VR)、增强现实(AR)、人工智能(AI)和电子商务的应用。 |
| 2020 年 9 月 | 《关于扩大战略性新兴产业投资培育壮大新增长点增长极的指导意见》 | 稳步推进工业互联网、人工智能、物联网、车联网、大数据、云计算、区块链等技术集成创新和融合应用。加快推进基于信息化、数字化、智能化的新型城市基础设施建设。 |
| 2020 年 7 月 | 《国家新一代人工智能标准体系建设指南》 | 到 2030 年,初步建立人工智能标准体系,重点研制数据、算法、系统、服务等重点急需标准,并率先在制造、交通、金融、安防、家具、养老、环保、教育、医疗健康、司法等重点行业和领域推进。建设人工智能标准试验验证平台提供公共服务能力。 |

续表

| 时间 | 政策名称 | 内容 |
|---|---|---|
| 2020 年 4 月 | 《关于进一步做好供应链创新与应用试点工作的通知》 | 加快物联网、大数据、边缘计算、区块链、5G、人工智能、增强现实、虚拟现实等新兴技术在供应链领域的集成应用，加强数据标准统一和货源线上对接。 |
| 2020 年 3 月 | 《关于推动工业互联网加快发展的通知》 | 引导平台增强 5G、人工智能、区块链、增强现实、虚拟现实等新技术支撑能力，强化设计、生产、运营、管理等全流程数字化功能集成。 |
| 2020 年 3 月 | 《加强"从 0 到 1"基础研究工作方案》 | 重点支持人工智能、云计算和大数据、高性能计算、宽带通信和新型网络等重大领域推动关键技术突破。 |
| 2019 年 11 月 | 《国家创新驱动发展战略纲要》 | 加强类人智能、自然交互与虚拟现实、微电子与光电子等技术研究，推动宽带移动互联网、云计算、物联网、大数据、高性能计算、移动智能终端等技术研发和综合应用。 |
| 2019 年 10 月 | 《产业结构调整指导目录（2019 年本）》 | 将包括"智能安防视频图像身份识别系统""智慧城市"等在内的人工智能领域列入"第一类鼓励类"。 |
| 2019 年 12 月 | 国家发展改革委等九部门《关于改善节假日旅游出行环境促进旅游消费的实施意见》 | 大力发展"智慧景区"。提升智慧产品开发水平，鼓励智慧景区建设，充分运用虚拟现实（VR）、4D、5D 等人工智能技术打造立体、动态展示平台，为游客提供线上体验和游览线路选择。 |
| 2019 年 8 月 | 《国家新一代人工智能创新发展实验区建设工作指引》 | 开展人工智能技术应用示范、人工智能政策试验、人工智能社会实验，积极推进人工智能基础设施建设。到 2023 年，布局建设 20 个左右的实验区，创新一批切实有效的政策工具，形成一批人工智能与经济社会发展深度融合的典型模式，积累一批可复制可推广的经验做法，打造一批具有重大引领带动作用的人工智能创新高地。 |

| 时间 | 政策名称 | 内容 |
|------|----------|------|
| 2019年8月 | 科技部、中宣部、文化和旅游部等六部门《关于促进文化和科技深度融合的指导意见》 | 以数字化、网络化、智能化为技术基点，重点突破创意设计、文物保护利用、非物质文化遗产传承发展、文化旅游等领域系统集成应用技术，开发内容可视化呈现、互动化传播、沉浸化体验技术应用系统平台与产品。<br>加强开展人机交互、混合现实等关键技术开发，推动类人视觉、听觉、语言、思维等智能技术在文化领域的创新应用。 |
| 2019年8月 | 国务院办公厅《关于进一步激发文化和旅游消费潜力的意见》 | 推进"互联网＋旅游"，强化智慧景区建设，实现实时监测、科学引导、智慧服务。<br>促进文化、旅游与现代技术相互融合，发展基于5G、超高清、增强现实、虚拟现实、人工智能等技术的新一代沉浸式体验型文化和旅游消费内容，同时提出要提升文化和旅游消费场所宽带移动网络水平，提高文化和旅游消费便捷程度。 |
| 2019年3月 | 《关于促进人工智能和实体经济深度融合的指导意见》 | 促进人工智能和实体经济深度融合，要把握新一代人工智能发展的特点，坚持以市场需求为导向，以产业应用为目标，深化改革创新，优化制度环境，激发企业创新活力和内生动力。结合不同行业、不同区域特点，探索创新成果应用转化的路径和方法，构建数据驱动、人机协同、跨界融合、共创分享的智能经济形态。 |
| 2018年12月 | 工业和信息化部《关于加快推进虚拟现实产业发展的指导意见》 | 引导和支持"VR＋"发展，推动虚拟现实技术产品在制造、教育、文化、健康、商贸等行业领域的应用，创新融合发展路径，培育新模式、新业态，拓展虚拟现实应用空间。在文化、旅游和文物保护等领域，丰富融合虚拟现实体验的内容供应，推动现有数字内容向虚拟现实内容的移植，满足人民群众文化消费升级需求。发展虚拟现实影视作品和直播内容，鼓励视频平台打造虚拟现实专区，提供虚拟现实视频点播、演唱会、体育赛事、新闻事件直播等服务。打造虚拟电影院、虚拟音乐厅，提供多感官体验模式，提升用户体验。建设虚拟现实主题乐园、虚拟现实行业体验馆等，创新文化传播方式。推动虚拟现实在文物古迹复原、文物和艺术品展示、雕塑和立体绘画等文化艺术领域应用，创新艺术创作和表现形式。 |

| 时间 | 政策名称 | 内容 |
|---|---|---|
| 2018 年 11 月 | 《新一代人工智能产业创新重点任务揭榜工作方案》 | 征集并遴选一批掌握人工智能核心关键技术、创新能力强、发展潜力大的企业、科研机构等，调动产学研用各方积极性。 |
| 2017 年 4 月 | 文化部《关于推动数字文化产业创新发展的指导意见》 | 深化"互联网 +"，深度应用大数据、云计算、人工智能等科技创新成果，促进创新链和产业链有效对接。<br>探索基于互联网的个性化定制、精准化营销、协作化创新、网络化共享等新型商业模式和文化业态。大力推动演艺娱乐、艺术品、文化旅游、文化会展等传统文化产业的数字化转型升级，推进文化产业结构调整和优化。<br>适应沉浸体验、智能交互、软硬件结合等发展趋势，推动数字文化装备产业发展，加强标准、内容和技术装备的协同创新。研发具有自主知识产权、引领新型文化消费的可穿戴设备、智能硬件、沉浸式体验平台、应用软件及辅助工具，加强以产品为基础的商业模式创新。 |
| 2016 年 11 月 | 国务院《"十三五"国家战略性新兴产业发展规划》 | 创新数字文化创意技术和装备，组织实施数字文化创意技术装备创新提升工程。<br>丰富数字文化创意内容和形式，组织实施数字内容创新发展工程。<br>加大对"双创"以及云计算、大数据、循环经济等支持力度，推进智慧城市、信息惠民、城市矿山、智能装备等示范应用。<br>面向沉浸式体验、智能互动等趋势，加强内容和技术装备协同创新，促进数字创意产业蓬勃发展，创造引领新消费。 |

## 二、地方元宇宙政策汇总梳理

近年来，国内多地政府纷纷提出建设元宇宙产业基地或产业园，出台的电子信息产业发展十四五规划提到“元宇宙”。基于元宇宙的拓展现实、虚实交互、数字孪生等特性，且其与XR、大数据、人工智能等前沿技术和数字经济息息相关，元宇宙技术和理念被各地政府看作发展数字经济的切入点，被写入到多地政府工作报告中，元宇宙成为重要的产业发展方向。

| 行政区 | 时间 | 事件 | 内容 |
|---|---|---|---|
| 北京市 | 2021年11月30日 | 《石景山区数字经济发展规（2021—2025年）》 | 推进北京市虚拟现实和增强现实产业发展示范基地建设，打造北京市虚拟现实和增强现实产业发展高地。加快元宇宙产业布局，建设元宇宙创新中心，探索推进前沿科技产业深度融合发展。 |
|  | 2021年12月14日 | 北京市石景山区第十七届人民代表大会第一次会议 | 在《关于北京市石景山区2021年国民经济和社会发展计划执行情况与2022年国民经济和社会发展计划（草案）的报告》提到元宇宙创新中心加快推动，华为虚拟现实创新中心实现运营，搭建量子科技等前沿技术平台，带动多技术领域融合创新。 |
|  | 2022年1月29日 | 关于印发北京城市副中心推进数字经济标杆城市建设行动方案(2022—2024年)的通知(通政办发【2022】1号) | 推进数字产业培育，壮大数字经济新兴产业集群。着眼于通过数字产业化来培育发展“新动能”，提出围绕网络安全、城市科技、数字设计、数字内容、区块链、元宇宙开展新兴产业集群培育，力争孵化出10个估值在10亿元以上的准独角兽企业。 |

续表

| 行政区 | 时间 | 事件 | 内容 |
|---|---|---|---|
| | 2022 年 2 月 23 日 | 北京市通州区人民政府办公室印发《关于加快北京城市副中心元宇宙创新引领发展若干措施的通知》(通政办发【2022】4 号) | 大力推进示范应用,加快元宇宙相关技术与各行业深度融合,促进产业转型升级,重点围绕文化、旅游、商业等领域,打造一批元宇宙示范应用项目,支持一批元宇宙应用场景建设。全面优化产业布局,提升元宇宙产业空间承载能力,打造"1+N"的产业创新集聚区;鼓励发展早期和长期投资,依托通州产业引导基金,采用"母基金 + 直投"的方式联合其他社会资本,打造一支覆盖元宇宙产业的基金,加强知识产权保护和标准创新,给予元宇宙企业房租财政补贴,发挥多方产业组织力量,支持人才及团队引进,加强国际交流合作。 |
| 上海市 | 2021 年 12 月 30 日 | 上海印发《上海市电子信息制造业发展"十四五"规划》,元宇宙首次被写入地方"十四五"产业规划 | 上海要前瞻部署量子计算、第三代半导体、6G 通信和元宇宙等领域。同时,支持满足元宇宙要求的图像引擎、区块链等技术的攻关,鼓励元宇宙在公共服务、商务办公、社交娱乐、工业制造、安全生产、电子游戏等领域的应用。 |
| | 2022 年 1 月 8 日 | 上海经信委召开会议谋划2022 年产业和信息化工作 | 强调加快布局数字经济新赛道,紧扣城市数字化转型,布局元宇宙新赛道,开发应用场景,培育重点企业。 |
| | 2022 年 2 月 6 日 | 上海市虹口区发布"元宇宙产业发展行动计划",同时虹口区元宇宙产业党建联盟揭牌 | 联盟将整合区重点企业、中科院上海技物所、同济大学等科研院校,致力于支持区内"产、学、研、用"各单位发挥各自优势构建具有强大技术支撑、高效成果转化和快速市场应用的特色元宇宙生态。此外,虹口区还将着力打造北外滩元宇宙发展和应用示范区,培育和引进一批元宇宙场景应用优质企业,建设一批元宇宙产业经济空间。 |

| 行政区 | 时间 | 事件 | 内容 |
|---|---|---|---|
| 浙江省 | 2022年1月4日 | 浙江省数字经济发展领导小组办公室印发《关于浙江省未来产业先导区建设的指导意见》 | 围绕打造"互联网+"、生命健康、新材料三大科创高地目标任务,以颠覆性技术突破为引领,兼顾未来场景应用所需前沿性技术,聚力构建以人工智能、区块链、第三代半导体、量子信息、柔性电子、未来网络、空天一体化、生物工程、前沿新材料、先进装备制造、先进能源、元宇宙等领域为重点的未来产业发展体系。 |
| | 2022年2月18日 | 市经信局召开党史学习教育总结大会暨深化作风建设和综合考评大会 | 要打破条条框框、冲破观念束缚,加快元宇宙等新业态布局培育,全力打造现代产业体系,推进新一轮制造业"腾笼换鸟、凤凰涅槃"攻坚行动,推动数字经济系统建设提速贯通,在奋力打造"重要窗口"、扎实推动高质量发展中展现"省会担当"。 |
| | 2022年2月23日 | 中国共产党杭州市第十三次代表大会 | 抓紧布局量子科技、深海空天、元宇宙等未来产业,大力抢占新赛道竞争主动权。优化升级数字基础设施,建设国际数字交易中心,构建数字贸易链条,打造数据综合开发利用示范高地。 |
| | 2022年3月26日 | 杭州市第十四届人民代表大会第一次会议 | 《政府工作报告》提到积极发展量子科技、基因技术、未来网络、人工智能、元宇宙等未来产业。 |
| 江苏省 | 2022年1月1日 | 江苏省无锡市滨湖区举行的2022太湖湾科创带滨湖创新大会 | 滨湖区正式推出了《太湖湾科创带引领区元宇宙生态产业发展规划》,以及相配套的科技创新服务体系、科创载体建设、人才安置工程三年行动计划等,旨在打造国际创新高地和国内元宇宙生态产业示范区。 |
| | 2022年1月11日 | 无锡市元宇宙创新联盟成立 | 无锡市元宇宙产业园挂牌,4天后,首届长三角元宇宙创新创业大赛总决赛在无锡滨湖区举行,长三角元宇宙联盟、无锡市元宇宙创新创业基地也宣布落户滨湖区。 |

续表

| 行政区 | 时间 | 事件 | 内容 |
|---|---|---|---|
| 安徽省 | 2022年1月10日 | 安徽省合肥市第十七届人民代表大会第一次会议 | 《政府工作报告》中表示，未来5年，合肥将前瞻布局未来产业，瞄准元宇宙、超导技术、精准医疗等前沿领域，打造一批领航企业、尖端技术、高端产品。此外，合肥将培育3个千亿企业、300个专精特新企业，加快建成具有国际竞争力的先进制造业高地。 |
| | 2022年3月25日 | 安徽省经济和信息化厅发布的《安徽省"十四五"软件和信息服务业发展规划》 | 将元宇宙列为新兴业态创新工程之一。支持企业开展虚拟现实、增强现实、3D引擎、物联网等技术创新，引导企业积极布局元宇宙新兴业态，开展元宇宙平台建设，加速数字技术融合赋能实体经济。 |
| 湖北省 | 2022年1月11日 | 湖北省武汉市第十五届人民代表大会第一次会议 | 《政府工作报告》时指出，要加快壮大数字产业，推动元宇宙、大数据、云计算、区块链、地理空间信息、量子科技等与实体经济融合，建设国家新一代人工智能创新发展试验区，打造小米科技园等5个数字经济产业园。 |
| | 2022年1月9日 | 湖北省5G+工业互联网融合发展行动计划（2021—2023年）的通知 | 大力开展基于5G+AR的远程协助、辅助装配、在线检测、设备维保和样品展示等典型场景和基于5G+VR的虚拟装配、虚拟培训、虚拟展厅等典型场景的应用，提升工业生产、设备维修、专业培训等价值链的效率。探索元宇宙概念及所包含的5G、AR、VR、人工智能等技术在制造业中的应用场景。 |
| 四川省 | 2022年1月23日 | 四川省成都市第十七届人民代表大会第六次会议 | 《政府工作报告》中表示，推动新经济新赛道加快布局。持续发布城市机会清单，打造创新应用实验室、未来场景实验室、示范应用场景。大力发展数字经济，用好网络信息安全、超算中心等优势赛道，加快发展人工智能、大数据、云计算等新兴赛道主动抢占量子通信、元宇宙等未来赛道。 |

| 行政区 | 时间 | 事件 | 内容 |
|---|---|---|---|
| 河北省 | 2022年1月23日 | 河北省保定市第十六届人民代表大会第二次会议 | 结合首都都市圈发展规划，全面对接北京产业链，大力实施"京保协作五个一"行动，积极谋划集成电路、人工智能、拓展现实、超高清显示、区块链、交互娱乐、新型细胞治疗、基因编辑等未来产业。 |
| 江西省 | 2022年2月9日 | 江西省虚拟现实产业链工作推进会 | 要在建设应用场景上实现重大突破，打造更多在全国乃至全球具有引领性的示范应用标杆项目，提升制造业数字化、网络化、智能化水平，共建元宇宙试验区，要在构建产业生态上实现重大突破，引育一批虚拟现实硬件制造龙头企业和"元宇宙"龙头企业，打造一批虚拟现实产业集聚区，办好2022世界虚拟现实·元宇宙产业大会。 |
| 江西省 | 2022年2月10日 | 江西省深化发展和改革双"一号工程"系列新闻发布会 | 数字经济发展方面，在产业赛道赶超上实现大突破，围绕电子材料及元器件、智能终端、VR、移动物联网、新型电子信息、元宇宙、信息安全等特色优势和未来产业 |
| | 2022年2月17日 | 全省外办主任专题研讨会议 | 深耕"一带一路"沿线和主要周边国家，推动与欧洲数字产业技术前沿国家和组织合作，加强专业芯片、VR、数字文创、数字孪生、元宇宙等数字经济前沿领域合作，带动数字经济优势产业和企业加快"走出去"步伐。 |
| 福建省 | 2022年3月18日 | 厦门市工业和信息化局、厦门市大数据管理局联合发布《厦门市元宇宙产业发展三年行动计划(2022—2024年)》 | 厦门市力争到2024年，元宇宙产业生态初具雏形，引入培育一批掌握关键技术、营收上亿元的元宇宙企业，元宇宙技术研发和应用推广取得明显进展，对政府治理、民生服务、产业转型升级的带动作用进一步增强。 |

| 行政区 | 时间 | 事件 | 内容 |
|---|---|---|---|
| 山东省 | 2022年3月24日 | 【部门解读】《山东省虚拟现实产业高质量发展三年行动计划(2022—2024年)》解读 | 为推动全省虚拟现实产业高质量发展,加快布局元宇宙新赛道,省工业和信息化厅等7部门联合印发《行动计划》,支持各地依托现有产业基础、区分功能定位,实行差异化、特色化、协同化发展,基本形成以青岛为中心,济南、潍坊、烟台、威海四市联动,其他市协同的"1+4+N"虚拟现实产业区域布局。 |
| | 2022年4月6日 | 山东省人民政府印发《"十大创新""十强产业""十大扩需求"2022年行动计划》 | 推进元宇宙前瞻布局,抢抓元宇宙发展"风口",加速提升山东省虚拟、增强现实及可穿戴智能设备骨干企业领先优势,编制出台山东省推动虚拟现实产业高质量发展三年行动计划,打造20个以上虚拟现实与各领域融合应用场景,积极争创国家虚拟现实制造业创新中心。 |
| 黑龙江省 | 2022年3月28日 | 黑龙江省人民政府印发《黑龙江省"十四五"数字经济发展规划》 | 元宇宙产业。推进元宇宙核心技术与主要应用领域关键技术研发应用,支持围绕近眼显示、实时交互、巨量通信、边缘计算、3D建模与渲染、图像引擎等开展研发创新,构建元宇宙技术体系,前瞻布局元宇宙产业。鼓励推进元宇宙在公共服务、智能工厂、城市治理、建筑信息系统与城市信息系统(BIM/CIM)、远程医疗、商务办公、智慧会展、社交娱乐等领域的场景应用培育以应用牵引、软硬结合、创新集聚、绿色低碳的元宇宙发展生态。 |
| 广东省 | 2022年4月6日 | 粤港澳大湾区首个专项扶持政策《广州市黄埔区、广州开发区促进元宇宙创新发展办法》发布 | 将从建设具有黄埔特色的元宇宙标志性场景、元宇宙关键共性技术与通用能力的价值创新与公共服务平台、特定研究方向的元宇宙相关项目等三个层面进行奖励。聚焦数字孪生、人机交互、AR、VR、MR(虚拟现实/增强现实/混合现实)等多个领域,将推动元宇宙相关技术、管理、商业模式的产业化与规模化应用,培育产业新业态、新模式。分层、分类对人才给予最高500万元、300万元、200万元购房补贴。同时将区领军人才工程覆盖到元宇宙等相关产业。 |

| 行政区 | 时间 | 事件 | 内容 |
|---|---|---|---|
| 重庆市 | 2022 年 4 月 26 日 | 中国元宇宙产业发展高峰论坛上发布《渝北区元宇宙产业创新发展行动计划 (2022—2024)》 | 力争到 2024 年，在工业、交通、文旅、商贸、教育、医疗、会展、政务等领域，构建形式多样的元宇宙新模式新服务新业态，元宇宙技术研发和应用推广取得明显进展。基本建成元宇宙产业创新生态体系，高端研发机构、专精特新"小巨人"企业高度集聚，推动"创新链、研发链、人才链、价值链、产业链"融合发展，元宇宙产业集群化发展效果显现。 |
| 贵州省 | 2022 年 3 月 3 日 | 贵州布局元宇宙"新赛道"夯实数据基础 | 贵州布局元宇宙"新赛道"夯实数据基础发展数字经济推动 VR、AR 产业发展，夯实元宇宙发展基础。构建集规模化创新、投资、孵化和经营为一体的产业生态系统，优化产业发展环境。加大 VR、AR 领域知名企业、市场前景远大的创新型企业、引爆性项目、研发机构和自主技术创新平台的引进培育力度，打造龙头企业。加大旅游、娱乐、医疗、教育、军事等领域的 VR、AR 应用，加快推动相关应用项目试点示范推广，帮助企业打开省内外市场，树立行业示范标杆。 |

# 参考文献

[1] 张茜. "元宇宙"到底是个啥？[N]. 中国青年报，2021-11-16(012).

[2] 习近平. 不断做强做优做大我国数字经济 [J]. 先锋，2022(03)：5-7.

[3] 本刊编辑部，孙明华，王继勇，董雷等. 万物皆可元宇宙？——生猛的概念与梦幻的新纪元 [J]. 创新世界周刊，2022(03)：24-47+6.

[4] 杨丹辉. 元宇宙热潮：缘起、影响与展望 [J]. 人民论坛，2022(07)：16-20.

[5] 王宇. 源于科技，还原科技——"元宇宙"应用前景与期待 [J]. 科学大观园，2022(12)：60-62.

[6] 马晓澄. 元宇宙到底是个啥，离我们还有多远？[N]. 新华每日电讯，2021-11-03(006).

[7] 王金晶. "元宇宙"：有多少可以期待 [N]. 人民政协报，2021-10-29(006).

[8] 崔金泰. 元宇宙向我们走来 [J]. 百科知识，2022(10)：16-20.

[9] 中信证券. 《元宇宙的全面和深度》另一个角度解读元宇宙基础和框架 [EB/OL].

[10] 吕红星. 国家文化数字化战略或带来巨大产业发展机会 [N]. 中国经济时报，2022-05-26(002).

[11] 祝嫣然. 工信部答一财：今年5G基站新建60万个以上 [N]. 第一财经日报，2022-03-01(A02).

[12] 方曲韵. 数字藏品受追捧，是"风口"还是"虚火" [N]. 光明日报，2022-05-19(007).

[13] 陈冰，刘绮黎. 元宇宙：有多少可以期待？[J]. 新民周刊，2021(47)：12-13.

[14] 潘志庚. 没有虚拟现实就没有元宇宙 [J]. 语言战略研究，2022，7(02)：6-7.

[15] 张玫．数字文旅火了——让"数字"为文旅赋能 [N]．中国旅游报，2020-04-24．

[16] 斯斯娱乐．中国云计算是如何实现跨越式发展的？[EB/OL]．

[17]CNNIC．中国互联网络发展状况统计报告 [EB/OL]．

[18] 朝阳．截至去年年中北京市区块链企业数排名第一 [N]．证券日报，2019-03-01．

[19] 李强．泰山景区首期四款数字藏品上线 [N]．中国旅游报，2022-03-29．

[20] 杨心怡，林珊．在虚拟空间再造一座"城"[N]．中国纪检监察报，2021-10-11(008)．

[21] 工程师之余．分析 VR 技术发展现状与未来发展的四大趋势 [EB/OL]．

[22] 袁之心．2021 年元宇宙十大关键词 [J]．中国中小企业，2022(01)：17-20．

[23] 金姬．巨头扎堆元宇宙：我的未来不是梦？[J]．新民周刊，2021(47)：14-19．

[24] 刘薇．日本偶像生存空间的三重结构研究 [D]．华侨大学，2021．

[25] 晓瑷．韩国首尔：打造元宇宙之城 [N]．人民邮电，2022-02-08(004)．

[26] 李琤，鲁娜．文旅元宇宙将会走向何方 [N]．中国文化报，2022-02-17(007)．

[27] 王宇虹．AR 增强现实技术在旅游体验中的应用探究 [J]．科技传播，2018，10(10)：1-2+5．

[28] 高越．河北组织学习"元宇宙·计算机看懂世界"[N]．中国旅游报，2022-04-22．

[29] 百度文库．2019 年中国智慧出行行业分析报告——行业供需现状与发展商机研究（目录）[EB/OL]．

[30] 温梦华，李佳宁．虚拟数字人出圈：1 年新增 6 万家企业，1 月融资超 4 亿 [N]．每日经济新闻，2022-01-26(005)．

[31] 李佳宁，温梦华．"虚拟数字人"有多赚钱 28 只概念股去年成绩单给出答案 [N]．每日经济新闻，2022-05-17(005)．

[32] 杜思梦．跨界交互游戏打造全感知沉浸式影院，明年北京"首秀"[N]．中国电影报，2021-10-20．

[33] 郑磊．去中心化金融和数字金融的创新与监管 [J]．财经问题研究，2022(04)：65-74．

[34] 罗知之. 银保监会：防范借"元宇宙"名义非法集资 [J]. 上海商业，2022(02)：5.

[35] 雪青. 把脉"元宇宙"开拓文旅消费新空间 [N]. 中华工商时报，2021-12-30.

[36] 花建，陈清荷. 沉浸式体验：文化与科技融合的新业态 [J]. 上海财经大学学报，2019，21(05)：18-32.

[37] 李琳. 新媒体环境下动态海报版式设计研究 [D]. 华北理工大学，2019.

[38] 花建，陈清荷. 沉浸式体验：文化与科技融合的新业态 [J]. 上海财经大学学报，2019，21(05)：18-32.

[39] 李荣坤. 剧院的数字化创新走到了哪一步？ [N]. 中国文化报，2021-08-27(003).

[40] 李嵇扬. 大数据背景下江苏非遗文化创新模式研究——以苏州非物质文化遗产为例 [J]. 参花 ( 下 )，2019(08)：88-89.

[41] 程晓刚，王彬，袁铭等. 与两会代表委员一起漫游"元宇宙" [N]. 中国文化报，2022-03-14(002).

[42] 原创力文档. 2020 Z 世代消费态度洞察报告（35 页）[EB/OL].

[43] 李洪晨，马捷. 沉浸理论视角下元宇宙图书馆"人、场、物"重构研究 [J]. 情报科学，2022，40(01)：10-15.

[44] 关子辰，吴其芸. 当景区遇上元宇宙 [N]. 北京商报，2021-11-22.

[45] 颜敏. 智慧旅游及其发展——以江苏省南京市为例 [J]. 中国经贸导刊，2012(20)：75-77.

[46] 苏坤. "元宇宙"如何赋能文旅产业数字化转型值得关注 [N]. 中国旅游报，2021-12-16(003).

[47] 刘革平，王星，高楠等. 从虚拟现实到元宇宙：在线教育的新方向 [J]. 现代远程教育研究，2021，33(06)：12-22.

[48] 赛迪顾问. 2022 年中国 5G 产业发展十大趋势 [N]. 中国计算机报，2022-01-10(012).

[49]CSDN．元宇宙核心技术——脑机接口．CECBC[EB/OL]．

[50] 百度百科．印象·刘三姐 [EB/OL]．

[51] 刘春香．创新打造文旅融合新地标 [N]．河南日报，2021-10-19(002)．

[52] 经济参考网．《清明上河图3．0》领你"走进"北宋360度全息立体空间 [EB/OL]．

[53] 孙梓献．虚拟现实技术在电视包装设计上的革新性应用探究 [D]．鲁迅美术学院，2021．

[54] 于佳宁，何超．《元宇宙》[J]．当代电力文化，2022(02)：101．

[55] 余世鹏．新一轮互联网迭代升级开创数字经济新范式 [N]．中国证券报，2022-01-22(A06)．

[56] 李玎，鲁娜．打开"脑洞" 聊聊"元宇宙＋文旅" [N]．中国文化报，2022-02-17(007)．

[57] 詹新惠．传媒类数字藏品是媒体机构的新利基吗 [J]．青年记者，2022(08)：125．

[58]Echo．沉浸式体验，实体商业的未来 [J]．中国眼镜科技杂志，2020(01)：82-84．

[59] 李玎，鲁娜．打开"脑洞" 聊聊"元宇宙＋文旅" [N]．中国文化报，2022-02-17(007)．

[60] 钟小绮．元宇宙，下一个风口？ [J]．中国中小企业，2022(01)：11-16．

[61] 王金晶．一起穿越吧 [M]．人民政协报，2021-12-31．

[62] 俞越．"元宇宙"赋能博物馆转型升级60位馆长学者呼吁积极参与建构 [M]．美术报，2022-04-02．

[63] 陈锦锋．5G毫米波频率规划将出推动千行百业数字化转型 [N]．通信信息报，2021-11-24(002)．

[64] 刘文君，张瑞哲．群策群力围绕实现高质量跨越式发展建言献策 [N]．南昌日报，2022-01-22(003)．

[65] 左鹏飞．连接未来生活"元宇宙"会带来什么 [J]．科学大观园，2022(13)：40-41．

# 后　记

　　如今，数字技术正以新理念、新业态、新模式全面融入人类经济、政治、文化、社会、生态文明建设的各领域和全过程，给人类生产生活带来广泛而深刻的影响。

　　庄周梦蝶，蝶梦庄周。千年前庄周对自己和蝴蝶，究竟谁是真实，谁是幻境？对现实和梦境思考的哲学问题。随着数字化生产力推动经济社会带来根本性甚至结构型改变，梦蝶般的体验，已慢慢走入现实。社交游戏、虚拟现实、人工智能、数字人类，熟悉或陌生的词汇不断冲击聚成全新世界，真实和虚拟的世界产生了连接，现实和虚幻将再无界限。从"梦蝶"到"中国梦"，带梦前行构建虚拟与现实融合。

　　"灵境在何处，梦游今几回"，20世纪90年代初钱学森先生提出未来数字科技的平行空间展望"灵境计划"，由"灵境技术"触发"形象思维"和"灵感思维"，推动"创造能力大提高"，而"大成智慧"和"信息网络"推动"科学大发展"与"文艺大发展"，甚至引发"科技革命"，"灵"与"境"●是偏正结构，语义上一虚一实，绘就中外元宇宙初始概念。

　　元宇宙（Metaverse）是利用数字科技进行链接与搭建的，物理的现实世界与数字的虚拟世界既紧密相连，又高度独立的相映射交互式，同时具备时空性、真实性、独立性、连接性社会体系和形态的数字生活融合平行空间。元宇宙本质上是数字孪生社会构筑的适配性生态系统，是新形势、新时代下数字科技驱动产业发展动态平衡的新革命、现代信息网络安全的新阵地、驱动经济双循环的新动能和赶超未来主动权的战略布局新赛道。

　　宏观的元宇宙建设需要构筑全域性孪生数字城市基建做底层，契合政策、融合场景、聚合消费、整合产业、三产打通，结合智慧城市更新、数字乡村振兴和数字文化旅游。实现万物互联元宇宙是基于现实世界的虚拟空间实现物理世界和数字世界的平行孪生，是虚拟世界与现实生活相融合需要建立绝对坐标，经济系统、社交系统、身份系统也必须和现实世界直接挂钩，在元宇宙中所产生影响力应该是真实的而非虚幻的。

　　元宇宙构建需要以政府为主导才能实现打通政府平台、建设底层数据、保障数字安全、保护用户隐私、以区域发展为导向的产业链条聚合、用产业反哺事业的建设导向。否则未来各系统各平台在标准协议下，将交互、经济等接口统一标准化无法兼容形成互联互通，无法进行跨平台操作，只能在某平台中使用该平台的资产或进行社交。最终只是成为升级版"游戏＋社交"可视化互联网网站或沉浸式体验平台。

"加快推进服务业数字化，加强公益性、基础性服务业供给。要繁荣发展文化事业和文化产业，提高国家文化软实力，建设文化强国"。随着文旅产业数字化转型升级的不断发展，数字文旅融合已经成为文化产业高质量发展、驱动经济内循环的重要动能。尤其是2020、2021、2022三年新冠肺炎疫情，景区均出现"游客进不来，无游客可接待"的现象。疫情管控和熔断机制，倒逼中国加速了5G、人工智能等新技术在数字文旅领域的应用，让文旅从以传统历史文化、古迹资源、自然资源为依托的"文旅1.0"发展模式，迅速向以数字科技为驱动，非遗活态、内容孵化、演出演艺、互动体验的全沉浸交互式"文旅6.0元宇宙版"转型。

元宇宙时代利用数字应用的有效使用效率提升、结构优化的重要推动，知识和信息关键生产要素，现实虚拟打通，以新时空观拓展从时间和空间双维度打破禁锢。文旅融合发展不能单一维度，关键是融合，不仅是文化与旅游融合，还是更是文旅产业和数字经济的融合，实现数据驱动、时空跨界，链接产业资源、多元场景融合。

目前元宇宙已成为现实世界的虚拟空间实现物理世界和数字世界的数字文旅融合发展有效载体，是区域性数字文旅产业融合发展引擎，是高质量发展文化强国建设的重要手段，同时也是文旅数字化发展的新机遇、新路径、新课题。

于晓剑

2022 年 11 月